지중해의 영감

허진석

지중해의 영감

시작하는 말

1997년 8월 17일 오후. 나는 카타니아대학교 스포츠센터 앞 파라솔 그늘에 앉아 한낮의 햇빛을 피하고 있었다. 멀리 바다가 보였다. 그곳에서 불어오는 바람이 코카콜라 상표가 인쇄된 베이지색 파라솔을 심하게 흔들었다. 그 바람은 뜨거웠고, 바다를 건너왔는데도 몹시 건조했다. 그래서 기온이 높은데도 땀이 배지 않았을 것이다. 솟아난 땀방울이 티셔츠를 적시기도 전에 증발했을 테니까. 햇빛을 받은 피부는 금세 빨갛게 달아올랐다. 시간이 지나자 따갑고 아팠다. 그래도 괴롭지 않았다. 눈 아래 코발트색 바다가 일렁이고 있었으므로. 나는 하루 전 알이탈리아 항공편으로 카타니아 공항에 내렸다. 일정은 자꾸 늘어져 자정 가까울 때에야 엑셀시오르 호텔에 숙소를 정할 수 있었다. 백열등이 매달린 좁은 거리를 버스가 달렸다.

나는 1997년 하계유니버시아드를 취재하기 위해 시칠리아에 갔다. 시칠리아 유니버시아드는 8월 20일부터 8월 31일까지 팔레르모와 카타니아, 메시나 등 섬의 주요 도시에서 열렸다. 개막식은 주도(州都)인 팔레르모의 파보리타 코뮤날레 스타디움에서, 폐막식은 제2도시인 카타니아의 시발리 스타디움에서 치렀다. 카타니아가 중심도시였다. 대회 본부도 이곳에 설치되었다. 카타니아대학교 스포츠센터에서 취재기자들의 등록업무를 처리하고 있었다. 나는 시칠리아에 도착한 이튿날 오전 우리 선수단의 위치와 일정을 확인하고 선수단장과 주요종목의 감독들과 연락처를 주고받은 다음 취재카드를 받으러 갔다. 훗날 한국체육대학교의 총장이 되는 이상철 박사가 우리 선수단을 이끌고 있었다.

1997년이면 중앙일보 체육부에 활기가 넘치던 시절이다. 1994년 제2창간을 선언한 중앙일보는 섹션신문으로 전환했다. 스포츠 면은 최대 4개면까지 확대되었다. 체육부는 취재인원이 26명에 이를 정도로 규모가 컸다. 전국의 주요 경기장에 취재기자를 파견할 수 있었다. 취재 영역과 깊이 면에서 스포츠 전문지와 경쟁할 수 있는 수준이었다. 해외에서 열리는 경기에도 기자를 적극적으로 파견했다. 내가 1995년에 한국 기자로서는 처음으로 미국프로농구 결승(NBA Final)을 공식 취재할 수 있었던 것도 이와 같은 분위기에 힘입었을 것이다. 나는 아직 젊은 기자였다. 시칠리아 유니버시아드를 취재하기에 적당한 시기였다고 할 수 있다. 신문사는 유니버시아드에 연차가 오랜 기자를 파견하지 않았다.

시칠리아로 가게 되었을 때 나는 조금 흥분했다. 이탈리아반도 앞,

장화부리 맞은편에 있는 역삼각형의 섬은 물론 매력이 넘쳤다. 한동안 인기를 끈 시오노 나나미가 광기 넘치는 필치로 써내려간 포에니 전쟁의 무대. 문학을 공부한 나에게는 신화와 상상력의 보물창고였다. 그러나 무엇보다 나의 마음을 사로잡은 것은 시칠리아가 지중해 한가운데 자리를 잡고 있다는 사실이었다. 그렇다. 그때 나는 지중해의 포로가 되어 있었다. 유니버시아드 개최지가 시칠리아였든 사르데냐였든 중요하지 않았다. 나는 여러 이유 때문에 지중해에 매혹되었다. 짐작컨대 첫 길라잡이는 호메로스였으리라. 아주 어릴 때부터 나는 트로이 전사(戰史)를 줄줄 외웠다. 오디세우스의 위험한 항해를 몇 번이고 따라나섰다.

호메로스의 지중해는 달콤하지 않다. 북아프리카와 유럽의 아름다운 내해(內海)가 아니다. 곳곳에 죽음이 덫을 놓았다. 암흑을 향해 가는 통로, 저주받은 노꾼과 돛잡이의 바다다. 10년에 걸친 오디세우스의 표류는 신이 저주한 결과가 아닌가. 사도 바오로는 티모테오에게 보낸 두 번째 편지를 매듭지으며 서둘러 오라고, 겨울이 되기 전에 서둘러 오라고 두 번이나 당부한다. 지중해는 그토록 혹독하기에 건너는 길에 목숨을 걸어야 함을 알았으리라. 바오로는 체험을 통해 배웠다. 로마로 호송될 때 유라굴로(Εὐρακύλων)라는 겨울 광풍을 만난 그는 표류 끝에 몰타에 닿아 겨우 목숨을 구한다. 운명은 사마귀의 앞다리와 같다. 바오로는 티모테오를 만나기 전에 목이 잘린다.

그 여름의 지중해를 나는 "파스텔로 그린 것 같다."고 일기에 적었다. 파스텔 톤이라고 쓰면 정확하지 않다고 생각했다. 황금빛 태양이 카타니아대학교 스포츠센터의 하늘을 가로지르던 그 오후, 나는 지상의 그 무엇도 보지 못하였다. 정신을 온통 바다에 빼앗겼으므로. 바람은 때로 강하게, 때로는 어린아이의 한숨처럼 간단없이 주변을 스쳐갔다. 그 가운데 어느 한 올이 코카콜라 상표가 인쇄된 베이지색 파라솔을 흔들었다. 몇 가지 생각이 팝업창처럼 한꺼번에 머릿속에 떠올랐다. '나는 오늘의 일을 글로 남길 것이다. 이 태양과 바람과 파스텔로 그린 듯한 저 바다와 피부를 저며 나가는 시간에 대해서.' 그 일은 오랜 시간이 지난 다음 신탁과도 같이 반드시 이루어져야 했다. 나는 장 그르니에의 책 표지를 떠올렸다.

내가 가진 『지중해의 영감』은 함유선의 번역으로 청하출판사에서 간행한 것이다. 1988년 1월 10일에 초쇄를, 1989년 7월 20일에 3쇄를 찍었다. 함유선의 번역은 2003년 한길사에서 다시 책으로 나왔다. 김화영이 번역해 이른비출판사에서 낸 것도 있다. 나는 1989년 역곡역 남쪽, 분식센터 근처에 있는 작은 서점에서 이 책을 샀다. 기자생활을 본격적으로 시작한 지 몇 년 되지 않았을 때다. 소규모 저층아파트 단지에 살면서 어머니를 모시고 두 아이를 길렀다. 모교인 동국대학교에 남아 문학을 공부하고 시를 열심히 쓰겠다는 계획은 어그러졌다. 몸도 마음도 표류하던 시절이다. 장 그르니에의 『지중해의 영감』은,

아니 청하출판사에서 낸 책의 표지는 나를 사로잡았다. 책은 내게 은유이거나 상징이었다.

청하출판사에서 낸 『지중해의 영감』은 2025년을 기준삼아도 세련됐다. 표지를 비닐로 씌워 아직도 새 책 같다. 책의 제목은 목각체를 기울여 쓴 듯하다. 그 아래 장 그르니에의 흑백사진이 동그란 테두리 안에 들어가 있다. 가장 매력적인 부분은 표지의 3분의2가량을 차지한 그림이다. 지중해를 중심으로 한 지도. 지명은 모두 영어로 표기되어 있다. 자세히 보지 않았다면 프랑스어로 표기된 목판 지도라고 생각했으리라. 녹색 지도 한가운데를 검은 활자로 표기한 MEDITERRANEAN이라는 지명이 굽이치듯 가로지른다. 아래는 북아프리카, 위는 유럽이다. 지도의 중심은 나폴리와 시칠리아 사이의 바다, 티레니아 해다. 카타니아대학교 스포츠센터 앞에서 내려다본 바다는 이오니아 해의 남쪽 끝이었을 것이다.

『지중해의 영감』은 그르니에의 또 다른 산문 『섬』과 짝을 이룬다. 두 책은 갈라놓을 수 없는 숙명으로 합일된다. 바이닐의 A면과 B면처럼. 이른비출판사의 소개 글이 잘 설명해준다. "『섬』이 고향 브르타뉴의 북쪽 바다(대서양)에서 느낀 어두운 상념들을 표현했다면 『지중해의 영감』은 남쪽 바다(지중해)에서 느낀 빛의 취기와 명상의 정신을 펼쳐 보인다. … 저 세계가 만들어내는 찬란한 풍경들을 예지적 언어로

찬미하고 깊은 시적 감수성으로 통찰한다. 풍경은 눈 속에 마음속에 모든 형태를 만들어내 보이고 인간의 감각과 정신은 영원과 무한으로 열린다." 그러니까 『지중해의 영감』은 단순한 '바다여행기'가 아니다. 그르니에는 1937년 7월에 쓴 「서문」에 이렇게 적었다.

"누구에게나 이미 운명처럼 행복이라고 정해진 곳, 삶이라는 단순한 즐거움의 차원을 뛰어넘어 황홀한 기쁨을 알게 하는 풍경들이 있다. 이것은 플로베르가 말했던 것 중의 하나이기도 하다. '나는 때때로 내 삶을 초월한 영혼의 상태를 어렴풋이 느낀 적이 있다. 그때 영광이란 것은 아무 것이 아닐지도 모르고 행복이란 것 역시 무슨 소용이 있으랴.' 지중해는 이와 비슷한 영혼의 상태를 불러일으킨다."

『지중해의 영감』은 그르니에가 한때 거주했거나 여행한 북아프리카 알제와 오랑, 이탈리아, 프로방스, 그리스, 스페인 등 지중해를 접한 여러 나라, 도시들과 그 내면화된 인상의 반영이다. 산타크루즈, 카지노 바스트라나, 알제의 카스바, 비스크라, 메디나, 하드리아누스 황제의 별장, 로마의 평원, 베로나에서 세빌리아까지, 프로방스와 그리스. 그는 고백하기를, "지중해를 따라가며 여행했던 그 행복한 시간들을 떠올리기 위해서 굳이 노력할 필요는 없다. 그 시간들은 내게 늘 살아 있다. 알제의 구릉 위에서 맞은 열기 가득한 밤들, 욕망처럼 입술을 바짝 마르게 하는 시로코 바람, 이탈리아의 눈부신 풍경들, 그리고 이탈리아 사람들의 열정, 그것은 내게 있어서 없어지지 않을 현란함이었다."라고 하였다.

그 여름, 그 시간, 그 이글거리는 태양 아래서 '영감'과 같은 것이 내 머리를 치고 지나갔다고 말해서는 안 된다. 물론 그르니에가 작열하는 태양 아래 지중해를 아스라이 바라보며 느낀 침묵과 고독이 그 순간 나에게서 가까운 어디에 있었음을 부인하지는 않겠다. 그러나 나는 그냥 장 그르니에를, 그의 책을 기억했을 뿐이다. 그르니에는 내 의식의 담벼락에 저 코발트색 바다를 영원의 이미지로 못 박았다. 그르니에와 그의 책은 전단지처럼 달라붙어 떨어지지 않았다. 성가셨으나 계속 기억할 수 있어 다행이었다. 나는 생각했다. 언젠가 '지중해의 영감'이라는 제목으로 책을 쓰겠다고. 내용이나 주제는 상관없었다. 그냥 그 제목이면 됐다. 사막에 세운 빈 천막 같은, 이 허위로 가득 찬 다짐을 오랫동안 떨치지 못했다.

나는 2012년 1월 19일자로 중앙일보에서 물러났다. 구구한 이유를 댔으나 속으로는 공부를 하겠다는 결심이 굳었다. 물론 아무도 이해하지 못했지만. 몇 년 대학에서 강의를 하다가 2014년에 중앙일보 선배가 사장으로 계신 아시아경제에 들어가 5년 동안 머물렀다. 칼럼을 정기적으로 쓰고 젊은 기자들을 지도했으니 기자라고 하기는 어려운 세월이다. 바둑으로 치면 더 두어 보는 정도. 2019년에 한국체육대학교의 부름을 받아 국립대학교의 강단에 섰다. 늦은 나이였다. 새삼 학문적 야망에 불타거나 보직을 탐할 시기는 지났다. 학교는 나의 언론인 경력을 주목했다. 학생을 공들여 가르치고 하던 연구를 계속하며 학교의 명에 따르는 세월이 오늘에 이르렀다. 정년이 멀지 않으니 일모도원(日暮途遠)이라.

나는 2012년을 기자생활의 마지막 해로 여긴다. 하나 학교에 적을 두고도 내 의식의 밑바닥에는 저널리스트의 자의식이 복류(伏流)한 모양이다. 2024년 여름, 파리올림픽의 개막을 앞두고 중앙일보, 정확히는 그 주말 판인 중앙선데이에서 칼럼 몇 편을 청탁했다. '전설의 순간'이라는 문패를 달고 격주로 글을 썼다. 그 일이 아직 낯설지 않았다. 중앙일보는 감사하게도 올림픽이 끝난 다음 다시 지면을 주었다. 어떤 내용, 어떤 형식이든 상관없다고 했다. 당신이 쓰고 싶은 걸 쓰라. 이번엔 '스포츠라운지'라는 문패를 새로 걸고 1년 넘게 칼럼을 게재했다. 원고가 꽤 쌓였을 무렵, 오래전의 '파스텔로 그린 것 같은 풍경'이 떠올랐다. 아리아드네의 실타래가 손에 들어온 것 같았다. 지중해로 가는.

내가 마지막으로 현장을 취재한 올림픽은 2004년 아테네대회다. 올림픽특별취재단을 이끌고 현지에 파견되었다. 후배들이 일을 잘했다. 매일 단독기사를 쏟아냈다. 점심은 신타그마 광장 근처 아시아식당에 모여 먹었다. 저녁엔 미디어 빌리지 옆에 있는 식당에서 생선요리와 포도주를 즐겼다. 첫 주말이 다가올 때, 나는 서울에 전화를 걸어 "휴일에는 쉬겠다!"고 선언했다. 이럴 땐 보통 상소리가 돌아온다. 그런데 OK가 떨어졌다. 그래서 전무후무할 일을 했다. 휴일마다 후배들과 여행을 한 것이다. 산토리니와 코린트, 미케네, 에피다우로스. 고대도시의 흔적들은 폐허가 아니었다. 힘차게 살아 호흡했다. 뒹구는 대리석들은 막 떼어낸 살점 같았다. 스타디온(stadion)이 태양 아래 맨살을 드러낸 채 우리를 맞았다.

현대의 스포츠는 모두 스타디온의 산물이다. 올림픽부터 그렇다. 고대올림픽은 기원전 776년에서 서기 393년 사이에 4년마다 개최되어 제293회까지 계속되었다. 초기에는 경기장 끝에서 끝까지 달리는 스타디온 경기만 열렸다. 스타디온은 거리의 단위다. 200m에 채 못 미친다. 델포이에 있는 스타디온의 트랙은 실측한 결과 178.35m가 나왔다. 스타디온 경기가 열리는 장소도 스타디온이라고 했다. 라틴어로는 스타디움(Stadium)이다. 기원전 724년 제14회 대회부터 경기장을 왕복하는 경주가 추가됐다. 기원전 708년 제18회 대회부터 레슬링과 5종경기(멀리뛰기·창던지기·단거리경주·원반던지기·레슬링) 등 종목이 점차 늘어 전성기에는 13종목에 이르렀다. 그래도 달리기는 가장 중요한 경기로 꼽혔다.

고대올림픽은 올림피아에 신전을 둔 올림포스의 주신(主神) 제우스에게 바치는 제전(祭典)이었다. 올림픽을 제전이라고 일컫는 이유는 신을 위한 잔치이기 때문이다. 운동 대회는 단순한 유희가 아니라 신들에게 바친 제사였다. 젊은 사나이들의 잘 발달한 신체는 신들을 기쁘게 할 제물이었다. 올림픽은 인간이 야만에서 문명으로 이행했음을 보여준다. 원시의 신은 살아있는 제물을 원했다. 멕시코의 고대경기장 치첸이트사에서 벌어진 축구 울라마(Ulama)는 승자의 심장을 제물로 요구했다. 성경 속 아브라함은 외아들을 죽여 번제물로 바치라는 신의 요구에 직면한다. 그의 순종은 야만의 질서를 함축한다. 신이 이 사악의 주검 대신 수양(羊)을 받아들임으로써 주술은 종교가 된다. 문명은 생명을 전제로 한다.

올림픽은 지중해적 행사다. 그리스 본토와 지중해를 둘러싸고 발달한 수많은 식민도시의 청년들이 생명의 제전에 참가하기 위해 올림포스로 모여들었다. 신을 모독한 자나 범법자·노예만 아니면 순수한 헬라(Hella)인 누구나 참가할 수 있었다. 참가선수는 10개월 이상 체육관에서 훈련했다. 올림픽이 열리기 한 달 전엔 제우스신전에 가 기도했다. 심사를 거쳐 선발된 선수는 한 달 동안 합숙하며 감독의 지도를 받았다. 현대의 올림픽이나 운동대회와 무엇이 다른가. 우리는 선수등록 규정을 운영하고 예선이나 선발전을 치르며 합숙훈련을 한다. 올림픽 전후로 한 달 동안 그리스 전역에 휴전이 선포되었다. 지중해는 평화의 바다였다. 가끔 스파르타와 같은 강대국의 일탈은 있었지만.

이제 나는 말할 수 있다. 오랫동안 지중해는 내 의식의 주소지였다. 그러니 1997년 카타니아의 작열하는 태양 아래 나를 통과해간 예감을 오늘에 불러내 언어의 방주에 선적해야 한다. 영감 따위는 없었지만 무언가 번득이긴 했다. 들뢰즈 식으로 말하자면 그 번득임은 장 그르니에의 스크린을 통과해 영원(이데아)으로서 내게 왔다. 그러나 나의 정신과 감정, 정체성을 지명하는 데 이데아는 우선하지 않는다. 오히려 빛은 차이로부터 온다. 빛과 어둠의 차이에서 나온 결과물이 하나의 정체성을 지닌 조형물로서 번개이듯이. 카타니아대학교 스포츠센터 앞 파라솔 그늘 아래 나를 스쳐간 바람은 그 시절의 나와 그르니에를 모두 통과해 영원을 향해 사라졌다. 그러니 내가 손에 쥔 것은 차이를 전제한 반복이다.

나는 가끔 신문에 글을 쓰지만 기자가 아니다. 1997년 지중해를 내려다보며 예감(또는 다짐)에 도취된 청년은 돌아오지 않는다. 그에게는 막연하고도 맹목적인 사랑과도 같은 열정이 깃들였다. 청년은 내가 정하지 않은 시기에 기억의 저편으로 사라졌다. 2012년 첫 달에 서울 순화동 중앙일보 빌딩 3층의 서쪽 창가에 있는 데스크 서랍을 비울 때 나의 제전은 막을 내렸다. 윤후명의 소설 한 구절처럼 그 사랑은 끝났다. 끝나버린 사랑은 폐허와 같다. 사랑의 주인은 나그네가 되어 폐허를 돌아볼 뿐이다. 영원히 변치 않으리라는, 마음속 붉은 매듭에 새긴 허망한 다짐처럼 어떤 기억은 빛이 바래 해독되지 않는다. 나는 조안 바에즈의 노래 「다이아몬드와 녹」을 떠올린다.

이 책의 성격은 자서전과 같다. 스포츠를 취재하는 기자에게 올림픽이나 월드컵 같은 대형 이벤트들은 삶의 마디일 수밖에 없다. 그럴 때마다 나의 시야는 선명해지고 태도는 분명해졌다. 대회 하나를 치를 때마다 성장했거나 최소한 달라졌다. 김덕기, 손장환 같은 뛰어난 기자들이 나의 교사였다. 나는 1988년 서울올림픽부터 2008년 베이징올림픽 때까지 기자로 일했다. 2014년 리우데자네이루올림픽은 스포츠기자로서 지켜보지 않았다. 겨울올림픽은 나의 시야 밖에 있다. 월드컵은 1990년 이탈리아 대회부터 2010년 남아프리카공화국 대회까지다. 이밖에 1992년 유럽축구선수권대회와 1997년 유니버시아드, 1995년 NBA 파이널이 취재 경력의 챕터를 이룬다.

내가 살아온 삶은 '시인 절반, 기자 절반' 식으로 설명하기 어렵다. 그럼에도 나는 이곳에서 스포츠 저널리스트로서 산 30년, 어림잡아 내 인생의 절반을 정산하고 있다. 올림픽을 말할 때 겹치는 부분이 많은 이유이기도 하지만, 책을 준비하며 그 일이 원한 대로 이루어지기를 바랐다. 그렇게 되면 나는 가벼워져 남은 생을 지고 가는 길이 가

파릇지라도 고통을 줄일 수 있을 것이다. 이 일을 얼른 마치고 싶어 여러 해 전부터 조바심을 냈다. 뜻대로 되지 않아 오랫동안 초조했다. 한반도가 유사 이래 가장 뜨거웠다는 지난여름, 구차한 소망을 글누림출판사에 고백할 기회가 있었다. 감사하게도 이대현 대표와 이태곤 편집이사가 공감과 격려를 아끼지 않았다. 덕분에 분수에 넘치는 과업을 마칠 수 있게 되었다. 두 분께 깊이 절한다.

문수산 기슭,

가을비 솔잎 적시는 소리에 귀 기울이며.

차례

Olympia II

Fever Pitch

Inspirations méditerranéennes

글래디에이터

서기 393년, 고대올림픽이 폐지됐다. 올림픽 경기장 스타디온(Stadion)도 주경기장의 지위를 내놓았다. 그 자리를 콜로세움이 차지했다. 콜로세움은 첨단을 자랑한 로마 건축 테크놀로지의 결정판이다. 로마에 가서 콜로세움 앞에 서 본 사람은 '건축은 얼어붙은 음악'이라는 괴테의 선언을 이해한다. 리드미컬하게 이어지는 아치들을 1층은 토스카나 양식, 2층은 이오니아 양식, 3층은 코린트 양식의 둥근 기둥으로 떠받든 거대하고도 유려한 선율에 빠져들고 마는 것이다.

콜로세움과 같은 대규모 원형경기장이 로마에만 있지는 않았다. 로마는 지중해를 호수로 만들어버린 제국이었다. 프랑스의 님과 아를, 이탈리아의 베로나와 카푸아, 유대 땅 예루살렘에도 경기장을 지었다. 북아프리카에도 많다. 튀니지 엘젬의 원형경기장은 세계에서 세 번째로 규모가 크다. 그러나 콜로세움은 유일한 존재다. 콜로세움이란 명칭은 경기장 앞에 세운 네로 황제의 동상 '콜로소'에서 비롯됐다. 콜로소는 '거대하다'는 뜻의 라틴어 콜로수스(Colossus)에서 나온 말이다.

로마는 왜 콜로세움을 지었을까. 왜 도시마다 경기장이 필요했을까. '팍스 로마나'로 집약되는 제국의 정책 중에 '빵과 서커스(Panem et Circenses)'가 있다. 로마의 풍자시인 유베날리스가 세태를 풍자하기 위해 사용한 표현이다. 먹고 사는 문제를 해결해 주고 놀거리를 만들어 거기 몰두하게 만들면 국민들은 세상 돌아가는 일에 무관심하게 된다는 것이다. 우민정책이다. 제5공화국 정권이 선택한 '3S정책'을 떠올리게 한다. 스포츠(Sports), 섹스(Sex), 스크린(Screen).

미국 로마 문화 연구소의 다리우스 아리야 교수는 콜로세움에서 로마의 민주주의와 개방성을 본다. 밖으로 황제의 권력을 과시하고, 안으로는 시민들과 만나 소통하는 정치 무대로 본 것이다. 콜로세움은 황제가 민중의 지지를 구하고 민중은 자신들의 요구를 드러내는 정치적 공간이었다. 절대 권력의 상징인 로마의 황제조차 민중과 소통했다는 사실을 2000년 시간을 뛰어넘어 현대사회를 살아가는 우리는 어떻게 이해해야 할까.

콜로세움의 이미지는 피와 죽음이다. 맹수와 인간의 싸움, 굶주린 맹수가 집행한 기독교도들의 처형…. 강렬하기로는 죽을 때까지 싸우는 검투사들의 대결과 비교할 것이 없다. 황제의 엄지손가락이 하늘을 향하는지, 땅을 향하는지에 따라 패자의 목숨이 오갔을 장면을 떠올리면 숨이 가빠진다. 상상은 크게 틀리지 않는다. 콜로세움은 투기(鬪技) 경기장이다. 공사를 마쳤을 땐 기념 삼아 100일에 걸쳐 투기 경기가 열렸다고 한다.

현대인이 보기에 '콜로세움+검투사=죽음'이다. 그러나 검투사들은 '파리 목숨'이 아니었다. "스무 번 싸워 여섯 번 졌다"는 한 검투사의 기록이 로마에 남아 있다. 검투사 양성에는 비용과 시간이 많이 들었다. 로마 시민을 만족시킬 만큼 뛰어난 검투사는 귀했다. 콜로세움에서 죽은 검투사들은 대개 경기 중 사고를 당했거나 반칙을 한 대가를 치렀다. 경기에 진 다음 죽은 경우는 10% 안팎으로 추정된다. 사망률 10%는 물론 낮지 않다.

일류 검투사는 아이돌 못잖았다. 79년 8월 24일 베수비오 화산의 폭발로 재에 덮인 폼페이의 건물 벽에는 트라키아 출신의 검투사 셀라두스를 '여인의 한숨과 영광(suspirum et decus puellarum)'이라고 표현한 낙서가 선명하다. 검투사 되기를 열망한 황제도 있다. '로마의 헤라클레스'를 자처한 사나이, 콤모두스다. 시오노 나나미는 '그가 황제일 때 로마엔 망조가 들었다'고 했다. 콤모두스가 검투사의 인기를 시샘했는지, 영웅적인 이미지를 선망했는지 알 수 없다.

콜로세움을 장식한 피의 잔치는 흔히 로마 멸망의 한 원인으로 지목된다. 에드워드 기번도 그렇게 생각했다. 그가 쓴 『로마제국쇠망사』는 트라야누스 황제 시대부터 서로마제국의 멸망, 동로마제국의 건설과 멸망까지 2세기에서 1453년에 이르는 약 1300년간의 역사를 다뤘다. 런던에서 태어난 기번은 1763년에 유럽 대륙 여행을 시작했는데, 로마에서 카피톨리움의 폐허를 답사한 뒤 책을 쓰기로 결심했다. 1776년 첫 권을 냈고, 1788년까지 여섯 권을 썼다.

기번은 로마 멸망의 원인 다섯 가지를 제시했다. 첫째 이혼의 증가로 인한 가정 파괴, 둘째 과다한 세금과 지나친 소비 풍조, 셋째 쾌락에의 탐닉과 스포츠의 잔혹화, 넷째 군비를 확장했으나 내부의 적을 방치, 다섯째 종교의 타락과 쇠퇴 등이다. 이 가운데 셋째 원인으로 지목된 쾌락에의 탐닉과 스포츠의 잔혹화는 타락하고 나약해진 로마인들의 내면세계로부터 제국의 뿌리가 썩어 들어가고 있었음을 지적한다.

로마는 에트루리아와 카르타고, 갈리아 등 강적들을 제압하고 제국을 건설했다. 병사들은 로마인이라는 자부심에 충만했다. 『로마인 이야기』를 쓴 시오노는 한니발의 침입으로 시작된 제2차 포에니 전쟁 초반 주요 회전(會戰)에서 로마군이 전멸한 이유를 적에게 등을 보이는 행위를 불명예로 생각한 그들의 정신에서 찾았다. 로마 정신은 김나지움에서 성장했다. 청소년들이 공부와 운동을 한 장소다. 달리기·창던지기·검술과 같은 '국방체육'은 중요한 교과 과정이었다.

로마의 체육은 당시로서는 세계의 대부분으로 인식된 유럽과 북아프리카, 중근동을 제패한 이후 쇠퇴하였다. 후기 로마의 체육은 직업군인이나 직업 경기자의 몫이 되었다. '하는 스포츠'는 멸종되고 '보는 스포츠'만 남았다. 검투사 경기를 보라. 한때 제국의 명운을 갈랐던 전투가 시민의 구경거리로 전락했다. 김나지움에서 싹트고 자란 로마 정신은 사라졌다. 정신의 소멸은 공동체의 소멸로 이어지고, 나아가 한 시대의 종말을 예고한다.

김나지움은 독일에서 학교, 영어를 쓰는 나라에서는 체육관을 뜻한다. 필자는 한국체대에서 매학기 첫 시간에 신입생을 상대로 같은 이야기를 한다. "체육은 교육의 한 체계다. 교육의 목표를 지덕체(智德體)의 함양에 두지만 이 순서가 서열은 아니다. 기독교의 삼위일체처럼 본질이 같다." 여기엔 함정이 있다. 운동만 잘하면 다른 것은 필요 없다는 오해. 운동하는 학생의 학습권과 최저학력제를 둘러싼 최근의 논쟁도 뿌리는 같다.

"운동하면 공부와는 벽을 쌓는다는 인식 때문에 부모가 운동하겠다는 자녀를 말리는 상황이다. 학습권은 헌법이 보장하는 인간의 기본권이다. 학교 체육을 정상화하고 인권침해 등 구조적 문제를 개선하기 위해 학습권이 보장돼야 한다."(정용철 서강대 교수)

"운동을 좋아하는 어린 친구들이 진입단계에서부터 운동과 학업 중 선택의 기로에 선다. 저출산이 심각한데다 스포츠의 저변을 만드는 데 가장 중요한 시기인 초등학생들부터 학습권 보장이 안 되면서 스포츠 저변은 엉망이 됐다." (김현수 체육시민연대 집행위원장)

"'학습권=최저학력제'는 합의되지 않은 정의다. '최저학력'이라는, 있지도 않은 용어를 사용하며 학습권을 보호한다는 주장은 설득력이 약하다. 학생 선수들이 어느 정도 학습해야 최저학력에 도달하는지조차도 알 수 없다." (박재현 한국체대 교수)

문제는 제도나 시스템이 아니다. 한국체대만 해도 계절학기·집중수업·이동수업 등 학생 선수들을 위한 제도가 완벽하다. 그러나 제도가 학습을 보장하지는 않는다. 연중 합숙, 새벽부터 시작되는 고강도 훈련, 전지훈련과 대회…. 학생 선수들은 무쇠가 아니다. 교수들은 강의실에서 그들의 고통을 목격한다. 체육대학을 지금처럼 운영하려면, 학생 선수를 위한 강좌와 과정이 따로 있어야 한다. 공부선수와 운동선수에게 같은 강의를 해서는 안 된다.

학생 선수들은 어릴 때부터 운동에 전념했다. 그 결과 얻어낸 기량과 성과가 진학과 취업의 밑천이 된다. 학교는 검투사훈련소, 경기장은 콜로세움일 수밖에 없다. 현실은 검투사의 시대보다 엄혹하다. 경기에 진 콜로세움의 검투사도 목숨은 지켰다. 현대의 검투사들에게 패배는 일시적으로라도 사회적 죽음을 의미한다. '낙오' '도태' '방출'…. 운동을 포기하고 합숙소를 떠난 학생들의 방황은 길고 위태롭다. 학교에서라도 패배는 또 다른 기회여야 한다. 학교가 지켜야 할 것이 많다.[1]

---

1 중앙선데이 2024.10.05.

음악과 체육

2013년 8월 14일, 유럽과 미국의 주요 언론은 로마의 남동쪽 젠차노 지역에서 작은 콜로세움이 발견되었다고 보도했다. 미국 몽클레어 주립대 연구팀이 1300여 명을 수용할 수 있는 '개인용 콜로세움'을 발굴했다는 것이다. 크기는 가로 약 61m, 세로 약 40m이다. 건축 시기는 2세기로 추정했다. 고고학자들은 이곳을 '로마의 헤라클레스'를 자처한 황제가 야수들을 죽이는 장소로 사용했을 것으로 보았다.

로마의 헤라클레스를 자처한 황제라면 오직 한 사람, 콤모두스 뿐이다. 못된 황제의 대명사, 실정(失政)으로 제국의 몰락을 초래한 인물. 에드워드 기번은 『로마제국쇠망사』를 콤모두스의 이야기로 시작했다. 그가 황제일 때 로마엔 망조가 들었다는 이야기다. 러셀 크로우가 주연한 영화 '글래디에이터'에서 호아킨 피닉스가 맡은 역할이 콤모두스다. 역사 속 콤모두스는 영화에서보다 훨씬 저질에다가 악당이고 허풍쟁이다.

로마에 가면 박물관에서 콤모두스의 대리석 전신상이나 반신상을 볼 수 있다. 바티칸 박물관에는 창을 든 콤모두스의 전신상이, 카피톨리니 박물관에는 반신상이 있다. 카피톨리니의 콤모두스는 기괴하다. 사자 가죽을 뒤집어쓰고 있다. 그 아가리로 얼굴을 내밀어 사자 대가리를 투구처럼 썼다. 오른손에는 올리브 나무 몽둥이를 들었다. 헤라클레스의 전형적인 이미지다.

헤라클레스는 그리스 신화에 등장하는 영웅들 가운데 최고 스타지만 팔자는 기구하기 짝이 없다. 올림푸스의 주신(主神) 제우스가 미케네 공주 알크메네를 건드려 낳은 아이가 헤라클레스다. 제우스가 욕심을 채운 결과로 세상에 나온 소생치고 행복한 경우는 없다. 제우스의 아내 헤라가 곱게 놔두지 않았다. 헤라클레스도 죽을 고비를 여러 번 넘긴다. 그 유명한 '12과업'도 헤라 때문에 안 해도 될 고생을 한 것이다.

헤라클레스는 헤라의 저주를 받아 이성을 잃는다. 미쳐버린 그의 눈에 아내인 메가라는 암사자로, 아이들은 하이에나로 보인다. 헤라클레스는 결국 부인과 아들 셋의 숨을 끊는다. 12과업은 그 죗값을 치르는 과정이다. 첫 과업은 네메아에 출몰하는 사자를 퇴치하는 일. 헤라클레스는 사자를 죽인 다음 가죽을 벗겨 걸치고, 대가리를 투구처럼 머리에 썼다. 판본에 따라 '키타이온의 사자'라고도 하는데, 아무튼 콤모두스는 그 흉내를 냈다.

마케도니아의 정복왕 알렉산드로스는 헤라클레스를 가문의 시조로 떠받들었다. 그도 사자 머리 모양으로 장식한 투구를 쓰고 병사들 사이를 누볐다. 기원전 327년에는 오늘날 파키스탄의 페샤와르와 아프가니스탄의 잘랄라바드 일대에 해당하는 지역까지 점령했다. 이때 전해진 헬레니즘 문화의 영향으로 그리스 미술과 인도 미술이 혼합되어 간다라 양식이라는 하이브리드 미술양식이 탄생한다.

간다라 미술을 대표하는 장르는 불교 예술이다. 불상 조각이 많이 남아 있다. 그리스의 신인 아폴로나 제우스를 연상시키는 얼굴에 로마의 성인들이 입던 토가와 같은 옷을 걸친 모습이다. 간다라 미술은 중국, 중앙아시아는 물론 한반도와 일본까지 영향을 미친다. 경주 석굴암은 간다라 미술의 영향을 보여주는 통일신라기 불교미술의 대표작 가운데 하나이다.

그리스 신화 속의 수퍼스타 헤라클레스는 간다라 미술에서 부처를 호위하는 금강역사(金剛力士)로 변신한다. 소설가 이윤기는 『길 위에서 듣는 그리스 로마 신화』에서 헤라클레스를 '부처님의 보디가드'로 표현했다. 중국 간쑤성 톈수이현에 있는 마이지 산에는 불교 석굴의 무리가 있다. 1952년에 발견된 석굴에서 놀랍게도 사자(로 추정되는)의 대가리를 투구처럼 눌러 쓰고 눈을 부릅뜬 금강역사를 볼 수 있다.

알렉산드로스 정도 되면 헤라클레스의 자손이라고 허풍을 쳐도 이해가 간다. 하지만 대제국을 건설한 알렉산드로스와 달리 물려받은 제국을 말아먹은 콤모두스가 로마의 헤라클레스를 자처했을 때는 비웃거나 개탄할 수밖에 없다. 그런 콤모두스가 검투사 놀이에 미쳐 버렸다. 검투사 되기를 소원하여 검투사 숙소에서 그들과 똑같이 먹고 자며 생활하겠다고 해서 신하들의 진땀을 뺐다.

그러나 콤모두스가 대책 없이 헤라클레스 흉내나 낸 팔푼이는 아니었다. 무기를 능숙하게 다루었고 힘도 장사였다. 검투사 경기에도 나갔는데 무패의 전적을 남겼다. 콤모두스의 칼 아래 쓰러진 상대는 대개 부상자, 병자, 장애인이었다. 하지만 직업 검투사들에게 이긴 기록도 있다. 모두 상대의 항복으로 승리를 거두었다. 황제의 칼에 희생된 직업 검투사는 한 명도 없다.

영화 '글래디에이터'에도 콜로세움에 뛰어들어 검을 휘두르는 콤모두스가 등장한다. 영화 속 콤모두스는 주인공 막시무스의 손에 죽는다. 그러나 역사 속의 콤모두스는 콜로세움에서 죽지 않았다. 그는 서기 192년 12월 31일 밤 로마 황궁의 욕실에서 측근의 손에 목 졸려 죽는다. 동서고금을 통틀어 황음무도한 폭군이 측근의 손에 죽는 역사는 끝없이 반복되는 아이러니다.

콤모두스의 암살은 애첩 마르키아와 황제의 잠자리를 돌보는 하인 에클렉투스가 모의했다. 에클렉투스가 마르키아와 내연관계였다는 말도 있다. 황제가 독이 든 포도주를 마시고 괴로워하는 틈에 나르키소스라는 자가 목을 졸랐다는 것이다. 나르키소스는 콤모두스의 레슬링 코치이자 스파링 파트너였다. 보통 사람이라면 완력이 뛰어난 데다 검투사 훈련으로 단련된 콤모두스를 죽이기 어려웠을 것이다.

이윤기는 레슬링을 '사람 죽이는 기술'이라고 혐오했다. 하지만 레슬링 경기를 보면 '저래 가지고 사람이 죽겠나' 싶다. 상대 선수 뒤로 돌아가 붙들면 1점을 주고, 한 번에 승부가 갈리는 '폴'도 상대 선수의 양 어깨를 딱 1초만 매트에 눌러 놓으면 된다. 두 어깨가 땅에 닿아서 죽은 사람은 없다. 그렇다면 제우스가 아버지 크로노스와 레슬링을 해서 이긴 다음 올림푸스의 일인자가 됐다는 신화는 어떻게 읽어야 하나? 평화적인 정권교체?

격투기 전문가들에게 물으면 대개 "어떤 무술이든 필살기가 있다"고 한다. 우리는 태권도를 '발도장'이나 '발펜싱'이라고 폄하한다. 그러나 누구든 태권도 선수에게 제대로 맞으면 목숨이 위태롭다. 2020년 1월 1일 서울특별시 광진구 화양동의 한 클럽에서 태권도를 전공한 체육대학교 학생 3명이 또래의 남성을 때려죽인 사건을 기억하라. 피해자의 여자 친구를 집적거리다 시비를 벌인 끝에 살인에 이른 이 사건은 다음에 자세히 다룰 생각이다.

아무튼 신들의 세계 패권을 놓고 벌인 제우스와 크로노스의 레슬링 한 판도 목숨을 건 싸움이었음에 틀림없다. 어깨가 남달리 넓었다는 아테네의 젊은 철학자도 레슬링을 호신술 삼아 연마했을까? 젊은 이는 올림픽 버금가는 이스트미아 제전에 나가 우승한 적도 있다. 원래 이름은 아리스토클레스. 지금 우리에게 알려진 이름은 그의 넓은 어깨를 보고 감탄한 레슬링 코치가 붙여준 별명, 플라톤이다. 한 마디로 '어깨가 넓은 친구'라는 뜻이다.

플라톤은 운동 좀 해본 지식인이다. 그런 그에게 교육의 길을 묻자 '청소년이 철학을 배우기 전에 체육과 음률(단순화하면 음악과 시)부터 가르치라'고 권했다. 그의 시대에 철학이란 곧 학문이고, 체육과 음률은 인간의 근기(根基)를 기르는 행위였다. 체육과 음률은 어느 쪽으로도 치우쳐선 안 될 저울과 같다. 플라톤은 『국가』에서 소크라테스의 입을 빌려 말한다. 2500년 뒤에도 살아 숨 쉬는 교육 이데아. 21세기 대한민국의 교실에서는 아득히 멀다.

"신체를 위한 것은 체육, 영혼을 위한 것은 음률일세. 음률은 소홀히 하면서, 평생 체육만 하면서 지내는 사람들의 마음 상태가 어떤지를 자넨 알아채지 않았던가? 그와 반대로 버릇이 든 사람들의 마음의 상태는 어떨까? 음악과 체육을 가장 훌륭하게 섞어서 알맞게 영혼에 적용하는 사람이야말로 현(絃)을 조율하는 사람보다 훨씬 완전하고 조화를 이룬 음악적인 사람이라고 주장하는 것이 참으로 옳은 일일세."[2]

2 중앙선데이 2024.11.02.

얻어맞은 챔피언

⑴ 1982년 6월 30일. 서울 강서구의 종합상가신축공사장에서 타일공으로 일하던 30대 남성 둘이 관리인을 폭행했다. 일용직으로 일하던 이들은 인력이 남아 자리가 없다는 말을 듣고 화가 나서 주먹을 휘둘렀다고 한다. 경찰의 조사 과정에서 관리인이 프로복싱 주니어미들급 동양챔피언을 지낸 'KO왕' 임재근이라는 사실이 드러났다. 경찰이 "왜 맞기만 했느냐"고 묻자 그는 "은퇴하면서 주먹을 쓰지 않기로 결심했다. 저 사람들을 때리면 죽을 수도 있을 것 같았다"며 가해자들을 선처해 달라고 요청했다.

⑵ 2020년 1월 1일. 서울 광진구의 한 클럽에서 태권도를 전공한 21세 남자대학생 3명이 23세 남성 1명을 때려 숨지게 했다. 경찰 조사에 따르면 가해자들이 피해자의 여자친구에게 '함께 놀자'며 팔목을 잡아끌면서 시비가 붙었다고 한다. 가해자들은 피해자를 끌고 나가 폭행했다. 피해자가 정신을 잃고 쓰러진 다음 가해자들은 근처 편의점에서 아이스크림을 사 먹은 뒤 귀가했다. 피해자는 병원으로 옮겨

졌지만 뇌출혈로 사망했다.

가해자들은 살인 혐의로 기소되었다. 법정에서 사건 당일 인근 폐쇄회로(CC)TV가 공개됐다. 피해자는 A씨의 주먹과 발차기를 맞고 쓰러졌고, B씨는 쓰러진 피해자의 얼굴을 걷어찼다. 재판부가 경위를 묻자 A씨는 "태권도를 하다 보니 습관적으로 발차기를 했다"고 진술했다. 재판부가 "거리를 두고 정확히 목표를 정해 가격한 것인가. 조준해서 찬 것인가"라고 질문하자 A씨는 "그렇다"고 답했다.

주먹이든 발차기든 운동을 한 사람의 동작은 '습관적'이다. 반복해서 훈련한 동작은 뇌가 지식으로 정제해 기억 속에 저장하기 이전에 근육에 새겨진다. 어릴 때 배운 자전거를 오랜 시간이 지나도 다시 탈 수 있는 것은 이 머슬 메모리(Muscle memory)의 결과다. 당시 임재근은 은퇴한 지 3년밖에 지나지 않았다. 클럽의 살인자들은 대학에서 태권도를 전공했다. 복싱이든 태권도든 무술은 살상의 기술이다. 단련한 사람에게 맞으면 목숨을 부지하기 어렵다.

1980년대 미국의 텔레비전 드라마나 영화에는 동양 무술을 희화화한 장면이 자주 등장했다. 주로 활극영화들인데, 예를 들면 이렇다. 악당이 '아비요~!'를 외치며 여러 가지 무술의 기본동작을 해 보이며 주인공을 위협한다. 악당은 대개 우두머리의 이름 없는 졸개로, 보통은 동양 사람이다. 주인공은 그 꼴을 바라보다 뚜벅뚜벅 다가가 주먹 한 방을 날린다. 악당은 허무하게 푹 쓰러져 정신을 잃는다. 할리우드의 무례와 오만이다.

우리는 스포츠나 체육이 서양에서 시작되었거나 그들의 전유물이라고 생각한다. 그러나 스포츠 종목 가운데 상당수가 동양에서 시작되었거나 먼저 성행했음을 보여주는 증거가 수없이 많다. 체육학자 하워드 크누켄은 여러 고고학적 증거를 들어 예수 탄생 이전에 체계화된 스포츠가 중국에 존재했음을 논증했다. 3400년 전에 그려졌으리라고 추정되는 윈난성 창위안의 벽화는 동시대인들의 다양한 신체활동을 표현했다.

오늘날 중국의 무술은 우슈[武術]로 불린다. 하지만 이보다 더 이른 시기에는 군인으로서의 용맹함을 나타내는 우용[武勇] 또는 전투기술을 뜻하는 우이[武技]라고 불렀다. 이러한 기술들은 단순한 격투기나 군사기술에 머무르지 않는다. 음·양으로 집약되는 중국 철학의 다양한 요소들을 반영했다. 그 결과 인간 존재의 육체적 측면과 철학적 측면을 고루 살핀 무예 체계로 형상화되었다.

중국 무술의 존재를 서양에 대중적으로 알린 인물은 영화배우 이소룡이다. 본명은 리전판(李振藩), 영어이름은 브루스 리. 미국 샌프란시스코에서 태어난 그는 20세기를 통틀어 가장 영향력이 큰 무술가이자 문화적 아이콘이 되었다. 영화에서 그가 보여주는 액션은 연기가 아니다. 그가 수련한 무술의 결과물이다. 이소룡이 요절한 다음 중국 무술은 쿵푸로 대변되고, 이는 곧 소림사(少林寺)라는 사찰로 직결되었다. 하지만 이소룡의 권법은 소림사와 직접 관련이 없다.

소림사는 중국 허난성에 있다. 서기 496년 북위의 효문제가 인도 승려 발타를 위하여 창건했다. 달마가 좌선했다는 전설로도 유명하다. 그러나 소림사를 진실로 유명하게 만든 소재는 무술이다. 달마가 수행자들의 건강을 돌보기 위해 용, 호랑이, 표범, 뱀, 학 등의 움직임을 본떠서 만든 것이 소림5권이다. 그러니까 일종의 건강 체조. 맞았다가는 피를 토하며 목숨을 잃는 살수(殺手)와는 거리가 멀다.

서양 격투기의 역사는 신화시대로 소급된다. 제우스는 올림푸스의 패권을 놓고 아버지 크로노스와 레슬링 한 판을 겨뤘다. 복싱은 아폴론이 아레스와 싸워 이긴 다음 승리를 기념한 데서 유래했다고 한다. 호메로스의 『일리아스』에는 그리스 병사들이 복싱하는 대목이 나온다. 기원전 496년에 열린 고대 올림픽에서는 경기를 하다 선수가 죽자 이긴 선수의 우승 자격을 박탈했다는 기록이 있다. 복싱은 2500년 전에도 위험한 운동이었다.

무술은 스승에게서 제자로 이어지는 전승(傳承)의 스포츠다. 무술을 다룬 소설이나 영화에서는 항상 제자가 스승을 찾아가 배운다. 스승은 교육에 앞서 혹독한 노동과 수모를 강요한다. 무술이 기술이 아니라 인격의 기초 위에 서야 함을 새기게 하려는 것이다. 마음의 기초 위에 기술의 집을 지었다면 삶을 지키는 선업(善業)이 된다. 임재근에게도, 클럽의 살인자들에게도 스승이 있었을 것이다.

왕년의 챔피언은 부당한 폭력을 묵묵히 받아들였다. 그의 복싱이 어디에 기초했는지를 보여준다. 1973년 프로에 데뷔한 임재근은 천일체육관에서 훈련했다. 스승은 1956년 멜버른올림픽에서 은메달을 따낸 권성(拳聖) 송순천이다. 체육사학자 박기동은 논문 「복싱인 송순천의 생애사」에서, 송순천이 '사회의 여러 유혹에도 굴하지 않았으며, 화낼 줄 모르는 온화한 성품으로 체육군자의 삶을 살았다'고 정리했다.

'클럽 살인'이 언론에 보도된 다음날, 소속대학의 총장이 태권도부 사범들을 불렀다. 사범들은 "문제 학생들은 최근 특기생 자격을 반납한 '일반학생'이다. 태권도부와 관계없다."고 잡아뗐다고 한다. 학교에서는 아무도 책임지지 않았고 사과도 하지 않았다. 교명(校名)이 언론에 드러나지 않도록 감추는 데만 홍보역량을 집중했다고 한다. 사범들은 아무 일 없었던 것처럼 교직생활을 이어갔다. 나중에 이 학교 교수에게 들은 말이 있다.

"여러 해 전에도 태권도부 아이들이 여의도 호프집에서 다른 손님을 때려 숨지게 한 사건이 있다. CCTV도 없던 시절이니 누가 때렸는지 어찌 알겠나. 경찰도 못 찾아냈다. 그 친구는 무사히 졸업해서 지금 직장생활 잘하고 있다."

살인기술을 가르쳤을 사범은 없다. 하나 '특기생이 아니니 내 제자가 아니다'라는 불인(不仁), '검거되지 않았으니 무탈하다'는 몰염(沒廉)은 교육의 선낭임을 의심하게 반는다. 엘리트 체육이 빈발하는 폭력과 성폭력 등의 일탈을 불식하지 못하는 근본원인도 여기에 있다. 제도나 시스템으로 해결할 수 없는 어둠의 영역이다. 젊은 살인자들은 잔혹한 가치관을 훈습했을 수밖에 없다. 향을 싼 종이에서는 향내가, 고깃덩이를 싼 종이에서는 피비린내가 난다.

필자는 고등학교 3년 동안 유도를 수련했다. 학교에서 교과 과목으로 가르쳤다. 유도를 배운다는 사실이 자랑스러웠다. 띠로 단단히 여민 도복을 어깨에 걸치고 등교할 때는 자부심이 차올랐다. 학교에는 유도부도 있었다. 유도장 벽에 교장선생님의 휘호가 걸렸다. '유도는 術이 아니요 道다.' 우리는 어렸지만 말씀을 이해했다. 유도를 함께 배운 동기 중 한 명은 존경받는 유도사범이 되었다. 그의 제자 세 명이 올해 파리올림픽에 나갔다.[3]

---

3 중앙선데이 2024.12.07.

이소룡, 할리우드의 스승

이소룡이 나온 영화 '정무문'을 1973년 여름에 서울의 피카디리 극장에서 처음 보았다. 10대 초반의 소년이었던 필자는 친구들과 이소룡 얘기만 하면서 해를 넘겼다. 영화의 마지막 장면, 훌쩍 날아오른 진진(이소룡의 영화 속 캐릭터)의 정지화면 위로 총성이 자욱하게 번져가던 장면은 꿈속에서도 무수히 반복됐다. '아, 모름지기 사나이는 저렇게 죽는 거구나.'

'당산대형' '맹룡과강' '용쟁호투' '사망유희' 등 이소룡 영화는 다 보았다. 이소룡의 최종병기 쌍절곤을 익히느라 온몸이 늘 멍투성이였다. 베이비 붐 세대의 끝자락, 우리 세대 누구도 이소룡의 영향에서 자유롭지 못했다. 여기저기서 시도 때도 없이 이소룡의 그 '아비요~!' 하는 괴성이 터졌다. 그러기에 이소룡의 갑작스러운 죽음이 준 충격은 컸다.

지난 회에 설명했듯 이소룡이 죽은 다음 중국 무술은 쿵푸로 대변되고, 이는 곧 소림사라는 사찰로 직결되었다. 연결고리는 홍콩의 영화사 골든 하베스트일 것이다. 할리우드의 단역 배우였던 이소룡을 중국의 영웅으로 키워낸 골든 하베스트는 이소룡이 세상을 떠난 뒤 새로운 스타가 필요했다. 이때 스크린에 등장한 젊은 스타가 바로 성룡이다.

성룡은 이소룡과 전혀 다른 인물이었다. 이소룡처럼 바늘 한 자루 꽂을 곳 없는 궁극의 강자가 아니라 얻어맞아 쓰러지고 피를 흘리기 일쑤였다. 그러나 기어이 일어서는 오뚝이였고 특유의 유머와 낙천성이 있었다. 그 밑바닥에서 강인한 생명력이 용틀임했다. '취권'으로 대표되는 홍콩 무술 영화의 전성시대는 권총을 갈겨대는 새 영웅들이 등장할 때까지 이어졌다.

이소룡의 권법은 소림사와 무관하다. 그의 스승은 엽문이다. 엽문의 무술은 영춘권이다. 영춘권은 빠른 속도와 강한 힘, 간결한 기술로 가까운 거리에서 공격과 수비를 한다. 시력이 좋지 않은 이소룡이 근접타격기인 영춘권을 선택했다는 주장도 있다. 엽문은 중국 광둥성 포산에서 태어났으나 공산주의 혁명을 피해 1949년 홍콩으로 이주했다. 그곳에서 생계를 위해 무술을 가르쳤는데 이소룡도 그가 배출한 수많은 제자 가운데 한 명이다.

성룡은 1954년 홍콩에서 요리사 아버지와 세탁부 어머니 사이에 태어나 가난하게 자랐다. 일곱 살 때 경극학교에 들어가 10년 동안 수련했다. 나중에 홍콩 영화를 주름잡는 홍금보, 원표, 원규 등이 모두 이 학교 출신이다. 이들은 출연한 영화에서 뛰어난 액션을 보였지만 연기자들일 뿐 무술가들은 아니다.

경극학원은 단순한 연기학원에 그치지 않는다. 2009년 '홍콩, 아동 경극학교'라는 한국방송의 리포트가 잘 설명한다. '아이들은 단순히 경극의 기술만 배우는 것이 아니고 중국 전통 문화와 역사, 노래를 통해 정확한 중국어 발음을' 익힌다. 그러기에 한 경극학교 학생의 아버지는 "딸이 경극을 배우길 원한다. 경극은 중국 전통의 가치를 알려주고 좋은 마음가짐을 가지도록 하기 때문"이라고 말한다.

홍콩영화의 한 시대를 부양한 스타들과 그들을 배출한 경극학교. 이곳은 필자가 일하는 국립체육대학교와 흡사한 면이 있다. 한국체대에는 전문(엘리트)체육과정과 일반체육과정이 있다. 전문체육과정은 스포츠과학대학과 스포츠문화예술대학이 맡는다. 인원은 3000명 남짓한 학부생의 30%에 못 미친다. 그래도 전문체육은 학교의 중심(Core)이다.

정직하게 말하자면 체육대학에 '체육기능학교'가 옹이처럼 박혔다. 체육기능학교는 경기력 향상이라는 유일한 목표에 천착한다. 한국체대가 1977년 학교 문을 열 때 내세운 구호는 '국제수준의 우수 선수와 지도자양성, 국민 건강과 삶의 질 향상'이었다. 지금도 달라진 것은 없다. 뒷부분이 공허한 레토릭이라는 사실까지 포함해서.

한국체대는 지난해 10월 15일 열린 국정감사에서 '2024 파리올림픽에서만 메달 14개(금 6개, 은 3개, 동 5개)를 기록했다'고 보고했다. 메달 14개는 국가순위로 따지면 15위다. 학교는 메달리스트들을 내세워 기자회견을 열었다. 메달과 국위선양 실적을 강조하며 "전폭적 지원"을 호소했다. 호소는 반향으로 이어지지 않았다. 학교의 구성원으로서 듣기 거북한 반론도 없지 않았다.

"올림픽 메달은 한국체대가 아니라 진천선수촌이 상징하는 한국 엘리트체육의 산물 아닌가." "임시현이 따낸 양궁메달은 정의선 회장이 이끄는 양궁협회의 투자 덕분 아닌가." 지적이 모두 틀리지는 않다. 대표선수가 된 한국체대 학생은 대부분 학교를 떠나 진천에 가서 훈련한다. 임시현이 학교에서 쏜 화살은 파리올림픽을 앞두고 쏜 화살 수의 100분의1도 되지 않을 것이다. 그렇다고 한국체대가 아무 것도 안 하고 슬쩍 '숟가락'만 얹었다고는 할 수 없다.

우리는 안다. 스포츠는 국위선양의 도구가 아니다. 그러나 결과적으로 국가의 긍정적 이미지를 끌어올린다. 손흥민과 김연아가 증명하고 있다. 이들의 성과는 내셔널리즘이 아니라 엔터테인먼트의 영역으로 이행했다. 스포츠 스타들이 누리는 인기는 BTS나 블랙핑크, 뉴진스 같은 엔터테이너들에 대한 반응과 조금도 다르지 않다.

필자는 2021년에 동료교수 4명과 '지속가능한 체육특성화대학 미래전략'이라는 과제연구를 수행했다. 스포츠내셔널리즘이 폐기된 현실 속에서 체육학교가 계속 필요한가? 필자의 생각은 '영재교육'에 사로잡혔다. 필자가 생각하는 영재교육은 운동 몰입이 아니다. 스포츠 쪽에서는 참고할 사례를 찾기 어려워 해외 예술학교의 교육과정을 많이 살폈다.

미국의 음악학교 줄리아드나 커티스의 교육 목표는 "사회생활을 위한 기본 지식과 이론 습득" "공동체가 당면한 과제를 종합적 시각으로 판단하고 대처할 능력의 배양" "전공 학문 분야를 특화할 방법론 함양" "전문 분야와 관련된 국제적 대응 능력의 향상" 등이다. 이러한 목표는 체육학교라고 예외일 수는 없다. 현실적으로 불가능하다는 것이 가슴 아플 뿐.

우리 학생들은 이르면 초등학교 때부터 실기 중심의 몰입 교육(훈련)에 적응했다. 대학 강의를 따라갈 준비가 돼 있지 않다. 그들의 지도자들도 같은 길을 걸어왔다. 악순환은 반복된다. 학생들의 학업성취도는 매학기 목표에 미달한다. 학교에 계절학기, 집중수업, 이동수업 등 다양한 장치가 있지만 무용지물이다. 학생들은 학습을 '훈련'한 적이 없으니까.

정말 학교라면, 이들도 대학교육을 받게 해야 한다. 필자는 그들에게 '이유식(선행교육과정)'부터 제공해야 한다고 주장해왔다. 구구단도 못 외는데 미·적분을 어떻게 풀겠는가. 특기생들은 졸업반이 돼도 대개 (필자가 체감하기에) 고등학교 졸업생 수준에 못 미친다. 미국 줄리아드와 커티스의 영재들은 고등학교 과정에서 독서와 토론, 글쓰기를 익힌다. 그들인들 전공에 몰입하지 않을 리 없다.

바이올리니스트 정경화의 스승 이반 갈라미언은 레슨 때마다 "결혼하면 넌 바이올린을 못 한다"고 강조했다. 가스 라이팅이다. 영재들이 요구받는 몰입의 정도가 어떤지 짐작할 수 있다. 한국체대의 양심적인 교육자들이 느끼는 좌절감은 교육이 불가능한 현실에서 비롯한다. 새로 임용된 젊은 교수가 한두 해 발버둥 치다 포기하고 연구실로 도망치는 일이 반복된다.

다시 이소룡으로 돌아가자. 엽문에게서 영춘권을 배웠지만 무술이 그가 익힌 지식의 전부는 아니다. 이소룡은 1961년 워싱턴대에 들어가 연극과 철학, 심리학을 공부했다. 그 정신의 굳기와 깊이를 확인하고 싶다면 2018년에 나온 『물이 되어라, 친구여』(필로소픽)를 권한다. 이소룡의 일기, 강의노트, 인터뷰, 편지 등에서 뽑아낸 아포리즘 825개를 추렸다.

이소룡의 언어는 그의 무술이 노장사상과 선불교 등 중국정신에 뿌리를 내렸음을 보여준다. 할리우드의 단역배우는 미국의 존경을 받는 스승이 되었다. 1978년 이소룡과 '사망유희'에 출연한 농구스타 카림 압둘 자바는 "이소룡에게서 철학과 지혜를 배웠다"고 했다. 배우 스티브 매퀸은 이소룡이 "언제나 인생을 깊이 사유하는 철학자였다"고 회상했다. 이소룡의 한 마디가 심장을 찌른다.

"생각이 아무리 고상할지라도 인간의 목표는 생각이 아니라 행동이다."(75쪽)[4]

---

4 중앙선데이 2025.01.04.

델포이 스타디온

제우스는 세상의 중심이 어딘지 알고 싶었다. 성공한 지도자는 기준이 분명하다. 위대한 임금은 세상을 표준화한다. 함무라비, 진시황이 거저 이름을 남겼겠는가. 제우스는 레슬링으로 아버지를 이기고 세상을 차지했다. 공부 많이 한 신이 아니다. 삼각측량 같은 것은 모른다. 하여, 독수리 두 마리를 날려 보냈다. 반대 방향으로 날아간 독수리들은 세상을 한 바퀴 돌아와 다시 만났다. 그곳이 파르나소스 산기슭, 델포이다. 세상의 배꼽 '옴파로스'가 여기 있다.

제우스는 아들 아폴론에게 이곳을 맡겼다. 아폴론은 이 산의 동굴에 살던 구렁이 피톤을 죽이고 신탁소(神託所)를 열었다. 델포이 신탁소는 용하기로 이름났다. 그리스의 도시국가 지도자들은 물론 지혜 충만한 철학자들도 델포이의 신탁을 구했다. 소크라테스와 플라톤도 고객이었다고 한다. 델포이의 신탁 이야기는 역사와 신화에 고루 등장한다. 문제는 신탁이 들으면 대번에 알 수 있을 만큼 쉽지는 않다는 점이다.

기원전 480년 봄. 제2차 페르시아전쟁이 임박했다. 아테네인들이 델포이의 신탁을 받았다. 첫째, "집과 도시를 버리고 도망쳐라." 둘째, "나무성벽에 의지하라." 누가 이 신탁을 '지상전을 포기하고 해전으로 승부를 결하라'는 가르침으로 듣겠는가. 아테네인들은 얼마나 답답하고 두려웠을까. 아무튼 결과는 해피엔딩. 아테네 중심의 그리스 연합함대가 살라미스 해전에서 페르시아 함대를 무찔렀고, 아테네는 훗날 초강대국으로 떠올랐다.

신탁은 왜 모호한가. 과정을 살펴보자. 신탁을 구하는 자는 목욕재계하고 남성 신관에게 듣고자 하는 내용을 고한다. 무녀(巫女) 피티아가 신탁소 안에서 이 말을 듣고 아폴론에게 전한다. 그 답을 받아 읊조리는데 이것이 신탁이다. 피티아의 읊조림은 잠꼬대 같았다. 그녀는 월계수 잎을 들고 신탁소 바닥에서 피어오르는 증기를 쐬었다. 과학자들은 이 증기에 환각작용을 일으키는 에틸렌 성분이 포함됐으리라고 본다. 아폴론의 계시는 환각의 결과였을까?

아테네에서 델포이까지는 자동차로 2시간 남짓한 거리다. 하루 네 번 버스가 다니고, 기차도 있다. 델포이는 체육사 연구자에게도 중요하다. 올림피아(올림픽), 이스트미아, 네메아와 함께 그리스의 4대 제전 가운데 하나인 피티아 제전이 열린 곳이므로. 가장 중요한 대회는 4년마다 열리는 올림피아였다. 기원전 776년에 처음 기록이 보인다. 나머지 제전은 올림피아와 올림피아 사이에 차례로 열렸다. 플라톤은 젊은 시절 이스트미아 제전에 레슬링 선수로 참가해 두 번 우승했다.

델포이의 경기장은 가장 높은 곳에 자리 잡았다. 신탁소가 있는 아폴론 신전 위쪽으로 한 굽이 돌면 극장이 나온다. 거기서 한참 걸어올라 숨이 찰 때쯤 경기장 외벽이 눈에 들어온다. 관중석이 직사각형 경주로를 말굽모양으로 에워쌌다. 스타디온(Stadion)이다. 수용규모는 최대 7000명. 가장 중요한 경기는 단거리 경기인 스타디온이었다. 그래서 경기장도 스타디온이라고 했다. 스타디온은 거리의 단위다. 델포이의 경주로 길이는 178.35m다.

델포이 경기장의 관중석에 앉으면 누구나 가슴이 뭉클할 것이다. 신전보다 극장보다 높은 곳, 파르나소스산의 깎아지른 듯한 비탈 아래 숲으로 둘러싸인 이곳에서 그리스의 젊은이들이 신들에게 젊음을 봉헌하는 제전을 연 것이다. 걸음을 돌이켜 반원형 극장을 내려다보며 걷는다. 그러다 시선을 먼 곳으로 돌리자 사이프러스 나무줄기 사이로 김나시온(Gymnasion) 터가 보인다. 순간 가슴이 찌릿해온다.

김나시온은 영어를 쓰는 나라에서 체육관, 독일에서 학교를 뜻하는 김나지움(Gymnasium)의 어원이다. 교육의 중심은 체육이었다. 스웨덴의 인문학자 마르틴 닐손은 『헬레니즘 시대의 학교』에서 이렇게 설명했다. "그리스 학교에서 체육은 최상의 지위를 차지했다. 다음 약간의 간격을 두고 음악교육, 마지막은 읽기분야의 교육이었다. 그리스 학교의 목표가 보다 높은 일반교양이라고 말하는 것은 온당하지 않다. 일반적인 시민양성이라고 말해야 옳다."(김경현, 『고대 그리스 세계의 체육과 스포츠 문화』, 재인용) 뒤쪽이 마음에 걸린다.

닐손의 주장은 앙리 마루의 선행 연구에 대한 반박이다. 마루는 그리스 고전기부터 로마 제국 말기까지의 교육제도를 연구한 프랑스 역사가다. 『고대 교육사』는 그 결정체다. 그는 서양의 고전적 교육제도는 헬레니즘 시대에 형성되었다고 보았다. 마루에게 고전교육은 서양 교육사의 원형질이다. 고전교육의 핵심은 수사학과 철학이었다. "음악과 체육은 고대 후기에 이르러 거의 절멸한 상태였다. 김나시온에서 배우는 스포츠는 전문적인 선수와 견줄 수 없었다."

체육대학이 김나시온이라면, 마루가 주장하는 고대 후기의 징후를 보이고 있지는 않은가. 뛰어난 고등학교 선수들은 졸업 후 실업이나 프로를 택한다. 야구와 축구 등 프로종목에서 보이는 현상이 일반종목으로 확산되고 있다. 한국체대는 전문체육 전공자가 훈련하는 곳이다. 육상, 수영, 체조 등 기초체육 육성의 책임도 있다. 그러나 1등이 아니다. 지난해 파리올림픽에서는 양궁과 사격 금메달을 따냈다. 가장 잘하는 종목은 골프다. 골프는 건학이념과 무관하다. 현실적으로 가장 주목받는 종목이지만.

델포이에 황혼이 찾아온다. 반들반들하게 닳은 대리석 포도가 반짝인다. 그 위에서 비틀거리며 학교를, 학생을 생각한다. 새벽훈련으로 시작해 야간점호로 끝나는 하루. 훈련, 오직 훈련의 반복과 반복. 실업과 프로라는 진짜 엘리트 체육의 도전과 '공부하는 학생'이라는 시대의 요구 앞에서 이 학교, 아니 전문체육 교육의 미래를 짐작하기 어렵다. 다시 길을 되짚어가 신탁을 구하고 싶다. 신탁이 있다 한들 들릴 것인가.

델포이 무녀가 중얼거린 신탁은 남성 신관이 시어(詩語)로 다듬어 고객에게 전했다. 이 과정에도 신이 개입했으리라. 헤르메스일 것이다. 제우스와 마이아 사이에서 태어났으니 제법 지체가 높은데, 캐릭터는 '잡놈'이다. 여행자·목동·웅변·도량형·발명·상업·도둑·거짓말쟁이·도박, 그리고 체육의 신. 주된 업무는 전령이다. 신의 뜻을 인간에게 전한다. 신의 언어는 난해한 데다 직접 들었다가는 위험할 수 있다. 헤르메스는 신의 뜻을 풀어서 알려준다. 그에게서 '해석학(Hermeneutik)'이라는 용어가 나왔다.

피티아 제전도, 델포이의 신탁도 로마제국이 기독교화한 뒤 숨이 끊어졌다. 헤르메스는 깊은 동굴 어딘가에서 잠들었을 것이다. 그가 남긴 세속의 일은 현대의 제도가 나눠 맡아야 한다. 필자가 보기엔 대학과 정치와 미디어의 책무다. 그러나 세 곳 모두 의심쩍다.

체육대학의 선생은 두 종류다. 근육의 기억과 관성에 지배당하거나 현장의 냉혹함에 둔감하거나. 이곳은 모순으로 가득하다. 생각해보라. 스포츠 지도자는 프로는 물론 실업팀에서도 실적이 나쁘면 당장 물러나야 한다. 대학에서는 교수의 관을 쓰는 순간 아무도 두렵지 않은 개인사업자가 된다. 경쟁이 치열한 전장에서 리스크 제로(0)의 삶을 누린다. 헤르메스의 헌신을 기대할 수도 요구할 수도 없다.

정치가에게 신은 국민이고, 국민의 요구는 신탁이다. 그늘은 왜 귀를 틀어막은 사람처럼 행동할까. 스포츠에 관한 한 진보든 보수든 한결같이 무지하다. 정책이나 방침 따위는 없다. 메달=국위선양이라는 신기루 뿐. 현장은 아노미 상태다. 대한체육회, 축구협회, 배드민턴협회를 보라. 미디어는 그들의 반영이거나 그 반대다. 올림픽이 열리면 민낯이 드러난다. AI가 지배하는 시대에 의식은 “우리는 대한 건아” “고국에 계신 동포여러분…” “태극전사” 언저리를 배회한다. 육신을 거느린 유령이다.

해가 졌다. 관광객의 무리도 떠났다. 사위가 고요하다. 아폴론도 헤르메스도 델포이의 무녀도 조개처럼 입을 다물고 있다. 이내와도 같은, 푸른 기운이 피어오른다. 아테나의 부엉이가 날개를 펼 시간이다. 신의 영역을 떠나 인간의 세계로 돌아가야 한다.

델포이에서.[5]

---

5 중앙선데이 2025.02.01.

자네스

아무리 큰일이라도 미디어가 관심을 끊으면 이내 잊힌다. 산토리니의 지진은 잦아들었나. 아테네에서 일하는 지인에게 물으니 여진이 계속된다고 한다. 주민들의 삶이 정상화되려면 더 기다려야 한다. 산토리니는 관광지로 유명하지만 중요한 고고학 유적지이기도 한다. 섬의 남쪽, 석양이 아름다운 이아마을을 마주보는 바닷가에 아크로티리가 있다. 기원전 3000년까지 거슬러 올라가는 키클라데스 청동기 문화가 잠든 곳이다. 아크로티리는 기원전 1600년 전후에 화산 폭발로 자취를 감추었다가 1867년 이후 발굴이 거듭되었다.

아크로티리 유적은 놀랍다. 광장과 주요도로, 상하수도 시설 등 인프라가 완벽하다. 주택은 거실과 침실, 주방, 창고가 조화롭게 배치됐다. 수세식 화장실을 사용한 흔적이 보인다. 수준 높은 프레스코화도 여러 점 발견되었다. 권투경기를 표현한 작품도 있다. 영화 '인정사정 볼 것 없다'의 포스터를 떠올리게 한다. 인물은 체격이 날씬하고 얼굴이 곱다. 여성처럼 보이지만 남성의 격투다. 손에 글러브를 끼고 있다. 머리모양은 그들이 살던 시대에 가장 힙한 스타일이었을 것이다.

기원전 4000년경 이집트 군대에서 권투를 훈련했다는 문자 기록이 남아 있다. 크레타 섬의 유적지에서는 권투 경기를 묘사한 암포라 장식화가 발굴되기도 했다. 권투가 언제 시작됐는지 알려면 신화 세계로 거슬러 올라가야 할지 모른다. 그리스 신화는 태양신 아폴론이 군신(軍神) 아레스와 싸워 이긴 다음 이 승리를 기념한 데서 유래했다고 설명한다. 호메로스의 『일리아스』에도 '위험한 운동' 권투가 등장한다. 내용은 이렇다.

트로이 전쟁이 한창이다. 아킬레우스의 친구 파트로클로스가 트로이 왕자 헥토르의 손에 죽는다. 아킬레우스는 헥토르를 죽여 복수한 다음 친구를 추모하는 운동 대회를 연다. 맨 먼저 전차경주, 그 다음 권투경기가 열린다. 에페이오스가 에우리알로스의 턱에 보기 좋게 한 방 날려 승리를 거둔다. 승자에게 여섯 살배기 암컷 노새, 패자에게 손잡이가 둘 달린 잔을 수여했다. 이후 레슬링·달리기·창술경기·포환던지기·활쏘기·창던지기 등이 이어진다.

역사가들은 트로이 전쟁을 기원전 12세기에서 14세기 사이에 있었던 사건으로 본다. 에라스토테네스는 기원전 1184년, 헤로도토스는 기원전 1250년이라고 생각했다. 현대 고고학은 기원전 1200년 전후에 들어선 트로이의 7기 유적을 호메로스 시대의 산물로 비정한다. 그때나 지금이나 권투는 크게 변하지 않았다. 『일리아스』에서도 에페이오스와 에우리알로스는 가죽 감은 주먹을 주고받았다.

지금도 그렇지만, 고대의 권투는 잔혹했다. 한쪽이 쓰러져 못 일어나거나 항복할 때까지 치고받았다. 선수는 코피가 터지고 피부가 찢어지고 이가 부러졌다. 로마국립박물관에 있는 권투선수의 청동상과 아테네 케라메이코스 고고학 박물관에 있는 비석에 새겨진 양각화는 흉터로 뒤덮인 얼굴, 부러진 코뼈, 퉁퉁 부어올라 일그러져버린 귀를 묘사했다. 도기에 그린 그림은 선수의 코에서 쏟아지는 선혈을 보여준다.

특히 경기를 마친 권투 선수를 묘사한 로마국립박물관의 청동상은 만신창이가 돼버린 사나이의 모습을 생생하게 재현했다. 눈 주위 곳곳이 찢어져 엉망이 된 데다 귀는 터질 듯 부풀어 올랐다. 얼마나 맞았는지 눈두덩이 심하게 부어 두 눈이 우물처럼 깊이 파묻혔다. 이 선수는 경기에서 이겼을까? 아무리 보아도 이긴 선수의 얼굴이라고 보기에는 지나치게 참혹하다.

고대의 자료들 가운데는 권투선수들이 외모가 너무 망가지는 바람에 가족이나 친지조차 모습을 알아보지 못해 유산을 상속받을 때 어려움을 겪었다는 내용도 있다. 가이우스 루킬리우스는 기원전 2세기 전후를 살다 간 로마의 시인이다. 그가 쓴 풍자시 가운데 이런 대목이 나온다.

"아우구스투스여, 지금 나타난 이 사나이 올림피코스도 한 때는 코, 턱, 이마, 귀, 눈꺼풀이 있었다. 그러나 그는 권투선수 조합에 가입했고, 그 결과 유언장에 기록된 유산의 자기 몫을 받지 못했다. 유언장과 관련된 소송에서 형제들이 올림피코스의 초상화를 판사에게 보여주었지만 초상화와 전혀 닮지 않은 사기꾼이라는 판결을 받았다."

내셔널지오그래픽에서 2008년에 방영한 '파이트 사이언스'는 운동역학 등 과학기술을 이용해 각종 무술의 위력을 확인한다. 권투는 대상이 아니다. 그래도 비교는 가능하다. 미국의 우슈 챔피언 알렉스 후인의 주먹속도가 초속 12.2㎞였다. 상대의 주먹이 1m 거리에서 0.1초 이내에 내 머리를 가격하는 것이다. 인간의 반응 속도는 0.1초 이상이다. 일류 선수도 상대 주먹을 보고 피하기는 어렵다. 올림피코스의 얼굴도 무수한 주먹에 뭉개졌을 것이다.

권투는 기원전 688년에 열린 23회 대회부터 올림피아의 정식종목이 됐다. 가장 성공한 선수는 로도스 사람 디아고라스다. 그는 기원전 464년에 열린 올림피아에서 우승했고, 네메아 경기를 두 번, 이스트미아 경기를 네 번 제패했다. 그의 두 아들도 기원전 448년 올림피아에 나가 판크라티온과 권투에서 우승했으니 철권가문이다. 하지만 권투가 모두에게 달콤한 운동은 아니었다.

기원전 496년에 열린 올림피아에서 경기 도중 선수가 죽자 이긴 선수의 우승자 자격을 박탈했다는 기록이 있다. 그러니까 권투는 2500년 전에도 위험한 운동이었다. 상대의 머리에 충격을 가하는 운동이므로 안전할 수가 없다. 국내 보험회사들은 직업직종에 따른 위험등급을 분류해 보험계약에 차등을 둔다. 권투는 레슬링·태권도·미식축구 등과 함께 가장 위험등급이 높은 종목으로 평가된다.

수많은 선수들이 경기 도중 머리를 다쳐 세상을 떠났다. 한국 권투

팬들의 기억에는 1982년 미국 라스베이거스에서 김득구가 사망했을 때의 충격이 선명하다. 경기 도중이나 직후 사망하지 않아도, 혹은 부상을 했다가 회복해도 후유증이 엄청나다. 무하마드 알리의 파킨슨병도 당대의 철권 소니 리스튼, 조 프레이저, 조지 포먼, 켄 노턴 등과 싸우며 맞은 충격이 누적된 결과라는 주장이 일반적이다.

경기 도중 사망자가 발생할 정도로 위험한 격투기였던 권투에서 고대 그리스인들이 가장 중요하게 생각하는 가치는 정정당당한 승부였다. 그러나 무엇에 가치를 두는 것과 그 가치를 실천하는 일은 다른 문제다. 지금도 남아 있는 유적들은 올림피아의 오염을 증언한다. 당시 심판들은 부정을 저지르거나 규칙을 어긴 자를 가려내 벌금을 부과하였다. 이 벌금으로 경기장 입구에 제우스의 동상인 자네스(Zanes)를 세웠다. 자네스는 올림피아 방언으로 제우스의 복수형이다.

기원전 388년에 열린 제89회 올림피아에서 테살리아의 권투 선수 에우폴루스가 할리카르나소스의 포르미온 등 경쟁자 세 명에게 돈을 주고 승부를 조작했다가 발각됐다. 에우폴루스는 그들과 함께 자네스 6개를 세웠다. 자네스 받침돌에는 '승리는 돈이 아니라 빠른 발과 체력으로 얻어야 한다'고 적었다. 현재 엘리스에 있는 올림피아 경기장 입구에는 자네스 받침돌 16개가 남아 있다. 돌에 새긴 이름과 출신지, 처벌 사유가 오늘날까지 전한다.

권투는 우리에게도 불편한 기억을 남겼다. 미국의 로이 존스 주니어는 1988년 서울올림픽 복싱 라이트미들급 결승에서 한국의 박시헌에게 3:2 판정패를 당했다. 박시헌이 불리한 경기를 했다고 판단한 전문가가 많았기에 판정시비가 일었다. 미국은 불만을 토로하는 데 그치지 않고 금메달을 요구했다. 존스는 한국이 심판들을 매수했다고 줄곧 주장했다. 그들의 집요한 노력은 10년이 지나서야 실패로 막을 내렸다.

1997년 5월 22일, 국제올림픽위원회(IOC)는 몬테카를로 집행위원회에서 금메달을 돌려달라는 존스의 요구를 기각했다. 프랑수아 카라르 집행위원장은 "1988년의 판정을 재고할 만한 새로운 사실을 발견하지 못했다"고 했다. 모로코인 주심 히두아드 라비는 "돈을 받기는 했지만 부대비용을 처리하기 위해 대회조직위원들로부터 받은 것이라 문제없다"고 주장했다. IOC의 결정이 어쨌든, 판정 스캔들은 언론과 기록을 통해 서울올림픽의 자네스로 남았다.[6]

후일담. 존스는 2025년 9월 3일 자신의 소셜미디어(SNS)에 박시헌을 반갑게 맞이하며 포옹하는 영상을 올렸다. 박시헌이 존스가 살고 있는 미국 플로리다주 펜서콜라를 방문한 것이다. 박시헌은 존스 주니어에게 "36년(실제로는 35년) 동안 당신을 기다렸다"고 인사했다. 박시헌은 한국에서 들고 온 서울올림픽 금메달을 꺼내 들었다. 그는 어리둥절한 존스에게 "88년 서울올림픽 금메달이다. 그때 홈에서 금메달을 가져갔다. 지금은 내가 잘못된 걸 알고, 로이 존스 주니어의 홈

---

6 중앙선데이 2025.03.15.

에서 이 메달을…"이라고 말했다. 금메달을 존스에게 전달하는 것처럼 보였다. 짧은 영상은 존스가 금메달을 들고 눈물을 흘리는 장면으로 끝난다. 미국 언론에 따르면 이 영상은 2023년에 촬영됐다고 한다.[7]

7 중앙일보 2025.09.05. 피주영.

피아차 아르메리나

1997년 8월 24일. 일요일이었다. 2인승 피아트를 운전해 시칠리아를 가로질렀다. 카타니아에 있는 숙소를 떠나 아그리젠토에 가야 했다. 그러나 먼저 들를 곳이 있었다. 이탈리아 사람들은 피아차 아르메리나에 놀라운 유적이 있으니 꼭 가보라고, 거기 있는 모자이크를 한 번 보면 평생 잊지 못할 거라고 했다. 빌라 로마나 델 카살레. 4세기쯤 지었을 것으로 추정되는 로마시대의 저택이다.

저택은 피아차 아르메리나에서 약 5㎞ 떨어진 곳에 있다. 4200㎡가 넘는 넓은 공간에 방이 50여 개나 된다. 크게 네 구역으로 나뉜다. 그 중 동쪽에 있는 네 번째 구역의 작은 방 하나가 스포츠사학자를 매혹한다. 오늘날의 비키니 같은 옷을 입고 운동(또는 유희)하는 젊은 여성들의 모습을 표현한 모자이크로 장식되었다. 작품 속 여성들을 '비키니 소녀들'이라고 부른다.

여성의 사회 활동을 제한한 그리스와 달리 로마 여성들의 사회활동 범위는 상당히 넓었다. 체육 분야에서도 예외는 아니었으리라. 비키니 소녀들은 이러한 로마 사회의 분위기를 반영하고 있다고 본다.

소녀들은 아령과 같은 기구를 들고 에어로빅과 같은 운동을 하거나 공을 주고받기도 한다. 흔히 '비치발리볼 비슷한 운동'이라고 표현한다. 하지만 다르게 볼 수도 있지 않을까.

소녀들을 살펴보면 리드미컬한 움직임 속에 일련의 동작이 연속되는 듯하다. 잉글랜드의 월 게임이나 축구와 럭비가 갈라서기 전의 풋볼, 이탈리아에서 지금도 성행하는 칼치오와 비슷할지 모른다. 한 소녀는 큰 원반 또는 공을 던지기 위해 몸을 오른쪽 뒤로 꼬아 힘을 모으고 있다. 오른쪽에 있는 두 소녀는 달려 나가며 가운데 소녀가 던지면 받으려고 준비하는 것 같다. 미식축구의 리시버처럼.

비키니 소녀들은 로마의 여성들이 운동을 즐겼다는 사실을 확인해준다. TV시리즈 '스파르타쿠스'에서 보듯 확실히 로마의 여성들은 억척스러운 면이 있었던 듯하다. 여성 검투사도 있었다고 한다. 웨이트 트레이닝까지 했다. 로마의 목욕탕은 피트니스센터였다. 로버트 메치코프가 쓴 『스포츠와 체육의 역사 철학』(김방출 번역)에 유베날리우스의 증언이 보인다.

"그녀가 목욕탕으로 간 것은 밤이었다. 그녀가 그곳에 가져갈 기름병과 다른 보급품을 주문한 것도 밤이었다. 그녀는 소란스럽고 야단법석인 곳에서 땀 흘리기를 좋아했다. 기구 운동으로 피로해진 그녀의 팔이 옆으로 늘어졌을 때, 능숙한 안마사는 그녀의 몸을 손가락으로 누르고, 그녀의 몸에서 찰싹대는 요란한 소리를 냈다."

로마 문명의 교사라고 할 수 있는 그리스에서 여성들은 어느 정도 스포츠를 즐기며 살았을까? 먼저 신화시대로 가보자. 신화는 역사 이전의 그리스로 안내하는 네비게이터다. 호메로스가 남긴 『일리아스』와 『오디세이아』는 신화의 세계를 여행하려는 우리에게 아리아드네가 테세우스의 손에 쥐어준 실타래와 같다. 저 시간과 공간의 미로 속으로 들어갔다가 안전하게 빠져나올 수 있게 해준다.

『일리아스』는 10년이나 계속된 트로이 전쟁 기간 중 51일 사이에 벌어진 사건을 묘사한다. 신화 전체에 비하면 순간처럼 짧은 시간의 사건 기록이다. 호메로스는 웅혼한 노래로 시작한다. “노래하소서, 여신이여! 펠레우스의 아들 아킬레우스의 분노를.” 가장 뛰어난 장수이며 그리스 신화를 통틀어도 다섯 손가락 안에 들 영웅 아킬레우스. 그는 어찌하여 분노로써 『일리아스』의 문을 여는가.

그리스 연합군의 진영에 역병이 돈다. 연합군 사령관 아가멤논이 회의를 소집한다. 아킬레우스는 아가멤논이 포로로 붙잡은 크리세이스를 아비에게 돌려주지 않아 벌어진 일이라고 주장한다. 크리세이스는 아폴론 신전의 사제 크리세스의 딸이다. 아가멤논은 딸을 돌려달라는 크리세스의 간청을 뿌리친다. 크리세스는 아폴론에게 복수를 청한다. 역병은 신의 응답이다. 아가멤논은 크리세이스를 돌려줄 테니 다른 여자를 내놓으라고 뻗댄다. 아킬레우스는 자신의 전리품인 브리세이스를 보내야 했다.

호메로스는 브리세이스를 ‘큰 키에 기품이 넘치는 여성으로 금발이 치렁하고 눈이 크며 피부는 새하얗고 볼이 곱다’고 표현했다. 아킬레우스는 싸우기를 거부한다. 그리스군은 연전연패. 아가멤논은 당황한다. 브리세이스를 돌려보내며 그녀와 자지 않았다고 맹세한다. 자기 딸 중 누구든 고르기만 하면 아내로 주겠다며. 아킬레우스의 분노는 풀리지 않는다. 친구 파트로클로스가 보다 못해 아킬레우스의 갑옷을 입고 전장에 나갔다가 트로이 왕자 헥토르의 손에 목숨을 잃는 것이다.

작가 박신영은 말한다. "브리세이스도 약탈당하여 성노예가 된 여성"이라고, "『일리아스』 어디를 봐도 성노예를 빼앗긴 아킬레우스의 분노만 나와 있을 뿐, 성노예가 된 브리세이스의 분노는 없다"고. 그는 썼다. "성노예 역할은 기본이었다. 남성들은 전시에도 여성들의 돌봄 노동을 필요로 했다. 성노예 여성들은 군인들의 막사를 청소하고 물 긷고 식사를 준비하고 설거지를 했다. 군인의 상처를 치료해 주고 빨래를 하고 옷을 기웠다. 말을 씻기고 먹이고 똥을 치웠다."

그리스 신화에는 극단적인 남성중심주의, 가부장제 이데올로기가 잠복했다. 여성은 신들에게 바치는 제물, 인간들에게 주는 상품, 싸움에서 이긴 자의 전리품일 뿐이다. 그나마 값싼 재물이다. 아킬레우스는 헥토르를 죽인 다음 파트로클로스를 장사지내고 뒤풀이로 운동대회를 연다. 상품도 내걸었는데 무쇠 솥은 소 12마리, 수공예에 능한 여인은 4마리 값이다.

역사시대로 넘어오면 분위기가 약간 달라진다. 스파르타의 관리 리쿠르고스는 여성의 본분은 아이를 낳는 일이라고 믿었다. 강한 아이들은 강한 부모에게서 태어나므로 여성들도 남자들처럼 몸을 단련해야 한다고 강조했다(훗날 히틀러도 똑같은 생각을 한다). 플루타르코스에 따르면 리쿠르고스는 스파르타의 처녀들이 달리기 경주 뿐만 아니라 레슬링과 원반던지기를 해야 한다고 규정했다.

여자들이 올림픽 경기에 참가할 수 있는 방법도 있었다. 파우사니아스는 그리스 여성들이 남성들의 올림픽이 끝난 뒤 헤라 여신을 기념하기 위해 올림피아에서 헤란 경기를 했다고 기록했다. 중요한 종목은 처녀들의 달리기 경주였다. 처녀 선수들은 가장 어린 처녀, 약간 나이든 처녀, 가장 나이든 처녀 등 세 조로 나뉘어 차례로 경기했다.

헤란 경기는 돼지를 제물로 바쳐 정결의식을 한 뒤에 일정을 시작했다. 정결의식은 올림피아와 엘리스 사이에 있는 피에라 샘(泉)에서 했다. 우승자들은 올리브관을 상으로 받았으며 부상으로 헤라 여신에게 제물로 바쳐진 소의 일부분을 받았다. 그들은 헤라 신전에 자신들의 조각상을 세울 수 있었다. 그러나 주디스 스와들링의 연구에 따르면 우승한 여성들은 자신의 승리를 묘사한 그림을 더 선호했다.

엘리스 지역에 살던 엘리아인들은 헤란 대회의 운영자 역할을 했다. 그들은 올림피아에 흰 대리석 제단을 쌓았다. 엘리아인들은 처녀들의 경기 관람을 막지는 않았다. 그러나 결혼한 여성은 엄격히 제한했다. 왜 결혼한 여성들을 차별했는지 설명한 기록은 찾기 어렵다. 허가 받지 않은 여성이 올림픽 경기를 보다가 걸리면 사형에 처했다. 이 불운한 여성들은 절벽 위에서 아래로 내동댕이쳐져 죽었다.

아들의 경기를 보려고 몰래 경기장에 숨어들어간 여성의 기록이 있다. 이 여성은 남자 트레이너 차림으로 울타리를 뛰어넘다가 발각됐다. 그녀는 체포되었지만 로도스의 전설적인 운동선수 디아고라스의 딸이라는 이유로 죽음을 면했다. 그녀의 형제와 아들이 올림픽 챔피언이라는 사실도 재판에 유리하게 작용했다. 이 일을 계기로 트레이너 등 지도자들도 선수들처럼 알몸으로 참가해야 한다는 새로운 법이 제정되었다. 여성들이 변장을 하고 경기장에 들어가지 못하도록 하기 위해서였다.

스파르타의 경쟁국인 아테네를 비롯한 대부분의 도시국가에서는 여성 스포츠에 관심이 없었다. 여성이 스포츠 경기에 참여하거나 체육 교육을 받을 기회는 거의 없었다. 기독교 시대가 도래할 무렵 소녀들을 위한 단거리 달리기 경기가 열렸다. 피티아, 이스트미아, 네메아 제전에서였다. 현대의 올림픽이나 월드컵에 해당하는, 당시로서는 문명세계를 뜻하는 그리스 전체의 축전이었다. 그러나 진정한 여성 스포츠는 근대 이후에야 싹을 틔운다.[8]

---

8 중앙선데이 2025.04.12.

히포드롬

라벤나는 이탈리아 에밀리아로마냐 주에 있다. 로마 기독교의 유산으로 충만한 도시다. 비잔틴 제국 시대의 교회 건축물이 많다. 산 비탈레 성당은 그중에도 보석처럼 빛난다. 547년 막시미아누스 대주교 시대에 헌당되었다. 이스탄불에 있는 성 소피아 성당과 비슷한 구조다. 성 소피아 성당은 오스만 튀르크가 이슬람 사원으로 개조하면서 모자이크 작품을 모두 가렸다. 모자이크는 비잔틴 미술의 특징 중 하나다. 산 비탈레 성당은 당대의 모자이크 작품을 잘 보존하고 있다. 하이라이트는 성당의 벽을 장식한 유스티니아누스 1세 황제의 모자이크다.

유스티니아누스 황제는 서기 527년부터 565년까지 재위하며 비잔틴 제국의 강역을 넓히고 제도를 개혁해 1453년까지 이어지는 위대한 역사에 주춧돌을 놓았다. 모자이크 속의 황제는 빵이 담긴 바구니를 든 모습이다. 제국의 관리와 군인, 성직자들을 거느리고 예물을 바치고 있다. 작가는 황제의 모습을 형상화해 나가면서, 신이나 성인을 표시하는 후광을 장식했다. 황제의 눈빛을 보라. 절대자를 향한 순명이 아니라 오만에 가까운 자신감과 굳은 의지가 이글거린다. 백성들을 굽어보며 복종을 요구하고 있다.

유스티니아누스 황제는 운동을 좋아하지 않았나 보다. 그는 성직자들의 생활과 도덕에 관심을 기울였고, 극장과 경기장에는 가지 말라고 했다. 그러나 로마의 전통인 4두마차 경주는 비잔틴 제국에서도 인기가 있었다. 콘스탄티노폴리스(이스탄불)에는 10만 명을 수용하는 마차 경주장 히포드롬이 있었다. 그 흔적이 오늘날까지 남았다. 성 소피아 성당을 마주보는 블루 모스크 건너편, 지금은 광장이다. 그곳을 방문한 관광객들은 1,500년 전 돌멩이 하나 남김없이 피로 물들인 참극을 상상하지 못할 것이다.

비잔틴 제국의 다른 이름은 동로마 제국이다. 동로마 인들은 하느님의 은총과 로마의 눈부신 문화를 물려받은 기독교 국가의 시민이라는 자부심이 대단했다. 비잔틴 제국이 이은 로마의 정책 가운데 '빵과 서커스'가 있다. 시인 유베날리스가 로마의 세태를 풍자한 표현이다. 먹고 사는 문제를 해결해 주고 놀이를 만들어 몰두하게 만들면 국민들은 세상일(특히 정치)에 무관심하다는 것이다. 제5 공화국 군사정권이 선택한 '3S정책'과 흡사하다. 3S는 스포츠(Sports), 섹스(Sex), 스크린(Screen)의 머리글자다.

콜로세움에서 열린 검투사 경기는 로마 서커스의 상징이다. 히포드롬은 비잔틴 제국의 콜로세움이다. 여기서 열리는 4두마차 경주의 인기는 엄청났다. 경기가 열릴 때마다 구름관중이 몰려들었다. 나중에는 지금으로 치면 클럽이나 구단과 같은, 경주 연합체가 나타났는데 청색 팀(Venetii)과 녹색 팀(Prasinoi)이다. 콘스탄티노폴리스의 시민들은 청색과 녹색으로 나뉘어 응원 대결을 했다. 4두마차와 마차를 모는 기사들도 팀 색깔에 맞춰 옷을 입었다.

청색 팀의 주축은 지주와 그리스-로마계 귀족들의 후원을 받는 전통 기독교인들이었다. 녹색 팀은 상인, 기술자 등 중간 계층이 주축을 이뤘다. 응원전은 파벌싸움으로 발전했다. 처음에는 경기가 논쟁거리였지만 나중에는 정치가 끼어들었다. 청색 팀과 녹색 팀은 거대한 정치 집단으로 변해갔다. 이들의 영향력은 막강했다. 정당과 다름없었다. 조직을 이루고 지도자를 선출했으며 사병(私兵)까지 거느렸다. 그리고 충돌했다. 서기 493년, 501년, 511년…. 그러나 532년에 벌어진 참사보다 더 끔찍한 사례는 없다.

유스티니아누스 황제는 청색 세력의 지지를 받아 즉위했다. 그러나 집권 후에는 녹색과 청색 세력을 모두 억눌렀다. 532년 1월 10일 4두마차 경기가 열렸을 때는 관리들의 부정부패로 시민들의 불만이 고조된 시기였다. 경기가 끝난 뒤 청색 팀과 녹색 팀이 충돌했다. 황제는 군대를 투입했고 양측의 지도자를 처형하거나 감금했다. 두 파벌은 하나가 되어 분노했다. 사흘 뒤 경기가 다시 열리자 군중은 황제를 향해 승리를 의미하는 '니카!'를 외쳤다. 사태가 험악해지자 황제는 피신했다. 흥분한 군중은 경기장 밖으로 몰려나갔다. 감옥을 부수고 관리들의 집을 불태웠다. 이때 발생한 화재로 원로원 의사당, 소피아 성당이 불탔다.

폭동은 이틀 뒤까지 계속됐다. 황제는 군중의 요구대로 관리들을 경질했으나 불길은 가라앉지 않았다. 군중은 전임 황제(아나스타시우스 1세)의 조카인 히파티우스를 황제로 옹립하기까지 했다. 사태가 계속 악화되자 유스티니아누스 황제와 신하들은 탈출까지 고려했다. 이때 의지가 철석과도 같은 여장부가 역사에 이름을 남긴다. 황후 테오도라. 『전쟁사』를 쓴 프로코피우스는 항구에 배를 대고 도망치려는 유스티니아누스 황제에게 한 테오도라의 말을 이렇게 전했다.

"폐하께서 목숨을 부지하시기 원하신다면 어려울 것 없습니다. 우리에게는 돈도 있고, 앞에는 바다가 있고 배도 있습니다. 하지만 그렇게 살아남은 뒤, 과연 '죽는 것보다야 나았다'고 말할 수 있겠습니까? 저는 '자주색 옷(어의)이야말로 가장 고귀한 수의'라는 옛 말이 옳다고 믿습니다."

황제와 측근들은 부끄러움을 느꼈다. 그들은 벨리사리우스와 문두스를 히포드롬으로 보냈다. 두 젊은 장군은 군단을 이끌고 경기장을 급습, 히포드롬 안에서만 약 3만 명을 살해했다. 군중들이 황제로 추대한 히파티우스도 황제 앞으로 끌고 갔다. 황제는 그가 자신의 의사와 관계없이 추대되었음을 알기에 용서하려 했다. 그러나 이번에도 테오도라가 반대했다. 한번 권력을 맛본 이상 반드시 화근이 되리라고 생각한 것이다. 결국 히파티우스도 목이 달아났다. 황제는 니카의 반란을 진압하고 39일이 지난 뒤 소피아 성당을 복구하기 위한 공사를 시작했다.

궁금하다. 마차 경주에 어떤 매력이 있었기에 콘스탄티노폴리스 시민들의 정신을 지배했을까. 또 하나의 S, 스피드다. 도시 사람들은 속도에 집착한다. 시간이 곧 돈이니까. 말 네 필이 끄는 4두마차 경주는 눈부신 속도로 시민들을 사로잡았다. 우리가 마차 경주를 본다면 지루할지 모른다. 속도를 느끼는 감각은 상대적이다. 야구 경기를 보라. 요즘 투수들은 시속 160㎞도 던진다. 하지만 속도가 전부는 아니다. 타자가 체감하는 속도는 데이터와 일치하지 않는다. 투수가 시속 110㎞쯤 되는 커브를 던진 다음 130㎞ 정도 되는 직구만 던져도 타자가 얼음처럼 굳곤 한다.

1899년 9월 18일, 한반도 최초의 철도인 경인선이 개통됐다. 미국산 증기기관차 '모갈 1호'가 선로를 달렸다. 모갈 1호의 최고속도는 시속 60㎞. 기차는 33.8㎞의 노량진-인천 구간을 1시간40분에 주파했다. 표정속도(운행거리를 정차시간을 포함한 소요시간으로 나눈 값)로는 시속 20㎞정도다. 자전거도 이 정도 속도는 낸다. 그래도 그 시대에는 '폭발적인 스피드'였다. 고관들이 가마를 타던 시절이다. 인천에서 노량진까지 돛단배로 9시간 30분이 걸렸다. 개통식을 보도한 독립신문의 19일자 기사가 있다.

"수레 속에 앉아 영창으로 내다보니 산천초목이 모두 활동하여 달리는 것 같고, 나는 새도 미처 따르지 못하더라."(『매혹의 질주 근대의 횡단』, 박천홍 지음, 도서출판 산처럼)

콘스탄티노폴리스는 첨단의 테크놀로지를 자랑한 국제도시였다. 시민들은 여간한 자극에는 흥분할 줄 몰랐다. 말이 끄는 수레는 전쟁터에서 요즘의 탱크 역할을 했다. 기원전 2,500년 무렵부터 동·서양을 불문하고 전장의 주역이었다. 최종병기요 첨단무기인 전차가 네 마리 말로 성능을 극대화해 히포드롬에서 빠르기를 다툰 것이다. 4두마차 경기는 콘스탄티노폴리스의 포뮬러-1(F-1) 경기였다. 히포드롬은 비잔틴 시대의 서키트(경주로)였다. 오늘날 모나코 도심을 질주하는 F-1 그랑프리를 떠올리면 된다.

라벤나로 돌아가자. 아름다운 팔각형 건물, 산 비탈레 성당의 아치 아래로. 우리는 거기서 지체 높은 한 여인이 '황제의 눈빛'으로 굽어보고 있음을 감지하게 된다. 광배(光背)가 그녀의 머리를 감쌌다. 테오도라다. 그녀의 모자이크는 황제를 마주보는 자리, 같은 높이에 있다. 테오도라에 대한 기록은 흔하지 않다. 대개 서기 6세기에 활동한 역사가 프로코피우스의 기록에 의존한다. 프로코피우스가 남긴 『비사(秘史)』는 유스티니아누스 치세의 뒷이야기를 담았다. 그는 테오도라에 대해 야박하게 기록했다. 그녀가 매춘부였으며, 어린 나이에 펜타폴리스 총독 헤케볼루스의 정부(情婦)가 되어 아이도 낳았다고 적었다.

테오도라는 리비아와 알렉산드리아를 떠돌다 16세 안팎일 때 콘스탄티노폴리스로 돌아왔다. 이때 유스티니아누스는 유스티누스 1세의 조카였다. 테오도라에게 반한 미래의 황제는 물불 가리지 않았다. 삼촌을 움직여 천민과 귀족의 통혼을 허하는 법안을 만들게 했다.

귀족들의 반대에도 불구하고 혼인법이 개정됐고, 유스티니아누스는 525년 테오도라와 결혼했다. 유스티니아누스가 527년 황제가 되자 테오도라는 황후로서 '아우구스타'라는 존칭을 받았다. 그녀는 강한 여성이었으며 제국의 황후로서 사명감도 투철했다. 그녀가 아니었다면 유스티니아누스 황제의 시대는 니카의 반란 때 종말을 맞았을지 모른다.

유스티니아누스 치세에 제정된 법령에는 테오도라의 이름이 빠지지 않고 들어 있다. 그녀는 특히 여성의 인권 신장을 위해 헌신했다. 소녀 인신매매를 엄단하는 법을 제정하고 이혼법을 여성에게 유리한 방향으로 개정했다. 강간을 사형으로 벌하는 법도 만들게 했다. 황제와 생각이 다를 때도 있었다. 그때는 양보를 택했다. 테오도라는 남편보다 17년 앞서 불꽃같았던 삶을 마감했다. 사인은 유방암이었다고 한다. 황제와 황후 사이에 후사는 없었다. 동방정교회에서는 테오도라를 유스티니아누스 황제와 함께 성인으로 기린다. 그녀의 축일은 11월 14일이다.

이스탄불 구시가지의 한복판, 히포드롬이 버티고 섰던 자리는 지금 술탄아흐메트 광장으로 불린다. 우뚝 선 오벨리스크가 옛 영화를 증언한다. 히포드롬은 청색과 녹색으로 나뉜 비잔틴 사람들의 함성과 네 마리 준마의 거친 숨소리, 니카의 반란을 피로 적신 폭력, 그리고 비천한 여인에서 황후의 자리까지 올라 황제의 파트너로서 제국을 통치한 테오도라의 사랑을 간직한 채 영겁의 침묵 속에 파묻혀 있다. 해가 질 무렵, 성 소피아 성당 앞 벤치에 앉았노라면 마르마라 해의 석양 너머로 '알라후 아크바르(알라는 위대하다)'라는 아잔만이 무연히 번진다.[9]

9　중앙선데이 2025.05.10.

먼로와 디마지오

그는 투우를 사랑했고 사냥과 낚시를 즐겼다. 투우사랑은 「태양은 또 다시 떠오른다」와 「불패자」, 「오후의 죽음」을 낳았다. 「킬리만자로의 눈」은 아프리카 사파리 여행의 산물이다. 쿠바 앞바다에서 청새치를 잡은 경험은 「노인과 바다」에 녹아들었다. 어니스트 헤밍웨이. 그의 소설에는 스포츠가 자주 등장한다. 거기 죽음의 그림자가 어른거린다. 죽음은 그의 삶과 문학 저변을 배회하는 코드다.

헤밍웨이 세계의 죽음은 차갑지도 어둡지도 않다. 에너지와 온도감으로 충만하다. 론다의 오후, 안달루시아의 태양 아래 뜨거운 피를 뿜어내며 싸움소의 육중한 몸뚱이가 대지 위에 나뒹군다. 투우장에 발을 들이는 순간 죽음은 예고된 운명이다. 헤밍웨이는 론다 투우장(Plaza de Toros de Ronda)에 외롭게 선 싸움소에게서 '내던져진 존재' 인간의 실존을 본다. 거역할 수 없는 악과 부조리, 예고된 죽음 앞에서 인간은 어떻게 자유로울 수 있는가?

투우장의 제물들은 지중해의 영혼을 함축했다. 미로 속에 버려진 미노타우로스. 인간의 피를 양식 삼는 비극적인 운명은 고스란히 우리 삶의 진면목을 드러내지 않는가. 투우사의 칼날에 심장을 내맡기는 싸움소가 대서양을 건너면 열대바다의 제왕 청새치가 된다. 미끼와 미늘이 운명처럼 기다리고, 긴 싸움의 끝은 바다를 시뻘겋게 물들이는 죽음뿐이다.

소설 「노인과 바다」의 시작. 산티아고는 쿠바 제일의 어부였다. 힘도 장사였고. 그러나 좋은 날은 지나갔다. 그는 늙었고, 운수도 사나워 석 달 가까이 물고기를 잡지 못했다. 그를 돕던 소년 마놀린도 곁에 없다. 소년의 아비는 아들이 재수 없는 노인을 돕지 못하게 한다. 그래도 마놀린은 저녁마다 노인을 찾아가 숱한 모험담과 야구(!) 이야기를 듣는다.

산티아고는 운을 믿는다. 노를 저어 다시 바다로 나간다. 물고기를 못 잡은 지 85일째 되던 날, 그가 다른 배들로부터 멀리 떨어져 있을 때 거대한 청새치가 입질을 한다. 그 순간 녀석이 그가 평생 낚은 어느 물고기보다 크다는 사실을 직감했다. 사흘에 걸친 사투가 시작된다. 고통이 늙은 몸을 덮친다. 낚싯줄에 쓸린 손에서 피가 솟구친다. 그래도 산티아고는 위험과 고통에 굴하지 않는다.

그는 그날 밤 뉴욕 양키즈와 디트로이트 타이거즈가 경기를 하고 있다는 사실을 기억한다. 야구는 「노인과 바다」를 관통하는 코드다. 산티아고는 되뇐다. "오늘이 벌써 이틀째인데, 아직 경기의 결과도 모르고 있다니. 그러나 내 일에 신념을 가져야지. 발뒤꿈치 뼈가 아프면서도 끝까지 경기를 해내는 위대한 디마지오에게 부끄럽지 않도록 해

야 한다"고.(이종한 번역)

산티아고는 청새치를 죽인다. 물고기는 너무 커서 배에 올릴 수 없다. 배 옆에 묶고 항구로 향하면서 노인은 희망에 부푼다. 그러나 피 냄새를 맡은 상어들이 몰려들어 청새치의 살을 뜯어먹는다. 바닷가에 도착했을 때 배에 매달려 있는 것은 청새치의 거대한 가시뿐이다. 노인의 사투는 패배로 끝났는가. 신정현은 논문 「헤밍웨이 인물들의 위험한 선택」에서 말한다.

"그는 삶에서 실패했다고 볼 수는 없다. (중략) 그의 숙명 속의 패배는 곧 패배 속의 승리이며, 이것이 바로 실존적 승리이다. '인간은 결딴 날 수는 있지만 패배하지는 않는다.'(하이네만)는 헤밍웨이의 실존주의적 주제는 「노인과 바다」에 아주 정교하고 힘 있는 상징장치를 통해 표현되어 있다."

「노인과 바다」는 슈퍼스타 조 디마지오에 대한 숭배를 드러낸다. 디마지오는 양키즈의 전설이다. 1941년 7월 17일에 기록한 56경기 연속안타는 머릿돌처럼 빛난다. 헤밍웨이는 디마지오의 기록에 주목하지 않는다. 그가 본 것은 디마지오가 고통 속에 피워낸 마지막 불꽃이다. 부상으로 1949년 시즌 절반을 결장한 디마지오는 이듬해 3할 타율(.301)과 122타점을 기록한다.

디마지오는 메이저리그에서 13시즌 동안 타율 .325와 1537타점, 361홈런을 기록했다. 그의 야구는 모두 잊히고, 56경기 연속안타만 남았다. 섹스 심벌 마릴린 먼로와의 사랑으로 더 유명하다. 디마지오와 먼로는 1951년 1월 14일 결혼했다. 야구 스타와 배우의 결혼은 9개월 만에 파경을 맞는다. 소용돌이치는 불행은 죽음 앞에 이르러서야 숨을 죽인다.

디마지오는 먼로에게서 자신을 포함, 9남매를 품어낸 어머니의 모습을 기대했다. 그러나 먼로 주변엔 결혼 후에도 남자가 들끓었다. 전성기를 맞은 여배우에게 출연 제안도 끊이지 않았다. 디마지오의 인내는 한계로 치달았다. 먼로가 '7년 만의 외출'을 찍을 때 디마지오는 폭발한다. 그 유명한, 지하철 환풍구 바람에 스커트 자락이 올라가는 장면에서.

디마지오와 이혼한 먼로는 극작가 아서 밀러와 재혼하지만 다시 헤어진다. 프랭크 시나트라와 사귀고 케네디 대통령과 염문을 뿌렸다. 할리우드와 백악관의 절대 권력이었던 그들이 먼로를 노리개 삼았다는 주장도 있다. 먼로는 약물중독 등으로 심신이 엉망이 돼 병원에 갇혔다. 지인들에게 도움을 청했지만 디마지오만 병원으로 달려갔다. 재결합이 임박한 듯했다. 그러나 1962년 8월 5일, 먼로가 의문의 죽음을 맞는다.

디마지오는 먼로의 장례식을 주관했다. 뉴욕 타임스는 디마지오가 먼로의 시신에 마지막으로 입을 맞추며 "I love you"라고 두 번 속삭였다고 썼다. 디마지오는 세상을 떠날 때까지 재혼하지 않았다. 그리고 매주 먼로의 무덤에 장미꽃을 바쳤다. 1999년 3월 8일 84세로 세상을 떠날 때 디마지오가 남긴 말은 "이제 먼로를 보겠군(I'll finally get to see Marilyn)."이었다고 한다.

운명은 그의 사랑을 결딴냈지만 디마지오는 무릎 꿇지 않았다. 그는 먼로가 사내들의 탐욕에 희생됐다고 생각한 것 같다. 호색한을 인간취급하지 않았다. 재임 중 성추문으로 탄핵위기를 겪은 빌 클린턴 전 미국 대통령이 백악관으로 초대했지만 가지 않았다. 1995년에는 칼 립켄 주니어가 연속경기 출장기록을 세울 때 볼티모어의 야구장에서 클린턴과 마주쳤다. 디마지오는 클린턴이 청한 악수를 거절했다.[10]

10 중앙선데이 2025.06.07.

에디트와 마르셀

스포츠 스타와 연예인의 사랑은 언제나 관심을 모은다. 성공한 스포츠인이나 연예인은 부와 명성을 함께 누리는 데다 팬이 많다는 점에서 비슷한 면이 있다. 남들과 다르다는 자신에 대한 인식이 비슷한 처지의 이성에게 끌리는 면도 있을 것이다. 그러니 스포츠 스타와 연예인은 잘 어울리는 파트너일 것 같다. 하지만 인생은 그렇게 단순하지 않다.

사랑의 신은 '지중해적(的)'이다. 황금빛 승리의 뒤편에 좌절을, 장밋빛 사랑의 뒤편에 죽음을 매설한다. 영웅의 최후는 고통스럽다. 헤라클레스를 보라. 스스로 장작더미에 올라 숨을 거두지 않았는가. 아비인 제우스가 올림포스의 신으로 들어올린 것은 고통스러운 관문을 통과한 다음의 일이다. 사랑에 관한 한, 올림포스의 신들은 해피엔딩을 즐기지 않는다.

사랑은 반드시 시련에 직면한다. 그 결말은 곧잘 죽음이다. 신들의 사랑조차도 그러하다. 아폴론의 사랑을 받은 다프네, 하데스의 사랑을 받은 페르세포네의 운명은 죽음 가까운 곳에 거처한다. 아니, 운명과 사랑은 그 자체로서 비극을 장전한 채 격발을 기다리는지 모른다. 지고한 사랑의 서사 속에도 인간의 비루한 숙명은 어김없이 잠복한다.

지난 회에 살펴본 야구선수 조 디마지오와 영화배우 마릴린 먼로의 사랑도 예외는 아니다. 두 사람이 헤어진 가장 큰 이유는 디마지오의 폭력이다. 먼로가 죽은 뒤 그의 사랑은 수정(水晶)과 같았지만 시간도 기억도 돌이킬 수는 없다. 돌이킬 수 없는 시간과 기억을 어떻게 대할지는 개인의 선택이다. 선택은 사람의 일이지만, 선택이 사람을 드러내기도 한다.

프로권투 선수 마르셀 세르당과 샹송의 여왕 에디트 피아프. 두 사람의 사랑도 운명의 그물코를 벗어나지 못했다. 우리가 기억하는 피아프의 절창은 모두 사랑을 말하고 있다. '장밋빛 인생'도, '사랑의 찬가'도. 피아프는 이브 몽탕을 사랑해서 '장밋빛 인생'을 불렀다. '사랑의 찬가'는 죽은 세르당을 위한 노래다. 두 곡 모두 피아프가 가사를 썼다.

시작은 불륜이었다. 피아프는 미국 공연 중이던 1947년 세르당을 만나 연인이 됐다. 세르당은 프랑스 프로권투 역사상 가장 뛰어난 선수로 꼽힌다. 1916년 알제리 시디 벨 아베스에서 일용직 노동자 안토니오 세르당과 스페인 혈통의 아순시온 카스칼레 사이에 넷째 아들로 태어났다. 피아프와 뉴욕에서 조우했을 때, 세르당은 모로코 카사블랑카에 아내 마리네트 로페즈와 세 자녀를 둔 유부남이었다.

피아프는 아랑곳하지 않았다. 세르당은 1948년 9월 미들급 세계 챔피언에 올랐고, 마리네트와는 이혼했다. 세기의 철권과 샹송 여왕의 사랑은 프랑스를 뜨겁게 달궜다. 둘 사이에 오고 간 편지를 모은 책이 있다. 2002년에 나온 『Moi pour toi : Lettres d'amour』다. 이듬해 은행나무출판사에서 『마르셀 세르당과 에디트 피아프의 편지』라는 제목으로 번역 출간했다.

결말은 죽음이었다. 1949년 10월. 피아프는 뉴욕에서 공연 중이었다. 세르당은 파리에 머물렀다. 그해 6월 미국의 제이크 라모타에게 빼앗긴 벨트를 찾기 위해 리턴매치를 준비하고 있었다. 원래는 여객선으로 뉴욕에 가려 했다. 그러나 속히 와 달라는 피아프의 전화를 받고 비행기로 바꿨다. 그의 마지막 말은 "빨리 가겠소. 당신에게 키스를…"이었다.

세르당을 태운 에어프랑스 009편은 1949년 10월 28일 오를리 공항을 이륙했다. 비행기는 중간 기착지인 아조레스 제도의 산타마리아 공항에 착륙하려다 로돈타 산에 추락했다. 탑승객 48명 모두 사망했다. 승객 중엔 바이올리니스트 지네트 느뵈도 있었다. 1935년 15세의 나이로 비에냐프스키 콩쿠르에서 소련의 다비드 오이스트라흐를 누르고 우승한 천재다. 파리에 그녀의 이름을 기리는 거리와 공원이 있다.

피아프는 자책감과 절망으로 반미치광이가 됐다. 예정되어 있던 공연들은 모두 연기했다. 끼니를 거르고, 밤마다 세르당을 떠올리며 울부짖었다. 세르당의 영혼을 부르기 위해 강령술사를 고용하기도 했다. 그러던 어느 날 욕실에서 떠오른 멜로디를 악보로 옮겨 적은 곡이 '사랑의 찬가'다.

"하늘이 무너지고 땅이 꺼져버린대도 당신이 나를 사랑한다면 아무래도 좋아요.…어느 날 갑자기 나와 당신의 인생이 갈라진다 해도 당신이 죽어 먼 곳에 가버린다 해도 당신이 나를 사랑한다면 아무 일도 아니에요. 나 또한 당신과 함께 죽는 거니까요."

피아프의 전기 영화가 여러 편 있다. 1983년 클로드 를르슈 감독은 '에디트와 마르셀'을 연출했다. 에블린 부이가 피아프로 나온다. 세르당의 아들인 권투선수 마르셀 세르당 주니어가 아버지 역을 맡았다. 2007년에는 '라 비앙 로즈'가 개봉했다. 올리비에 다앙이 감독하고 마리옹 코티야르가 피아프, 장피에르 마르탱이 세르당 역을 맡았다.

스포테인먼트(sportainment · 스포츠+엔터테인먼트)의 시대. 스포츠 스타와 연예인의 만남은 흔한 일이 되었다. 스포츠 중심의 예능에 연예인이 참가하기도 하고 예능 프로그램에 스포츠 스타가 출연하기도 한다. '골 때리는 그녀들' '뭉쳐야 찬다'와 같은 프로그램은 스포츠를 소재로 삼은 연예 프로그램이다. 스포츠 스타와 연예인의 접촉은 사적으로도 빈번하다. 이들이 커플로 연결되는 일은 자연스럽다.

앞서 말했듯 스포츠 스타와 연예인은 공통점이 많기에 서로 이해하기 쉬워 보인다. 그러나 이해와 사랑의 지속, 나아가 결혼생활은 다른 문제다. 교제하거나 결혼한 스타들 가운데는 위기를 이겨내지 못하는 경우도 적잖다. 테니스 스타 앤드리 애거시는 미녀 스타 브룩 쉴즈와 결혼했지만 오래가지 못했다. 야구스타 조성민과 영화배우 최진실의 사랑은 불행으로 막을 내렸다.

어느 한쪽이 인기를 잃거나 수입이 줄었을 때, 둘 사이가 어려워지는 경우도 있다고 한다. 주변에 동료 스타와 팬들이 득실거리는 남다른 생활환경도 변수가 된다. 무엇보다도 스타들의 사랑을 힘들게 하는 것은 함께 지내는 시간이 적다는 점이다. 파블로 네루다의 시 「오늘 밤 나는 쓸 수 있다」는 사랑의 결핍이 아니라 사랑하는 사람의 부재로 인한 고통을 토로한다.

사랑은 어떤 행위조차 필요로 하지 않는다. 곁에 있음 만으로도 충분할 수 있다. 곁에 없음은 고통이 되고, 미움과 다툼의 원인이 되기도 한다. 현역 운동선수는 잦은 국내외 원정과 합숙 등으로 파트너와 떨어져 지내는 시간이 길다. 연예 스타 역시 공연과 녹화 등을 이유로 집을 떠나 지내는 시간이 길다. 이런 이유로 스포츠 스타와 연예인의 결합을 우려 섞인 눈으로 보기도 한다.

잉글랜드 축구의 아이콘 데이비드 베컴은 1999년 걸 그룹 스파이스 걸스의 멤버인 빅토리아와 결혼해 자녀 넷을 두고 안정된 가정 생활을 누리고 있다. 그 사이 아무 일 없지는 않았다. 베컴이 2003년 레알 마드리드로 이적해 스페인에 갔을 때 빅토리아는 두 아들과 영국에 남았다. 이 무렵 두 여성이 베컴과 관계했다고 주장했다. 20년 뒤 빅토리아는 "내 인생에서 가장 불행한 일이었다. 분개했다"고 토로했다.

성공적인 결혼생활을 하는 커플의 공통적인 비결은 보통 부부들과 다름없다. 서로에 대한 이해. 스포츠든 연예든 겉보기에는 화려해도 속으로는 치열하고 무자비한 경쟁의 한복판에서 힘겹게 버텨나가는 삶이다. 한 발만 헛디뎌도 모든 것을 잃고 나락에 떨어질 수 있는 빡빡한 생활 속에서 서로를 이해하고 보듬어온 커플만이 성공적인 결혼생활을 지켜나갈 수 있다. 사랑은 헤세의 소설처럼 타오르기 시작한다.

"열정적이고 재빨리 소진되는 생명을 가진 여름이 시작되었다. 긴 낮은 찌는 듯했지만 불타는 깃발처럼 금방 타올라 버렸고, 짧고 무더운 달밤 다음에는 짧고 무덥고 비 내리는 밤이 이어졌다. 화려한 몇 주가 꿈처럼 빠르게, 온갖 형상들로 충만하여, 열병처럼 달아오르다가 사그라졌다."(『클링조어의 마지막 여름』) 진짜 사랑은 그 다음에 시작될까.

영화 '라 비앙 로즈'의 엔딩 장면과 함께 라운지의 문을 닫겠다. 바닷가에서 요양하던 피아프가 파리에서 찾아온 젊은 여기자의 인터뷰에 답한다.

> 여성들에게 하고 싶은 말씀이 있다면요?
> "사랑하세요."
> 젊은 여성들에게는요?
> "사랑하세요."
> 아이들에게는요?
> "사랑하세요."

그리고 피아프의 노래
-'아뇨, 전 아무것도 후회하지 않아요(Non, Je Ne Regrette Rien)'.[11]

---

11 중앙선데이 2025.07.05.

윔블던의 춤

> 기적처럼 아름다운 석양을 바라보고 있었다. 온 세상의 모든 것이 붉게 물들고 있었다. 내 손과 접시, 테이블과 눈에 비치는 모든 것이 온통 붉게 물들고 있었다. 마치 특수한 과즙을 머리에서부터 뒤집어쓴 듯한 선명한 붉은빛이었다.(무라카미 하루키, 『노르웨이의 숲』)

저곳은 산타페다. 미국 중부 뉴멕시코 주의 주도(州都). 인구 8만 5000명 남짓한 작은 도시다. 그곳에 아메리카 선주민의 문화가 살아 숨 쉰다. 도심에 문을 연 갤러리만 250개에 이르는 예술의 도시이기도 하다. 해발고도 2134m. 건조한 사막기후가 만든 산타페의 빛은 도시의 영혼과 같다. 그 빛이 나그네의 호흡기를 물들인다. 하루키가 인생의 석양을 보았음직하다.

'독자께서는 어디에서 가장 아름다운 석양을 보았습니까?' 이 질문은 헤아릴 수 없이 많은 답을 돌려받을 것이다. 필자는 가장 먼저 인천 을왕리의 해넘이를 떠올린다. 연안부두에서 통통배를 타고 가서 본 그날의 태양을 영원히 기억하리라. 그 다음은 로마다. 2015년 9월 10일,

이탈리아 여행 중에 피렌체를 떠나 로마에 도착하던 날의 일몰.

하지만 오늘은 남국(南國)의 석양을 말하려 한다. 1990년 11월, 아직 젊은 기자일 때다. 필자는 인도네시아 자카르타에 있었다. 아시아 청소년축구선수권대회가 그곳에서 열렸다. 독자가 알 만한 우리 선수는 강철·이임생·윤정환·조진호 등이다. 2018년 봄에 세상을 떠난 남대식 선생이 감독을 맡았다. 한국은 15일 열린 결승에서 북한을 제압했다.

한국은 1981년 이후 9년 만에 트로피를 들어올렸다. 이 대회가 각별한 이유는 이듬해 6월 세계청소년대회(포르투갈)에 남북한 단일팀이 출전했다는 데 있다. 단일팀은 우승후보 아르헨티나를 꺾는 등 선전한 끝에 8강까지 올랐다. 같은 해 5월 일본 지바에서 열린 세계탁구선수권대회에서 남북단일팀이 여자단체 우승을 차지한 데 이은 쾌거였다.

1990년 11월 16일 저녁, 인도네시아 축구협회에서 송별회를 열었다. 선수단 숙소인 카르티카 플라자 호텔의 대연회장에서 호화스러운 만찬과 화려한 공연을 준비했다. 자리가 무르익을 무렵 선수들이 플로어에 나가 춤을 추는 순서가 있었다. 한국 선수들은 이런 자리에 잘 나서지 않는다. 그러나 용감하게 달려 나간 선수가 있었다. 유상철이다.

밴드가 비틀즈의 'I saw her standing there'를 연주했다. 유상철은 아주 멋진 춤 솜씨를 보여 줬다. 큰 키에 잘생긴 얼굴, 시원시원한 춤. 단연 돋보였다. 이날 유상철은 동료들로부터 '유제비'라는 별명을 얻었다. 춤과 제비를 직결시킨 이유를 알기 어렵다. 이 별명이 언제 '유비'

로 바뀌었는지도. 그는 훗날 월드컵 영웅이자 '슛돌이' 이강인의 스승이 됐다.

필자는 이날 귀국준비를 하려 자카르타 시내에 나갔다가 호텔로 돌아가는 길에 유상철을 마주쳤다. 그는 붙임성이 좋았고, 늘 웃고 있었다. 행사 시간에 맞추려면 시간이 빠듯했기에 우리는 걸음을 재촉했다. 그때 도시를 가로지르는 큰길 저편으로부터 우리의 정수리 너머까지 선홍빛으로 물들이는 석양에 흠뻑 젖고 말았다.

이런 이유 때문에, 필자는 유상철이라는 이름과 더불어 자카르타 도심의 붉은 하늘을, 카르티카 플라자의 그랜드볼룸을 떠올린다. 그리고 넥타이를 푼 흰 셔츠 차림으로 무대를 누비던 그의 춤을 생각한다. 그의 때 이른 죽음을 생각하면 마음이 아프다. 그날 의외로 카타르, 시리아, 바레인 등 서아시아 선수들이 플로어를 지배했다. 엄숙한 이슬람교의 이미지에 익숙했기에 뜻밖이라고 느꼈다.

스포츠 기자로 일하면서, 스타 선수들이 운동 외에 다양한 재능을 겸비했음을 알게 되었다. 대체로 예술적 재능이 뛰어나다. 춤도 그 일부다. 성공한 선수들 중에 '몸치'는 없다. 좋은 경기를 하려면 리듬을 탈 줄 알아야 한다. 그래서일까. 스포츠 스타가 연예스타, 특히 가수나 배우와 짝을 이루는 경우가 잦다. 두 사람의 리듬이 일치했을 것이다.

윔블던 테니스 대회의 남녀 우승자는 챔피언 만찬(Champions' Dinner)에서 춤을 함께 춘다. 윔블던만의 전통이다. 올해는 여자 우승자 이가 시비옹테크와 남자 우승자 야닉 시너가 무대를 장식했다. 두 사람 모두

2001년생. 청춘 남녀의 춤사위는 얼마나 싱그러운가. 더구나 윔블던의 경기장은 그랜드슬램 대회 중 유일하게 잔디코트다. 푸르다.

베이비붐 세대의 영웅 이소룡은 배우이기 전에 스포츠맨이었다. 엽문의 제자로서 절권도와 영춘권의 대가였다. 눈이 나빠 근접전에 능한 무술을 익혔다는 얘기도 있다. 그는 영화를 통해 강한 동양인의 이미지를 완성했다. '정무문' '맹룡과강' '용쟁호투'…. 훗날 성룡이나 이연걸이 이룩한 업적은 이소룡의 유산에 기초했다.

이소룡에게는 숨겨진, 그러나 아는 사람은 다 아는 재주가 있었다. 인터넷 검색창에 브루스 리(Bruce Lee)와 차차차(Cha-cha-cha)를 입력하면 이소룡이 여성 파트너들과 춤추는 모습을 볼 수 있다. 유튜브 동영상도 여럿 있다. 이소룡의 차차차는 영화 '아비정전'에서 장국영이 '마리아 엘레나'에 맞춰 춘 맘보 못잖다.

스포츠에는 음악이 깃들인다. 기운생동(氣韻生動). 이탈리아 축구를 즐겨 본다는 소프라노 조수미는 "축구와 음악은 모두 흐름을 타는 운동"이라고 했다. 교향곡의 4개 악장이 속도와 흐름을 달리 하듯 축구 경기에서도 비슷한 템포를 느낀다는 것이다. 축구와 음악 모두 사람의 감정을 타오르게 한다고도 했다.(전광열, 「축구·음악의 공통점」)

스포츠와 예술의 거리는 멀지 않다. 조지 거슈인의 협주곡 선율을 타고 미끄러지는 김연아의 스케이팅은 예술인가 스포츠인가. 미국프로농구(NBA) 선수로 활약한 샤킬 오닐은 가수이기도 하다. 그는 1993년 음반사와 계약하고 데뷔 앨범인 '샤크 디젤'을 발매했다. 디스코그

라피는 스튜디오 앨범 5개, 컴필레이션 앨범 2개, 사운드 트랙 2개, 싱글 19개에 이른다.

예술가들도 스포츠를 사랑하고 재능을 뽐낸다. 특히 음악가들. 지휘자 헤르베르트 폰 카라얀은 모터스포츠에 미친 사람이었다. 토스카니니의 연주회를 보려고 오토바이로 300㎞ 넘는 길을 달린 적도 있다. 60세 생일 선물로 배기량 250cc짜리 모터바이크를 받고 가장 기뻐했다고 한다.(김호정, 「무대 밖에선 스포츠광이었던 세계적 음악가들」)

러시아의 피아니스트 니콜라이 루간스키는 탁구광이다. 2006년 한국을 방문했을 때 동대문 시장에 가서 탁구 라켓을 구입했다. 중국 피아니스트 랑랑도 탁구라면 만사 제치고 테이블 앞에 나선다. 한국 클래식의 자랑인 정경화·명훈 남매도 탁구를 사랑했다. 남매가 함께 탁구를 치는 사진이 월간 『객석』에 남아 있다.

축구팬이 가장 많다. 작곡가 에드워드 엘가는 영국 울버햄튼의 광팬이었다. 맨체스터 유나이티드의 팬인 지휘자 다니엘 하딩은 오페라보다 축구경기가 우선이라는 사나이다. 테너 플라시도 도밍고는 스페인의 아틀레티코 마드리드를 응원한다. 지휘자 발레리 게르기예프, 바이올리니스트 나이젤 케네디, 피아니스트 다니엘 바렌보임도 축구팬이다.

2002년에 별세한 지휘자 임원식 선생은 병석에서도 월드컵 중계를 시청했다. 농구를 특히 사랑해서, 경기인들과 교분이 두터웠다. 1948년 런던올림픽 대표를 지낸 김정신 선생과는 막역했다. 김정신

선생의 아들로 농구대표팀 선수와 감독을 거쳐 태릉선수촌장을 역임한 김인건을 피아니스트 아내와 맺어준 사람도 임 선생이다.

스포츠와 예술의 근친성을 뒷받침하는 사례는 많다. 그러나 우리의 인식 속에서 둘 사이는 멀다. 스포츠를 둘러싼 문화논쟁도 근원은 다르지 않다. 학자들은 스포츠가 문화인가 아닌가를 다퉜다. 소스타인 베블런, 테오도르 아도르노는 스포츠는 문화일 수 없다고 했다. 칼 딤은 스포츠와 문화의 연관성을 여러 사례를 통해 제시했다. 스페인의 철학자 오르테가 이 가세트는 스포츠를 창조적 행위의 근원이라고 규정했다.

스포츠가 문화냐 아니냐는 논쟁은, 문화란 매우 고상하고 고차원적인 그 무엇이라는 규범적 이해에 바탕을 두었을 것이다. 쟁점은 스포츠가 그와 같은 조건을 충족시키는지 못하는지에 있다. 오늘날 문화는 엘리트적 편견을 떨쳐내고 있다. 현대인에게 스포츠는 삶의 일부가 되지 않았는가. 대한민국에서 여름 저녁 프로야구와 '치맥'을 빼놓고 도시인의 삶을 설명하기는 쉽지 않다.[12]

---

12 중앙선데이 2025.08.02.

체육관과 운동장

'딸깍.'

까무룩 잠이 들었을까. 개발도상국의 저녁은 일찍 시작되었다. 어둠은 이내 깊고 밤은 고요했다. 먹물에 잠긴 듯, 눈을 크게 떠도 사위엔 어둠 뿐. 소년은 아버지가 라디오를 켜는 소리에 잠이 확 달아났다. '웅-'하는 잡음. 곧 이어 약간 들뜬 목소리가 흘러나왔다.

"고국에 계신 동포 여러분 안녕하십니까. 여기는 상하(常夏)의 나라, 비율빈의 수도 마닐라입니다. 지금부터, 한국과 비율빈, 비율빈과 한국의 아세아남자농구선수권대회 경기 실황을…."

'남국(南國)'. 야자수가 바람에 잎을 날리고 피부가 새카만 사람들이 산다고 했다. 소년이 아는 '상하의 나라'는 그런 곳이었다. 소년은 '비율빈(比律賓)'이 필리핀이라는 사실도 알았다. 그렇지만 라디오에서 비율빈이라는 나라 이름이 나오면 뜨거운 바람이 훅 끼치는 것처럼 실감이 났다. 농구는 그렇게 먼 곳에서 소년에게 왔다.

대한민국 농구 팀이 외국에 나가 경기를 하는 밤이다. 소년의 머릿속에는 특설코트가 세워졌다. 바람에 잎을 날리는 야자수 아래 학교에서 본 녹슨 농구대가 우뚝 섰다. 거기서, 가슴에 태극기를 단 우리 선수들이 경기를 했다. 경기는 박진감이 넘쳤다. 1960년대의 중계방송은 청취자의 마음을 사로잡았다. 중계 캐스터의 음성은 감정에 호소했다.

“우리의 자랑스러운 신동파군, 조국의 품에 다시 두 점을 바칠 차안스, 프리드로(프리스로; 자유투) 제일구… 네, 골인입니다! 제이구….”

‘프리드로 제 일구’와 ‘네, 골인입니다!’ 사이에 심연이 가로놓였다. 먹물에 잠긴 듯한 어둠, 비율빈에서 한국까지의 가없는 거리, 말없는 아버지와 아들 사이의 공감. 그리고 이제 삶과 죽음의 거리가 그 자리를 메우고 있다. 영겁 같은 그 거리도 언젠간 지워지리라. 소년은 농구를 사랑하게 되었다. 비율빈 특설코트는 훗날 구체적인 모습으로 소년을 맞았다.

장충체육관. 우리나라 최초의 실내경기장이다. 1963년 2월 1일 서울특별시 중구 장충동2가에 문을 열었다. 이 체육관의 모체(母體)는 1955년 6월 23일에 개장한 육군체육관이다. 1201 건설공병단 205대대 2중대가 공병감 엄홍섭 소장의 설계에 따라 공사를 진행했다. 총건평 1만8512㎡에 경기장만 1653㎡에 이르며 수용능력은 고정석 1만2000개, 최대수용능력은 1만7000명이나 됐다. 바닥에 나무를 깔아 실내종목을 대부분 소화할 수 있었다.

조명이 설치되어 밤에도 경기를 할 수 있었다. 이 시대에 라디오로 육군체육관에서 벌어진 농구 경기 중계방송을 들었던 청취자들은 스타 아나운서 임택근의 유명한 멘트를 기억한다. 그는 해가 서편으로 기울어 노을이 짙어가고 경기장의 조명은 아직 켜지기 직전의 그 시간을 놓치지 않았다.

"황혼이 짙어가는 이곳 장충단 육군체육관…."

개관식이 열린 날 이승만 대통령이 대한체육회장 이기붕과 함께 참석해 공사를 맡은 부대에 표창장을 수여했다. 그는 "짧은 시간 내에 이만큼 만들어 놓은 것을 치하한다."고 말했다. 개장을 기념해 대동상고와 배재고의 농구 경기가 열렸다. 대동상고가 29-28로 이겼다.

육군체육관은 '관(館)' 자가 무색하게 지붕이 없었다. 당시 신문에는 '우천으로 인한 연기'나 '우천으로 인한 경기 중단'이라는 대목이 자주 보인다. 비가 내리면 요즘의 프로야구장에서 볼 수 있는 덮개를 펼쳐 나무 바닥을 보호했다. 여름에는 관중석으로 둘러싸인 플로어에 열이 고였다. 농구스타 신동파는 "플로어가 매우 뜨거웠다. 그래서 경기 도중 작전 타임 때 농구화 바닥을 양동이에 담긴 찬물에 적신 뒤 뛰곤 했다."고 회고했다. 춥고 눈이 내려 쌓이는 겨울에는 아예 경기장을 사용할 수 없었다.

우리나라 최초의 실내체육관은 1916년 5월 16일에 문을 연 서울YMCA체육관이다. 서울YMCA체육관은 일제강점 시기에 3년간의 공사를 거쳐 준공되었다. 미국 뉴저지 주에 있는 캄넨YMCA의 회원과 청소년의 기부금으로 건설된 콘크리트로 세운 3층 건물로, 당대 YMCA체육은 물론, 한국체육의 중심이 되었다는 점에서 그 존재가 선명하다. 서울YMCA체육관이 들어서면서 농구, 축구, 배구, 씨름, 역도, 기계체조, 권투, 레슬링 등 여러 가지 스포츠 종목의 체계적인 지도가 이루어졌고, 시민들은 더욱 다양하고 새로운 운동을 접하게 되었다.

그러나 서울YMCA체육관은 대회를 열기 위한 시설이 아니었다. 관중을 모아 놓고 농구나 배구경기를 열려면 일반 건물과는 전혀 다른 설계개념과 운영방식이 필요하다. 일제강점기에 서울YMCA 말고도 평양 숭실학교 등에 실내체육관이 있었지만 농구 경기를 할 수 있는 실내 경기장이 없었기에 거의 대부분의 경기를 옥외 코트에서 치렀다. 광복 이후 몇몇 학교가 체육관을 지었으나 역시 대회를 운영하기에는 미흡했다. 그러나 당시 우리나라의 경제력으로 대형 체육관을 짓기란 쉽지 않은 일이었다.

필리핀이 지어줬다?

장충체육관을 외국 기술, 그것도 필리핀 엔지니어들의 기술로 지었다고 믿는 한국인이 적지 않다. 장충체육관을 건립하던 시기에 한국이 가난하고 건축 기술도 부족해서 필리핀의 도움을 받았다는 주장이다. 이는 대한민국의 국력이 얼마나 괄목상대할 만큼 신장되었는지 아시아의 부국에서 빈국으로 전락한 필리핀과 대조하려는 의도로 자주 인용되는 내용이다. 심지어 한국의 이명박 대통령도 같은 주장을 한 적이 있다. 하지만 근거 없는 이야기다.

장충체육관은 서울시가 공사비 9200만 원을 투입해 우리 기술로 설계하고 건설한 건축물이다. 서울 종로 YMCA와 명동 성모병원 등을 설계한 김정수가 건축 디자인을 했다. 구조설계는 최종완이 맡았다. 김정수는 한국 최초로 직경 80m짜리 돔을 시도하였는데 미국에서 구조학을 공부하고 귀국한 최종완과 협력하여 철골 돔 설계를 완성했다. 철골 돔은 당시 한국의 건축 기술로 실현하기 어려운 과제였다. 이론적으로는 가능했으나 실제로는 어떤 결과가 나올지 알 수 없어 최종완도 불안감을 느꼈다고 한다. 돔이 완공된 지 사흘 뒤 많은 눈이 내렸고, 돔이 하중을 거뜬히 견뎌내는 것을 보고서야 체육관의 안정성을 확신했다.

여러 기록이 보여주듯 장충체육관은 농구의 메카로 출발했다. 개장 이튿날 국제대회인 동남아여자농구대회가 열렸고, 이를 신호탄으로 장충체육관과 우리 실내 스포츠 역사의 동행이 시작되었다. 농구장에 그치지 않고 오랜 세월에 걸쳐 한국 실내 스포츠의 성지로 이름을 떨쳤다. 여러 종목에서 활약하며 이름을 남긴 선수들은 동시대를 살아가는 사람들의 꿈과 회한을 짊어진 진정한 의미에서 스타 플레이어였다. 둥근 지붕 아래서 선수들의 경기를 직접 본 관중뿐 아니라 라디오나 텔레비전의 중계방송을 시청하는 대한민국의 스포츠팬들 모두가 한 번 이기고 한 번 질 때마다 웃고 울었다.

프로복서 김기수가 1966년 6월 25일 니노 벤베누티를 누르고 세계복싱협회(WBA) 주니어미들급 챔피언이 됐고, 프로레슬러 김일은 이듬해 4월 29일 미국의 마크 루인을 누르고 세계프로레슬링협회(WWA) 헤비급 챔피언이 됐다. 1988년 서울올림픽 때는 유도와 태권도 경기가 열렸다. 장충체육관은 우리 역사의 질곡도 고스란히 받아냈다. 박정희와 최규하, 전두환은 이곳에서 열린 '체육관 선거'로 대통령에 선출됐다. 문화행사의 중심 무대이기도 했다. 1966년 6월 12일 미국의 대중음악 스타 팻 분이 내한 공연을 했다. 그는 오후 7시에 시작된 '팻 분의 밤'에 우리 팬들의 귀에 익은 노래 열세 곡을 불렀다. 1989년 12월 9일과 1992년 12월 12일에는 대학가요제가 열렸다.

여자농구의 전설 박신자

장충체육관은 다목적으로 지은 건물이다. 그러나 농구가 가장 중요한 목적이었다고 해도 과언이 아니다. 이를 증명하듯 7차례나 국제대회가 열렸다. 장충체육관이 완공된 다음 가장 먼저 열린 국제대회도 농구 대회다. 1963년 2월 2일부터 11일까지 열린 박정희장군배 동남아여자농구대회에 한국의 상업은행과 한국은행, 일본의 니치보(일본방적), 자유중국(대만)의 순덕 팀이 참가한 것이다. 이 대회에서 상업은행은 5승 1무승부로 우승했다. 상업은행의 중심선수는 박신자였다. 그는 100년이 넘는 한국 농구 역사상 남녀를 통틀어 가장 위대한 선수로 꼽힌다. 박신자가 있었기에 한국 여자 농구는 세계수준에서 경쟁할 수 있는 강호로 발돋움했다. 그의 영향력은 여전히 한국농구계에 선명하게 남아 숨을 쉰다. 2015년 7월부터 그의 이름을 딴 '박신자컵 서머리그'가 열리고 있다.

박신자의 포지션은 센터, 신장은 176㎝였다. 박신자 농구 최고의 명장면은 한국을 최초로 국제대회 결승으로 이끈 1967년 제5회 세계선수권대회(체코)이다. 한국은 소련에 이어 준우승했다. 당시 한국 팀의 평균 신장은 168㎝. 반면 동유럽 팀의 평균 신장은 대개 190㎝를 넘었다. 박신자가 이끄는 한국은 최강팀 소련을 넘지는 못했지만 탄탄한 조직력으로 체코슬로바키아, 동독, 유고슬라비아를 차례로 제압해 세계를 놀라게 했다. 경기당 19.2득점을 올린 박신자는 대회 최우수선수(MVP) 상을 받았다. 준우승 팀 소속의 MVP는 당시에도 흔한 일이 아니었다. 국제농구연맹(FIBA)은 "한국이 세계선수권대회 역사상 처음으로 시상대에 오른 아시아 국가가 되면서 역사의 한 페이지를 장식했다."고 기록했다.

1967년 도쿄유니버시아드 우승도 우리 여자 농구사에 빛나는 한 장면이다. 국제대학스포츠연맹(FISU)이 주관하는 유니버시아드(Universiade)는 대학(University)과 올림피아드(Olympiad)의 합성어다. 비록 대학생의 대회지만 대단한 의미가 있다. 우리 농구가 세계 최고를 의식하면서 도전하고 성취한 역사이기 때문이다. 한국은 세계선수권 준우승 멤버를 모두 보내 일본을 누르고 우승했다. 박신자는 4경기에서 111점을 넣어 득점왕에 올랐다. 그는 이 대회를 마지막으로 은퇴를 결정했다. 그의 나이 26세, 요즘 기준으로는 너무 이른 은퇴였다. 1967년 11월 2일, 장충체육관에서 은퇴경기가 열렸다. 평일임에도 7000여

명의 농구팬이 모여들어 슈퍼스타의 마지막 모습을 지켜보았다.

득점기계 신동파

신동파는 장충체육관에서 스타덤에 올라 대한민국을 대표하는 슈퍼스타로 성장했다. 휘문중학교와 휘문고등학교의 시멘트 코트에서 농구를 배운 그는 장충체육관이 개관하던 해에 연세대에 입학했다. 그는 흙을 다져 만든 클레이코트와 시멘트코트, 노천플로어가 깔린 육군체육관과 장충체육관에서 모두 경기를 해보았다. 1962년 9월 24일에 서울운동장(나중에 동대문운동장으로 명칭이 바뀌었고, 2007년 야구장, 이듬해 축구장이 철거되어 역사 속으로 사라졌다.) 테니스장에서 열린 서울시체육대회에서 휘문고등학교를 우승으로 이끌었다. 신동파는 경복고등학교에 69-70으로 뒤진 경기 종료 1초전 결승골을 넣었다. 또한 휘문고를 졸업하고 연세대에 진학한 첫 해에 장충체육관 코트를 밟았다.

일본의 릿쿄대학 농구팀이 1963년 3월 2일부터 12일까지 7경기를 하고 돌아갔는데, 연세대와 두 경기(2일과 12일)를 했다. 신동파는 새내기로서 김영일, 김인건, 하의건, 방열 등 선배들과 함께 코트를 누볐다. 이 멤버는 모두 국가대표가 되어 1969년 아시아남자농구선수권대회, 1970년 아시안게임에서 대한민국을 아시아 정상으로 이끈다. 신동파는 1969년 아시아선수권에서 필리핀을 상대로 50득점을 기록해 모두를 놀라게 했다. 그는 슛 거리가 매우 길어 지금처럼 3점슛 제도가 있었다면 70점 이상을 기록했을 가능성이 크다. 그의 활약이 얼마나 인상적이었는지 필리핀의 농구팬들은 지금도 신동파를 역사상 가장 뛰어난 농구선수로 기억한다.

눈부신 성공 뒤에는 쓰라린 실패도 있다. 1967년 장충체육관에서 제4회 아시아남자농구선수권대회 결승전이 열렸을 때의 일이다. 신동파는 필리핀의 수비전문 선수 에드가르도 오캄포에게 봉쇄당했다. '득점기계'라는 별명이 무색하게 10득점에 묶였다. 더구나 5반칙 퇴장당해 우승컵이 필리핀에 넘어가는 장면을 벤치에서 지켜보았다. 경기가 끝난 다음 신동파는 "선수로서 뛰어야 할 시간이 많이 남았는데, 수비에 막혀 기량을 발휘하지 못한다면 결코 성공할 수 없다. 어떤 수비 선수가 달라붙든지 제쳐 내고 득점할 수 있는 기술을 연마하겠다." 고 결심했다. 신동파는 부단한 기술 훈련으로 여간해서는 막기 어려운 공격수가 되었다. 나중에 오캄포는 "신동파를 막는 일은 불가능하다."고까지 말하게 되었다.

신동파는 한국 남자 농구 역사에 새로운 기록을 계속 남긴다. 한국은 1970년 5월 10일부터 24일까지 유고슬라비아에서 열린 세계선수권대회에 아시아 챔피언 자격으로 출전해 13개국 가운데 11위를 기록했다. 2016년 현재 한국이 세계선수권대회에서 거둔 최고 성적이다. 신동파는 8경기에서 평균 32.6점을 넣어 파나마의 데이비스 페랄타(20.0점), 체코슬로바키아의 지리 지데크(19.3점) 등을 제치고 득점 1위에 올랐다. 슈팅 성공률은 무려 80.4%였다. 같은 해 12월 9일부터 12월 20일까지 열린 방콕 아시안게임에서 신동파는 다시 한 번 눈부신 경기로 한국의 우승에 기여했다.

세계챔피언 김기수

1966년 6월 25일. 장충체육관에서 대한민국 프로복싱 사상 첫 세계타이틀전이 열렸다. 김기수가 이탈리아의 니노 벤베누티와 세계복싱협회(WBA) 주니어 미들급 타이틀을 놓고 맞붙었다. 김기수는 벤베누티를 15회 판정으로 누르고 한국인으로서는 처음으로 프로복싱 세계챔피언이 되었다. 세계타이틀을 딸 때 장충체육관에는 관중이 6500명이나 입장했다. 대통령 박정희도 경기를 지켜보았다. 대통령은 김기수에게 '주먹으로 세계 1등이 되라.'는 뜻으로 '권일체육관'을 지어주는 등 지원을 아끼지 않았다. 김기수는 챔피언이 된 이틀 뒤인 6월 27일 오후 오픈카를 타고 서울 시내를 누비며 시민들의 환호를 받았다.

김기수는 실향민이다. 함경남도 북청에서 유복자로 태어나 1951년 '1.4 후퇴' 때 12세의 나이로 전라남도 여수로 피난하여 여항중학교를 졸업하였다. 그는 신문팔이, 담배장수, 구두닦이 등 닥치는 대로 일을 하며 씨름, 육상, 축구 등 여러 운동에 재능을 보였다. 복싱은 18세 때 시작했다. 출발은 늦었지만 재능은 천부적이어서 1957년 전라남도 광주에서 열린 전국학생아마추어권투선수권대회 웰터급에서 우승했다. 그러자 권투명문 성북고등학교에서 그를 스카우트했다. 서울 을지로 3가에 있던 한국체육관에서 노병렬 사범의 지도를 받았다.

1958년 도쿄 아시안게임에서 금메달을 따낸 김기수는 1962년 8월 프로로 전향해 1965년 1월 10일 도쿄에서 일본의 가이즈 후미오를 6회 KO로 이기고 동양챔피언이 됐다.

김기수는 1968년 5월 이탈리아 밀라노의 산시로경기장에서 열린 3차 방어전에서 홈링의 산드로 마징기와 15회 혈전 끝에 타이틀을 내줬다. 1-2의 아쉬운 판정패였다. 그의 마지막 경기는 1969년 3월 1일 장충체육관에서 열렸다. 1968년 11월 20일 일본의 오사카에서 미나미 히사오에게 0-2 판정으로 빼앗긴 미들급 동양타이틀을 되찾기 위한 경기였다. 김기수는 3-0 만장일치 판정승으로 벨트를 돌려받았다. 그는 경기가 끝난 다음 은퇴 의사를 밝혔다. 1969년 9월 27일 장충체육관에서 은퇴식이 열렸다. 프로통산 성적은 49전 45승 2무승부 2패. 이후 사업가로 변신한 그는 풍요로운 삶을 누렸다. 그러나 1996년 9월 간암 판정을 받고 이듬해 6월 10일 영동세브란스병원에서 눈을 감았다.

박치기왕 김일

김일이 국제 레슬링대회에 나가는 날이면 장충체육관에 구름관중이 모였다. 텔레비전 있는 집이 동네에 한두 곳이던 시절. 텔레비전 주인은 인심 좋게 대청에 텔레비전을 올려놓고 마당에 돗자리를 깔았다. 별이 총총한 여름하늘 아래 이웃이 모여 중계방송을 시청했다. 김일의 레슬링은 일본 영웅 역도산(力道山)의 레슬링과 직접 맥이 통한다. 역도산이 이끈 일본 레슬링은 패전국 일본의 시름을 덜어주었다. 역도산은 미국인 레슬러들을 초청해 국제대회를 열었고, 매번 극적인 승부로 관중을 열광시켰다. 거대한 체구의 미국인들을 제압하는 장면을 보고 일본인들은 패전의 응어리가 풀리는 듯한 쾌감을 즐겼다.

김일은 1929년 2월 24일 전라남도 고흥의 거금도에서 태어났다. 어릴 적부터 기골이 장대했고 힘이 장사여서 호남 씨름판을 휩쓸었다. 김일은 일본의 레슬링 무대를 평정한 역도산을 동경했다. 1956년 일본으로 무작정 밀항했다가 시모노세키에서 단속경관에 체포되어 1년형을 받았다. 수감된 김일은 매일 역도산에게 편지를 써서 자신을 제자로 받아 달라고 호소했다. 김일의 의지와 정성에 감동한 역도산은 신원보증을 해 김일을 풀어주고 제자로 받아들였다. 역도산은 김일에게 "특별히 내세울 것이 없으면 스타가 될 수 없다."며 박치기를 익히게 했다. 이마에 피가 나도록 머리를 나무에 문지르고, 몇 미터 밖에서 뛰어와 벽에 부딪히게도 했다.

김일은 1959년 일본 프로레슬링 무대에 데뷔했다. 1963년에는 세계프로레슬링협회(WWA) 챔피언에 오르며 전성기를 맞았다. 그러나 같은 해 12월 15일 역도산이 야쿠자의 칼에 찔려 세상을 떠나자 충격을 받은 김일은 귀국을 결심했다. 그가 한국레슬링의 부흥을 위해 만든 대회가 1965년 8월 6일과 7일 장충체육관에서 열린 '극동 헤비급 선수권 쟁탈전'이다. 한국과 일본의 프로레슬링협회가 공동으로 주최한 대회다. 양국을 대표하는 레슬링 스타들 가운데 김일과 요시노 사토가 결승에 올랐다. 김일은 고전을 면치 못했다. 거의 졌다 싶을 때 김일의 박치기가 터졌다. 사토는 나가떨어졌고, 김일은 제1회 극동헤비급챔피언이 됐다. 사람들은 박수를 치고 더러는 만세도 불렀다.

박정희도 김일의 팬이었다. 자주 장충체육관에 찾아가 김일의 경기를 관전했다. 김일은 1967년 WWA 세계헤비급챔피언, 1972년 도쿄 인터내셔널 세계헤비급 챔피언에 오르는 등 30여 년 간 20여 차례나 세계 챔피언 타이틀을 획득했다. 1987년부터 경기 후유증으로 각종 질병에 시달리며 투병생활을 하면서도 후배 양성과 프로레슬링 재건에 힘썼다. 1995년 4월 2일 6만 관중이 모인 도쿄돔에서 공식 은퇴식이 열렸다. 2000년 3월 25일에는 장충체육관에서 국내 은퇴식을 했다. 1994년 국민훈장 석류장, 2000년 체육훈장 맹호장을 받았고, 2006년 10월 26일 세상을 떠났다.

천하장사 이만기

1983년 4월 17일. 장충체육관에서 열린 제1회 천하장사 씨름대회 마지막 날이었다. 체급과 무관하게 대한민국 최고의 씨름꾼을 가리는 천하장사 경기가 시작되었다. 우승 후보는 이준희와 홍현욱이었다. 이준희는 홍현욱을 꺾고 백두급(90.1kg이상) 정상에 올랐다. 최욱진이 한라급(90kg 이하), 손상주가 금강급(80kg 이하), 박진태가 태백급(75kg 이하)에서 각각 우승했다. 원년 천하장사 자리를 놓고 최욱진과 이만기가 마주섰다. '모래판의 여우' 최욱진은 한라장사 결승에서 이만기를 쉽게 이겼다. 경남대학교 체육교육학과에 다니던 이만기는 이때까지 우승 한 번 해보지 못한 무명의 학생씨름꾼이었다.

최욱진이 쉽게 이길 것 같았지만 손에 땀을 쥐게 하는 접전이 이어졌다. 서로 한판씩 주고받아 마지막 다섯 번째 판까지 갔다. 이만기는 전광석화 같은 들배지기로 최욱진을 쓰러뜨린 뒤 모래판에 무릎을 꿇고 앉아 눈물을 흘렸다. 목말을 타고 경기장을 돌면서도 엉엉 울었다. 초대장사의 잘생긴 얼굴과 근육질 몸매는 힘만 센 배불뚝이 장사의 이미지를 완전히 지워버렸다. 씨름은 대번에 전 국민의 관심사가 되었다. 단군 이래 씨름이 이때만큼 인기를 끈 적도 없었을 것이다. 초·중고등학교는 물론 대학교 교정에서, 여러 회사의 체육대회나 야유회장에서 씨름판이 펼쳐졌다. 씨름은 진정한 국기로 새롭게 자리매김했다.

천하장사 타이틀이 첫 우승 기록이었던 이만기는 몸을 불려 백두급으로 월반했다. 기술에 무게를 더한 그는 백두급에서도 최강자로 군림했다. 이만기가 8년간 민속씨름판을 누비며 남긴 전적은 333전 287승 46패, 통산승률은 86.2%에 달한다. 역대 장사들 가운데 압도적인 승률 1위다. 한라장사 7회, 백두장사 18회, 천하장사 10회 등 35차례 우승을 기록했다. 이만기가 상대전적에서 열세를 보인 상대는 딱 한 사람, 강호동이다. 훗날 연예인으로 크게 성공하는 강호동만 이만기를 4승 2패로 앞섰다.

프로농구와 프로배구의 고향

육군체육관이 장충체육관으로 바뀌면서, 농구와 배구는 자연스럽게 겨울철 종목으로 자리를 옮겼다. 물론 초·중고등학교에서 대학과 실업에 이르기까지 '춘계연맹전', '추계리그' 식으로 계절별 대회가 열리기는 했다. 그러나 장충체육관의 존재는 대한민국 최고의 스포츠팀을 가리는 대규모 대회를 상시 개최할 수 있는 기회를 제공하였다. 이곳에서 겨울철 실내스포츠의 양대 산맥으로 꼽히는 농구와 배구 리그가 시작된 것은 조금도 이상한 일이 아니다. 농구협회와 배구협회가 차례로 겨울을 시즌으로 삼아 리그를 운영하게 되면서 장충체육관을 확보하기 위한 두 종목의 경쟁도 치열하게 전개되었다.

농구대잔치는 1983년 '점보시리즈'라는 대회 명을 내걸고 시작되었다. 정부의 한글사용 권장 정책에 따라 1984년 농구대잔치로 바뀌었다. 처음에는 1·2·3차 리그까지 상위팀을 뽑고 4차 리그에서 토너먼트로 우승팀을 가렸으나, 1993년부터는 모든 팀이 일정 경기를 치르는 정규리그에서 플레이오프전에 진출하는 상위 4팀을 가려내 토너먼트로 우승팀을 가리는 경기방식을 채택하였다. 대회 출범 첫해에 161경기를 치르는 동안 관중 20만300여 명을 동원했다. 대한민국을 대표하는 재벌기업인 현대와 삼성의 자존심 경쟁, 스타군단 기아자동차의 가세에 이어 1993~94시즌 연세대의 우승을 전후로 대학스타들의 인기가 치솟으면서 농구는 명실상부한 겨울 실내스포츠의 대명사로 자리를 굳혔다. 인기가 정점을 찍은 1994~1995시즌에는 206경기를 치르는 동안 40여만 명이 입장했다. 이 인기는 1997년 프로농구의 출범으로 이어졌다.

백구의 대제전은 기존의 실업연맹전을 1984시즌부터 '대통령배 전국남여배구대회'로 세미프로화 하여 겨울 스포츠로 정착시킨 것이다. 배구의 겨울리그 출범은 여자배구가 1976년 몬트리올올림픽에서 구기 종목 사상 처음으로 메달(동메달)을 획득하면서 불붙은 인기에 힘입은 면이 있다. 남자배구 역시 1978년 세계선수권대회 4강에 진입하면서 전성기를 맞이하고 있었다. 배구협회는 기회를 놓치지 않고 대규모 리그를 출범시켜 팬들의 관심을 배구 코트에 붙들어 두려 하였다. 남자부는 고려증권, 현대자동차서비스, 금성이 중심이었고 여자부는 미도파, 현대의 라이벌전이 벌어졌다. 백구의 대제전은 1994~95시즌부터 '슈퍼리그'로 이름표를 바꿔 달았다. 마침내 2005년 한국배구연맹(KOVO)이 창립되면서 2005년 'V-리그'가 출범했다. 프로 시대가 열린 것이다.

대통령을 뽑은 곳

장충체육관에서는 다양한 대중 행사가 열렸다. 1960년대에 서울에서 대규모 군중이 모일 수 있는 실내공간은 장충체육관과 현재 세종문화회관 자리에 있던 서울시민회관 정도였다. 1961년 11월 7일에 문을 연 서울시민회관은 1972년 12월 2일 발생한 화재로 잿더미가 되었다. 그 자리에 새로 들어선 건물이 세종문화회관이다. 1978년 4월

14일 오전에 개관 테이프를 끊었다. 시민회관과 장충체육관은 당시 집권당인 민주공화당의 전당대회가 열리는 곳이기도 했다.

1971년 4월 27일 제7대 대통령 선거에서 박정희는 김대중에게 94만여 표 차로 겨우 이겨 권좌를 지켰다. 위기의식을 느낀 그는 1972년 10월 17일 특별선언을 발표했다. 국회 해산 및 정당·정치활동의 중지 등 헌법의 일부조항 효력을 정지시킨 초헌법적 비상조치였다. 이것이 '10월 유신'이다. 직선제이던 대통령 선거는 통일주체국민회의 대의원들에 의한 간선제로 바뀌었다. 대통령의 임기도 4년에서 6년으로 연장되었다. 그해 12월 15일 대의원 2359명이 선출되어 '통일주체국민회의'를 구성하고, 23일 대의원들의 투표로 박정희를 제8대 대통령으로 뽑았다. 장충체육관에서 치른 첫 '체육관 선거'다.

박정희는 1978년 7월 6일 다시 한 번 체육관 선거를 거쳐 제9대 대통령에 선출되었다. 이듬해 10월 26일 '궁정동 사건'이 터진다. 서울 종로구 궁정동의 중앙정보부 안가(安家)에서 중앙정보부장 김재규가 대통령을 살해한 것이다. 이 일로 대통령 유고(有故)가 발생하자 국무총리 최규하가 권한대행을 맡았다가 1979년 12월 6일 장충체육관에서 제10대 대통령에 선출되었다. 그는 허수아비와 다름없었고, 결국 1980년 8월 16일 하야성명을 발표했다. 열하루 뒤인 27일 전두환이 제11대 대통령으로 뽑혔다. 네 번째이자 마지막 체육관 선거였다. 전두환은 1979년 4월 18일에 문을 연 잠실실내체육관에서 취임식을 했다. 장충체육관의 신산고초(辛酸苦楚), 오욕의 시간은 이로써 종언을 고했다.

스포츠·엔터테인먼트의 중심

세월이 흐르면서 장충체육관도 낡아갔다. 개관한 지 50년이 지나면서 비가 새는 등 곳곳에서 시설 노후화가 심각해졌다. 또 잠실체육관 등에 밀려 스포츠 경기 또한 열리는 횟수가 크게 줄었다. 동대문운동장이 헐려 나갈 때 장충체육관도 위기를 맞았지만 다행히 고쳐 짓기로 방향이 잡혔다. 서울시는 2012년 공사에 착수, 2014년 10월 재개장할 계획을 세웠다. 그러나 몇 차례 설계변경을 하면서 개장이 지연됐다. 공사비도 298억 원에서 326억 원으로 늘었다. 2012년 5월 개보수 공사를 시작해 2015년 1월 17일 스포츠와 문화가 함께하는 문화복합공간으로 재개장했다.

새로 단장한 체육관은 당초 지하 1층~지상 3층(전체면적 8385㎡)에서 지하 2층~지상 3층(1만1429㎡)으로 규모가 커졌다. 체육관의 외부모습은 부채춤, 강강술래 등 한국의 대표적인 춤·놀이를 형상화했다. 관람석은 4507석으로 151석 줄었다. 대신 국민 체형의 변화에 맞춰 의자 크기를 확대하고 팔걸이를 설치하는 등 고급화했다. 체육관 바닥에 설치한 1308석의 가변석을 벽에 밀어 넣으면 경기장 길이가 최대 47m까지 늘어나 핸드볼 등 모든 실내 구기 종목의 경기를 열 수 있다. 뮤지컬과 콘서트 등 각종 문화 공연이 가능하도록 공연 장비도

갖췄다.[13]

동대문운동장의 비극

장충체육관은 운이 좋았다. 그러나 장충체육관과 함께 우리 스포츠의 중심 무대였던 동대문운동장의 운명은 달랐다. 이곳은 경성운동장으로 시작해 오랫동안 '서울운동장'이었다. 2007년 12월 13일 새벽, 철거가 시작됐다. 경기장을 헌 자리에 동대문디자인플라자(DDP)가 들어섰다. 물리적 공간이 사라지면 문화적 장소가 사라지고, 장소와 흔적이 사라지면 기억마저 흐려진다.(정윤수)

동대문운동장은 '일제잔재'다. 일본 왕자 히로히토의 결혼을 기념해 1925년 10월 15일에 개장했다. 바로 그곳에서 일제강점기 조선 청년들이 울분을 토해내고 갈닦은 기량을 떨쳤으니 우리 스포츠의 태반과 같은 곳이다. 손기정과 남승룡도 1936년 베를린올림픽에 참가하러 가던 길에 잠시 들러 땀을 흘리며 심신을 가다듬었다.

운동장이 자리를 잡은 곳은 조선의 풍수철학이 살아 숨 쉬는 성동원두(城東原頭). 조선의 도성 한양의 '좌청룡'인 낙산의 기가 약하기에 동쪽 대문은 사대문 가운데 유일하게 넉 자로 된 현판(흥인지문·興仁之門)을 걸었다. 또한 군사를 선발하고 조련하는 훈련원을 두어 젊은 기운을 흠향케 하였다. 운동장을 짓기에 이보다 좋은 곳은 없다.

---

13 서울역사편찬원(2022), 『서울 사람을 웃고 울린 스포츠』, 176-197.

그러므로 동대문운동장 일대는 한 시대의 염원과 정성이 모인 역사의 현장이다. 동대문운동장의 최후는 우리 시대의 경솔함을 증명한다. 멀쩡한 곳을 밀고 거창한 무언가를 짓겠다는 사람들은 태반이 도둑 아니면 사기꾼이다. 또한 정치가나 사업가들은 이익을 얻어내기 위해서라면 거짓말도 서슴지 않으니 곧이곧대로 들으면 큰일 난다.

동대문운동장 신세가 될 뻔했다가 겨우 목숨을 부지한 서울시청 건물을 보라. 서울시는 구구한 이유를 들어 새 청사를 지어야 할 필요성을 역설했다. 그중에는 시청 건물의 모양이 근본 본(本)자를 본뜬 것으로, 북악산이 큰 대(大)요 조선총독부가 날 일(日)자이니 합쳐서 '대일본'을 뜻하는 치욕적인 콘셉트를 숨겼다는 주장도 있었다.

터무니없는 주장임을 『조선과 건축(朝鮮と建築)』이라는 잡지의 1926년 10월호가 증명한다. 총독부 건축과 기사 사사 게이이치(笹慶一)는 「경성부청건축의 대요와 그 특징」이라는 기고문(14~17쪽)에서 "활모양(弓形)의 외곽에 작은 탑(小塔)을 얹은" 설계 개념을 설명한다. 경성부청은 서울시청의 옛 이름. 설계자는 이와이 나가사부로(岩井長三郎)다.

시청건물은 도서관으로 쓰임을 바꾸었다. 외양의 일부나마 보존했으니 천운이다. 일제잔재에 대한 역사·문화적 평가와 인식은 세대를 건너뛰는 숙제다. 답을 정하는 일은 여러 세대의 합의를 거친 뒤에 해도 늦지 않다. 시청을 헐고 다시 짓자는 사람들이 정말 일제잔재를 청산하여 민족정기를 바로세우겠다는 생각을 했는지도 긴가민가하지만.

베이비붐 세대의 끝자락에 태어난 소년은 초로의 산책가가 되어

오래된 도시의 동쪽 언저리를 소설가 구보 씨처럼 배회한다. 거기에 다시는 빛나지 않을 조명탑이 선 채로 죽음을 맞은 시대의 상징이 되어 처연히 섰다. 운명이 비껴갔다면 '서울 팀' 프로야구 LG 트윈스가, 프로축구 FC서울이 그곳에서 홈경기를 하고 있었을지도 모른다.[14]

14 중앙선데이 2025.08.30.

칼치오 피오렌티노

2018년 6월 18일, JTBC 뉴스룸의 앵커브리핑은 이렇게 시작된다.

"리어왕의 충신인 켄트 백작은 무례한 하인 오스왈드를 넘어뜨리며 말했습니다. '축구나 하는 천한 놈아!' 셰익스피어의 비극 「리어왕」 1막 4장에 등장하는 장면이지요."

2014년 크리스마스이브, 나도 한 경제지 지면에 비슷한 문장을 썼다.

"'You base football player.' 이 문장은 윌리엄 셰익스피어의 비극, 「리어 왕」에 등장하는 대사다. 1막의 4장. 리어 왕의 충신 켄트 백작이 무례한 하인 오스왈드를 넘어뜨리며 이 대사를 한다. 번역가들은 보통 "축구나 하는 이 천한 놈아"라고 번역한다. 아무튼 욕이다. (중략) 머리끝까지 화가 나서 뱉은 욕이므로 그가 생각해낼 수 있는 가장 심한 욕이었을 것이다."

왜 하필 축구선수일까? 먼저 시간의 자물쇠를 풀어야 한다. '리어 왕과 그의 딸들에 대한 이야기'를 처음으로 기록한 사람은 연대기 작가인 몬머스의 제프리(Geoffrey of Monmouth)다. 그는 켈트족의 전설과 로마 침략 이전 브리튼의 역사에 자신의 상상력을 버무려 이야기를 완성했다(설준규, 「셰익스피어 비극의 역사성」). 그러나 우리는 「리어 왕」을 역사물로 보지는 않는다. 작품을 이해하려면 셰익스피어를 알아야 한다.

셰익스피어의 작품 대부분은 사후에 헨리 콘델과 존 헤밍이 정리했다. 퍼스트 폴리오(first folio) 판이라고 한다. 셰익스피어는 '영어 작가'다. 작품에 2,035개나 되는 단어를 '만들어' 사용했다. 그 중 800여 개는 아직도 사용된다. generous(후한), lonely(외로운), majestic(위풍당당한), manager(매니저), gloomy(우울한) 같은 단어들이다(김환영, 「김환영의 영어 이야기」). 셰익스피어가 사용한 언어는 당연히 그 시대 사람들이 사용하던 말이었을 것이다.

김환영은 셰익스피어를 '고급영어로 올라서는 데 필요한 마지막 관문'이라고 했다. 1605년 옥스퍼드의 보들리언 도서관이 소장한 책 6000여 권 중에 영어로 쓰인 책은 36권에 불과했다. 셰익스피어의 시대를 거치며 영어의 지위는 달라졌다. 셰익스피어 연구자 스탠리 웰스는 "셰익스피어의 출생 기록은 라틴어로 돼 있지만 사망 기록은 영어로 돼 있다"고 지적했다. 토머스 칼라일은 「영웅 숭배론」에서 셰익스피어를 인도와도 바꾸지 않겠다고 했다.

셰익스피어는 르네상스의 세례를 받은 인물이다. 르네상스 시대의 무대는 도시다. 빛나는 자유정신과 활발한 교역을 통해 르네상스는 유럽을 품었다. 그래서일 것이다. 셰익스피어의 작품 가운데 3분의

1 가량이 이탈리아 도시를 배경으로 삼는다. 「로미오와 줄리엣」 「베로나의 두 신사」는 베로나, 「오텔로」, 「베니스의 상인」은 베네치아, 「헛소동」 「겨울이야기」는 시칠리아, 「말괄량이 길들이기」는 파도바, 「끝이 좋으면 다 좋아」는 피렌체. …피렌체!

『셰익스피어의 이탈리아 기행』을 쓴 리처드 폴 로는 셰익스피어가 틀림없이 이탈리아를 여행했으리라고 생각했다. 그는 "셰익스피어의 희곡에 등장하는 이탈리아의 장소와 문화에 대한 언급은 매우 독특하고 구체적"이라며 "셰익스피어가 이탈리아에 대한 지식을 현장에서 얻었음을 증명하고도 남는다"고 했다. 나는 이 대목에서 문득, 「리어 왕」을 쓰면서 셰익스피어가 떠올린 축구는 어느 르네상스 도시에서 보았을 이탈리아 축구일지도 모른다고 상상했다.

축구는 고향을 특정하기 어렵다. 스위스 취리히대의 헬무트 브링커 교수는 2004년 국제축구연맹(FIFA) 홈페이지에 기고한 「축구의 발상지」에서 '중국기원설'을 제기했다. '공차기'는 진시황(BC246~210) 때부터 시작됐으며 한나라(BC206~AD220) 때는 규칙과 경기장 등이 갖춰졌다고 한다. 라틴아메리카에는 위대한 문명의 시대를 사로잡은 공놀이 '울라마'가 있었다. 우리 「삼국유사」에는 김유신과 김춘추가 '축국(蹴鞠)'을 했다는 기사가 나온다.

서양에서는 기원전 7~6세기 고대 그리스에서 유행한 하패스톤에서 발달했다고 보는 시각이 일반적이다. 영국이 축구의 종주국인 이유는 이 경기를 근대 스포츠로 발전시켰기 때문이다. 1848년에 작성된 '케임브리지 규칙'은 현대축구의 기초가 되었다. 1857년에는 세계에서 가장 오래된 축구 클럽으로 기록된 셰필드FC의 창단을 계기로 '셰필드 규칙'이 성립했다. 1863년 10월26일에는 런던의 스포츠클럽 열세 곳과 여러 학교 대표가 프리메이슨 테이번이라는 선술집에 모여 축구협회(FA)를 창설했다.

1530년 2월 17일. 르네상스 시대를 대표하는 도시 피렌체의 축구가 역사에 기록을 남긴다. 신성로마제국의 황제 카를 5세가 피렌체를 포위했을 때다. 시민들은 산타 크로체 광장에서 축구를 했다. 적이 지켜보는 가운데 피렌체의 기상을 보여주기 위해 벌인 축구판이 어땠을지 짐작하고도 남음이 있다. 이 날 이후 축구는 피렌체의 축제에서 빠진 적이 없다. 이 경기를 '칼치오 (스토리코) 피오렌티노'라고 한다. 1555년부터 피렌체 귀족들의 후원을 받았다.

경기 규칙은 이렇다. 한 팀은 스물일곱 명, 경기 시간은 50분, 경기장은 모래가 깔린 길이 80~100m의 직사각형이다. 상대팀 엔드라인을 따라 설치된 높이 1m 남짓한 골에 공을 넣어 득점한다. 경기는 살벌하기 짝이 없다. 주먹질과 발길질이 먼저 오간다. 장정들이 피를 흘리며 픽픽 쓰러진다. 제대로 선 선수가 없어 경기장이 한산할 즈음 진짜 공방전에 불이 붙는다. 경기가 끝난 뒤에는 모두 만신창이다. 이긴 팀에 주는 상품은 키아니나 소(牛)다.

요즘도 피렌체에서는 6월 셋째 주에 칼치오 경기가 열린다. 장소는 산타 크로체 성당 앞 광장이다. 이 성당은 미켈란젤로, 갈릴레오,

마키아벨리 등 르네상스 시대 인물들과 시인 포스콜로, 작곡가 로시니와 같은 유명인이 묻혔기에 '피렌체의 판테온'으로 불린다. 다비드상과 넵투누스 분수, 로지아 데이 란치가 저마다 빛을 내는 시뇨리아 광장에 없는, 영적(靈的)인 힘이 하염없이 흘러가는 시간을 붙들고 있다.

2015년 9월 9일. 나는 산타 크로체 성당 앞에 멈추었다. 시인 단테의 조각상이 광장을 내려다보고 있었다. 「신곡」의 작가, 베키오 다리에서 마주친 소녀 베아트리체를 평생 사랑한 남자. 그의 무덤은 라벤나에 있다. 광장에는 태양빛이 불화살처럼 쏟아져 내렸다. 한 걸음 내딛는 순간, 불꽃 하나가 나의 뇌수를 꿰뚫고 지나갔다. 셰익스피어가 1608년 「리어 왕」에 쓴 '축구선수 같은 놈'의 의미가, 계시처럼 선명해지는 순간이 있었다. 피렌체의 뜨거운 축구가 총천연색 영화처럼 눈앞에 펼쳐졌다.

공은 인간을 매혹한다. 문명의 새벽부터 '둥근(round)' 물체는 인간을 사로잡았다. 인간은 해와 달을 바라보며 우주를 살폈고 그들이 원을 그리며 운동한다는 사실도 알게 되었다. 하늘의 운동은 종교와 철학을 거쳐 과학으로 진화했다. 그리고 '완벽한 동그라미'일 공은 가장 경쟁적인 운동 경기의 핵심에 자리 잡았다. 하나 축구의 신은 젊은 심장을 요구한다. 아브라함에게 그 아들 이사악을 제물로 바치라는 절대자처럼 냉혹하다.

멕시코의 고대 유적지 치첸이트사에는 '신의 경기장'이 있다. 경기장 벽을 장식한 조각 일부는 인간을 제물로 바친 의식을 표현한다. 희생된 선수의 몸에서 솟구친 피가 뱀 일곱 마리에게 나누어지고 있다. 각 팀의 주장으로 보이는 선수 사이에 선 집행자가 사람의 머리를 들고 있는 모습도 보인다. 진 팀의 주장이 목숨을 바쳤을 테지만 이긴 팀 선수 모두가 제물이 되었을 가능성도 있다. 고대 그리스의 올림픽이 그랬듯, 경기는 신을 위한 제의(祭儀)였으므로.

「리어 왕」의 축구는 해마다 산타 크로체 광장을 땀과 눈물로 적셨을 칼치오 피오렌티노, 그 피의 잔치였을 수밖에 없다. 한편으로 위대하고 한편으로는 한없이 비루하며, 온몸을 던져 넣되 앞뒤 가리지 않는 야만을 간직한 원초적 행위. 셰익스피어가 칼치오 피오렌티노의 무엇을 보고 「리어 왕」의 대사를 썼는지 알 수 없다. 성속(聖俗)을 어찌 구분하랴. 그 날 나는 광장의 포석 위에 이글이글거리는 한낮의 열기, 그 황홀한 백일몽에 정신을 빼앗겼다.[15]

---

15 중앙선데이 2025.09.27.

Olympia I

마라톤

신은 인간을 창조할 때 큰 기대를 한 것 같지 않다. 흙부스러기나 돌멩이, 나뭇가지 등 흔한 재료를 사용해 만들었다. 그리스 신화 속의 프로메테우스는 흙으로 인간을 빚었다. 대홍수로 인간이 멸종하자 이번엔 돌을 등 뒤로 던져 신인류를 만들었다. 성경 속 하느님이나 중국 신화 속의 여와도 흙을 사용했다.

과학은 더 냉정하다. 인간은 원숭이의 후손이라는 것이다. 원숭이가 인간이 되려면 나무에서 내려와야 했다. 땅에 발을 디딘 원숭이는 어떤 행동을 했을까? 고 이어령 선생은 '브로드-캐스팅'이었다고 했다. '멀리(Broad) 던지기(Casting)', 호신술로 짱돌을 집어 던졌다는 것이다. 신박하지만 과학적으론 검증하기 어렵다. 나무에 매달려 지내는 원숭이의 팔은 당기는 근육이 발달했다. 던지기는 익숙하지 않다. 유도 선수는 역도 선수보다 멀리 던지기 어렵다.

인간의 싸움 실력은 형편없다. 종합격투기 선수도 사자나 하이에나에겐 한입거리다. 나무에서는 내려왔는데 던지기는 서툴고, 살아날 방법은? 줄행랑뿐이다. 최초의 인간은 달리기 선수였으리라. 그렇기에 고대 세계에서 잘 달리는 능력은 신성(神性)을 내포했다. 호메로스가 트로이 전쟁을 소재로 읊은 서사시 『일리아스』의 주인공, 신과 인간 사이에 태어난 아킬레우스도 스프린터였다. 그는 최강의 전사다. 창을 휘두르며 지나가면 시체가 산처럼 쌓이고 피가 내를 이룬다. 그런데 호메로스는 그를 '싸움짱'이 아니라 '발이 빠른' 영웅으로 표현했다.

아킬레우스가 죽인 수많은 영웅 가운데 가장 큰 인물이 트로이의 왕자 헥토르다. 둘도 없는 친구 파트로클로스를 죽인 원수다. 헥토르는 잘 싸우다가 마지막 순간 두려움에 빠져 도망치다 붙들려 죽는다. 호메로스는 이렇게 읊었다. "헥토르가 성벽 밑에서 달아나자 발이 빠른 아킬레우스는 그의 뒤를 쫓았다. 독수리가 달아나는 비둘기를 덮치려 하듯. 이 달리기엔 말 잘 타는 장수 헥토르의 생명이 걸려 있었다. 두 장수는 트로이 성의 주변을 세 바퀴나 돌았다."

아킬레우스는 개선하여 파트로클로스의 장례를 거행한 뒤 잔치를 연다. 그 잔치란 달리기, 마차경주, 레슬링, 권투, 창던지기, 검술, 포환던지기, 활쏘기 같은 운동 경기다. 아킬레우스가 연 운동 대회는 단순한 유희가 아니라 신들에게 바친 제사다. 젊은 사나이들의 잘 발달한 신체는 신들을 기쁘게 할 제물이었다. 올림픽을 제전(祭典)이라고 일컫는 이유도 신들을 위한 잔치이기 때문이다.

고대올림픽은 올림피아에 신전을 둔 올림푸스의 주신 제우스에게 바치는 제전이었다. 기원전 776년에서 서기 393년 사이에 4년마다 개최되어 제293회까지 계속되었다고 본다. 초기에는 경기장 끝에서 끝까지 달리는 스타디온(Stadion) 경기만 열렸다. 스타디온은 거리의 단위다. 200m에 채 못 미친다. 스타디온 경기가 열리는 장소도 스타디온이라고 했다. 라틴어로는 스타디움(Stadium)이다.

올림픽에는 남자만 참가했다. 여자는 구경도 할 수 없었다. 몰래 보다가 발각되면 죽음을 면치 못했다. 선수들은 알몸으로 달렸다. 덜렁덜렁…. 기원전 724년 제14회 대회부터 경기장을 왕복하는 경주가 추가됐다. 기원전 708년 제18회 대회부터 레슬링과 5종경기(멀리뛰기·창던지기·단거리경주·원반던지기·레슬링) 등 종목이 점차 늘어 전성기에는 13종목에 이르렀다. 그래도 달리기는 가장 중요한 경기로 꼽혔다.

마케도니아의 정복왕 알렉산드로스도 발이 빠른 사나이였다. 그는 자신이 아킬레우스의 직계 후손이라고 믿었다. 누군가 달리기 경주에서 일부러 자신에게 져주자 엄청난 모욕으로 받아들였다. 알렉산드로스는 이 일을 계기로 달리기를 그만두었지만 운동과 경기의 정치·사회적 기능에 대한 통찰은 남달랐다. 한번은 올림피아 대회에 참가해 달라는 초청을 받자 이렇게 대답했다. “나와 겨룰 만한 왕이 나온다면 참가하겠다.”

알렉산드로스와 겨룰 만한 왕은 나오지 않았다. 하지만 이집트의 람세스 2세는 경쟁자가 없어도 달려야 했다. 무려 66년 동안 이집트를 지배한 그는 대관식에 앞서 파라오가 될 자격을 입증하기 위해 150m 길이의 트랙을 날듯이 달렸다. 잘 달리기 위하여 강장제를 마시고 신성한 음식을 먹었다고 한다. 약물검사를 했다면 통과할 수 없었을 것이다. 그는 30년 뒤에도 통치자로서 능력을 유지하고 있음을 증명하기 위해 백성들 앞에서 같은 거리를 달렸다.

'빠르기'는 신성만을 암시하지 않았다. 속도는 고대 세계에서 매우 현실적인 문제였다. 특히 군사력을 평가하는 데 중요한 지표가 됐다. 고대 지중해 세계의 지배자 그리스와 그 뒤를 잇는 로마의 군사력은 보병이 중심이었다. 아테네와 스파르타의 보병들은 눈부신 스피드로 상대를 압도해 승리를 거두곤 했다. 마라톤 전투가 그랬다.

2004년에 아테네에서 올림픽이 열렸을 때, 필자는 중앙일보 올림픽 취재팀장을 맡아 후배들과 함께 현지에 파견되었다. 우리는 서울에서 그리스 신화를 외고 고대사를 공부했다. 아테네 행 비행기에서 한 후배가 말했다. "마라톤이 승전보를 전하고 기진해 죽은 전령을 기리는 경기라니 말이 안 돼요. 겨우 40㎞ 뛰고 죽는 전령이 어딨어요?" 우리는 모두 크게 웃었지만 아테네에 도착한 다음 생각을 바꿨다.

판아테나이코 스타디온은 1896년 첫 근대올림픽의 주경기장이다. 2004년 아테네올림픽이 열렸을 때는 마라톤 경기의 골인 지점이었다. 햇볕은 뜨겁고 공기는 건조했다. 조금만 걸어도 피부에 허옇게 소금 결정이 맺혔다. 마라톤 평원으로부터 아테네까지의 거리는 40㎞남짓. 9월 12일로 추정되는 전투가 벌어진 그 날 한낮의 대지를 달렸다면 탈수증이나 일사병에 걸려 목숨을 잃었을 수 있다.

마라톤은 아테네 북동쪽에 있다. 기원전 490년에 페르시아군 2만

5000명이 이곳에 상륙했다. 아테네에서는 밀티아데스가 지휘하는 보병 1만 명을 보냈다. 밀티아데스는 높은 지대에 진을 친 다음 선제 공격으로 승부를 걸었다. 아테네군은 언덕에서 내려가는 탄력을 이용해 보통 때보다 두 배 빠른 속도로 진격했다. 마지막엔 스프린터처럼 달렸다. 아테네군은 192명의 전사자만 내고 페르시아군 6400명을 살상했다. 이 역사적인 전투를 통하여 인간 한계에 도전하는 달리기, 마라톤 경기의 기원과 관련한 전설이 시작된다. 승전보를 전하려 아테네까지 쉼 없이 달린 전령 필리피데스(또는 페이디피데스)를 기리고자 마라톤이 시작되었다는 이야기다. 그러나 필리피데스가 마라톤에서 아테네로 돌아온 경로를 설명한 고대 문헌은 찾기 어렵다. 전령들은 훈련된 병사였을 것이다. 40㎞ 정도 달리고 죽을 만큼 약하지 않았다. 역사는 마라톤에서 승리를 거둔 밀티아데스의 보병이 해상을 통한 페르시아군의 공격에 대비해 33㎏나 되는 군장을 지고 3시간을 달려 아테네로 복귀했다고 전한다. 한 명도 죽지 않고.

필리피데스가 승전보를 전하고 죽었다는 이야기와 흡사한 고사(故事)는 페르시아 전쟁이 끝난 지 500년 뒤 플루타르크의 「윤리론」에 등장한다. 현재의 마라톤 기원설과 흡사한 이야기는 2세기쯤 루키아노스가 썼다. 전쟁이 끝난 지 600년이나 지난 뒤다. 미국의 아테네 고전언구학회 이사였던 고고학자 세임스 버리는 루키아노스가 쓴 『진실된 역사』는 역사적 가치가 없다고 단언했다.

피에르 쿠베르탱의 회고에 따르면, 그리스 역사에 심취한 프랑스

소르본 대학의 미셸 브레알 교수가 1894년 쿠베르탱에게 마라톤 경기를 올림픽 종목으로 제안하였다. 브레알 교수는 마라톤에 '꽂힌' 사람이었다. 쿠베르탱은 소극적이었지만, 브레알은 자기가 우승컵을 기증하겠다며 열성을 보였다. 올림픽 마라톤의 첫 우승자인 그리스 목동 스피리돈 루이스가 받은 이 컵을 '브레알 컵'이라고 한다. 마라톤은 브레알의 노력으로 올림픽 종목이 되었다. 그러니 마라톤 경기의 탄생지는 옛 그리스의 전쟁터가 아니라 프랑스 파리인 셈이다.[1]

---

1 중앙선데이 2024.06.01.

에펠탑과 인간 동물원

파리는 강과 다리의 도시다. 센 강이 파리를 상징하는 힘은 로마의 테베레 강이나 피렌체의 아르노 강을 압도한다. 강은 파리의 일부가 되어 제 흐름을 지킨다. 그리고 다리들이 그 위에 엎드려 인간의 걸음에 등을 맡긴다. 삶이 희극이든 비극이든, 센 강도 다리들도 개입하지 않는다. 희극일 땐 희극의 일부가 되고 비극일 땐 비극의 일부가 된다. 그래서 수많은 소설과 영화가 센 강에 걸린 다리 위에서 시작되거나 끝난다.

소설 『개선문』의 주인공 라비크는 알마 다리에서 조앙 마두를 만난다. 영화 '파리에서의 마지막 탱고'에서 주인공들은 비라켕 다리에서 처음 만난다. '미드나잇 인 파리'는 알렉상드르 3세 다리에서 시작하는 새 사랑의 예고로 막을 내린다. '퐁네프의 연인들'은 노숙하는 남자와 시력을 잃어가는 여인의 사랑을 그렸다. 아폴리네르는 노래했다. '미라보 다리 아래 센 강이 흐르고 우리의 사랑도 흐른다.'(「미라보 다리」)

하지만 당신이 파리를 떠날 때, 냉장고에 붙일 마그네틱을 구입한다면 거기엔 강물도 다리도 없을지 모른다. 우리는 추억을 기념하지 않으니까. 아마도 당신은 에펠탑이 들어간 그림엽서와 열쇠고리를 선택할 것이다. 수전 스튜어트는 『갈망에 대하여』에서 기념품을 '노스탤지어, 즉 기원을 향한 갈망을 보여주는 대표적인 사물'로 규정한다. 그가 보기에 에펠탑 모형 같은 기념품은 "노스탤지어라는 충족될 길 없는 욕구에서 비롯되는 물건"이다.

에펠탑은 알렉상드르 귀스타브 에펠이 설계했다. 그의 작품은 파리 시민들의 환영을 받지 못했다. 소설가 기 드 모파상도 에펠탑을 혐오했다. 그는 파리에서 유일하게 에펠탑이 보이지 않는 곳, 탑의 2층에 있는 식당에서 점심을 먹었다. 악마의 표식이라던 이 흉물은 파리 풍경의 디폴트였고, 결국은 아이콘이 되었다. 이런 현상을 '에펠탑 효과'라고 한다.

파리는 1899년 만국박람회를 기념하기 위해 에펠탑을 세웠다. 파리는 1855년부터 1937년 사이에 모두 8차례 박람회를 연다. 에펠탑이 기념한 박람회는 4번째다. '벨 에포크'의 한복판, 광대한 해외 식민지를 보유한 프랑스의 전성기다. 제국주의·오리엔탈리즘·인종차별이 박람회를 지배했다. 파리는 에펠탑 가까운 곳에 흑인과 카나크 족의 마을을 지었다. 흑인 마을엔 세네갈과 가봉 출신 아프리카인, 카나크 족의 마을엔 뉴헤브리디스 제도 등 남태평양 식민지의 주민을 전시했다. 1900년 박람회에도 '인간 동물원(Human Zoo)'은 빠지지 않았다. 남미, 아시아의 인종, 풍물관까지 등장한다.

파리박람회의 유산은 우리에게도 상흔을 남긴다. 유럽의 문물이라면 뭐든 흉내 낸 제국주의 일본은 1907년 3월 20일부터 7월 31일까지 도쿄에서 박람회를 열었다. 이때 '학술인류관'이라는 공간에 조선인을 전시했다. 4년 전 오사카박람회에서 조선 여성 두 명을 구경거리로 내돌린 일본은 이번에도 상투를 튼 남성과 치마저고리를 입은 여성을 전시했다. 조선은 분개했다. "예전에 우리가 아프리카 토인종을 불쌍히 여겼더니 오늘에 이르러서는 어찌 그들이 우리를 더욱 불쌍히 여기게 될 줄 알았으리오."(대한매일신보 1907년 6월 21일자)

파리올림픽은 파리가 주최한 5번째 박람회의 여러 행사 가운데 하나다. 벨로드롬 드 뱅센을 주경기장 삼아 24개국 선수 997명이 참가해 19개 종목 95개 경기를 했다. 대회 기간은 5개월이 넘었다.(1900년 5월 14일~10월 28일) 난장 같은 이 행사가 올림픽임을 아는 시민은 거의 없었다. 올림픽이라고 부르지도 않았다. 국제올림픽위원회(IOC)는 대회 운영권을 만국박람회 조직위원회에 넘겼다. 만국박람회 공식보고서는 '국제 체육 및 스포츠 대회'라고 기록했다. 피에르 쿠베르탱은 "올림픽이 살아남은 것이 기적"이라고 했다. 처량한 고백이다.

파리올림픽은 종목에 따라 경기력 차이가 컸다. 10개국 이상 참가한 종목은 육상·수영·펜싱 뿐이었다. 대학 선수가 주축을 이룬 미국의 육상은 강했다. 테니스엔 윔블던 챔피언들이 참가했다. 수영과 펜싱의 경기 수준도 높았다. 나머지 종목의 경기력은 낮았다. 축구가 올림픽 무대에 데뷔했고, 줄다리기도 정식종목으로 채택되었다.

이 대회의 수퍼스타는 육상 4관왕 앨빈 크렌즐린(미국)이다. 크렌즐린은 60m(1904년 올림픽부터 제외)와 110m 허들, 200m 허들, 멀리뛰기에서 우승했다. 그의 위업은 1936년 제시 오언스(미국)가 재현한다. 오언스는 베를린올림픽에서 100m, 200m, 400m계주, 멀리뛰기 등 4종목 금메달을 따냈다.

파리올림픽은 여성이 처음으로 참가한 대회다. 4년 전 아테네대회에는 여성 참가자가 없었다. 영국의 샬럿 쿠퍼는 1900년 7월 11일에 열린 테니스 여자단식 결승에서 프랑스의 이본 프리보를 2-0(6-1, 6-4)으로 물리쳤다. 올림픽 역사상 첫 여성 챔피언의 탄생이다. 쿠퍼는 혼합복식에서도 우승, 최초의 여성 2관왕이라는 기록도 남겼다. 윔블던에서 다섯 번 우승한 쿠퍼는 당시 여성 선수로는 드물게 오버헤드 서비스를 구사했고, 공격적인 경기를 했다.

쿠퍼는 1988년 서울올림픽의 히로인 슈테피 그라프를 연상시킨다. 그라프는 그랜드 슬램 대회(호주 오픈, 프랑스 오픈, 윔블던, US 오픈)와 올림픽을 모두 제패해 '골든 슬램'을 달성했다. 쿠퍼가 놀라운 점은 26살 때 청력을 잃었다는 사실이다. 국제 테니스 명예의 전당은 다음과 같이 기록했다. '쿠퍼는 첫 우승을 빼고는 모두 청각에 의지하지 않고 우승했다. 상대 선수의 샷을 읽어낼 수 있는 가장 강력한 수단을 포기한 채.'

쿠퍼의 우승을 쿠베르탱은 어떤 기분으로 지켜보았을까. 쿠베르탱은 여성의 올림픽 참가를 반대했다. 그에게 스포츠는 남성의 일이었다. 여성은 신체적으로나 정신적으로 열등한 인종이었다. 쿠베르탱은 1912년에 발표한 '올림픽 경기에서의 여성들'에서 여성의 참여를 '터무니없다'고 표현했다. 1920년 안트베르펜올림픽이 열렸을 때는 여성을 올림픽에서 영원히 추방하자고 제안했다. 1925년 프라하에서 개최된 올림픽 총회의 개막 연설에서는 "여성의 올림픽 참가는 불법"이라고 주장했다.

1931년에도 여성이 스포츠에 참여할 권리를 취소해야 한다고 주장한 쿠베르탱은 1934년 스위스 로잔에서 개최된 근대올림픽 40주년 기념식에서 한 술 더 떴다. "여성 운동선수를 가까이 하는 것은 남성에게 이로울 것이 없다". 1935년 라디오 스위스 방송에 출연해서는 "올림픽에서 여성이 할 일은 남성 우승자에게 월계관을 씌워주는 것"이라고 했다. 그에게 여성은 승리자를 위한 전리품에 불과했다.

쿠베르탱이 어떻게 생각하고 어떻게 말했든, 여성은 올림픽의 주인공이 되었다. 여성 선수가 한 명도 없었던 아테네대회와 달리 파리올림픽에는 22명이 참가했다. 24년 뒤 파리가 다시 한 번 올림픽을 주최할 때는 처음으로 100명을 넘었다(135명). 2000년 시드니올림픽에는 4069명, 가장 최근인 2020년 도쿄올림픽에는 5457명이 참가하였다. 지금까지 여성 올림픽 참가자 수가 남성보다 많았던 적은 없다. 언젠가는 그런 날이 올 것이다.

쿠베르탱은 왜 여성의 올림픽 참가를 반대했을까. 고대 그리스의 역사와 문화에 심취한 결과라는 주장이 있다. 고대 올림픽은 남성들의 제전이었다. 쿠베르탱은 올림픽의 영구 개최를 원하는 그리스의 뜻을 꺾고 개최권을 파리로 가져갔다. 그는 파리에 올림피아를 건설하기를 원했다. 그리스의 유적지에 흩어진 조각 작품과 경기 시설을 파리에 복원하자고 호소했다.

그러나 파리박람회를 총괄한 알프레드 피카르는 생각이 달랐다. 시대의 첨단을 걷는 세계적인 전시회에서 옛 스포츠 대회를 개최할 수는 없었다. 시대에 뒤떨어지고 우스꽝스러운 짓이었다. 그래서 쿠베르탱의 주장을 귀담아 듣지 않았다. 쿠베르탱의 꿈은 36년 뒤 베를린에서 조금 다른 모습으로 현실이 된다.[2]

---

2 중앙선데이 2024.06.15.

불의 전차

예레바탄 사라이는 튀르키예의 이스탄불, 아야 소피아 남서쪽에 있다. 로마 시대의 지하 저수지다. 넓이 9800㎡, 대리석 기둥 336개가 떠받친 구조가 마치 궁전 같다. 관광객들은 북서쪽 기둥받침 두 곳 앞에 서서 사진을 찍는다. 1885년 보수공사를 할 때 발견됐다는 메두사의 머리다. 하나는 거꾸로, 또 하나는 옆으로 누웠다. 메두사는 왜 로마의 지하 저수지에 처박혔을까.

예레바탄 사라이는 콘스탄티누스 황제 때 공사를 시작해 유스티니아누스 1세 때 다 지었다. 로마의 기독교가 들불처럼 타오를 때다. 콘스탄티누스는 312년 내전에서 막센티우스와 싸울 때 태양 위에 떠오른 십자가를 보았다. 거기 '십자가의 깃발로 싸우라'고 쓰였다고 한다. 그는 그리스도를 상징하는 X와 P를 새긴 깃발을 들고 싸워 세 배나 많은 적을 무찔렀다. 그는 이듬해 밀라노 칙령을 선포해 종교의 자유를 보장했다. 기독교 박해의 시대는 끝났다.

콘스탄티누스 이후 로마 황제들은 모두 '나 외에 신은 없다'는 하느님을 믿었다. 이런 황제가 지배하는 나라에서 온갖 신들을 다 모시는 이교도의 제전이 폐지된 것은 이상한 일이 아니다. 393년, 테오도시우스 황제가 폐지를 명하는 칙령을 선포함으로써 고대올림픽은 이듬해 열린 제 293회 대회를 마지막으로 종막을 고했다.

유럽의 역사를 떠받치는 두 기둥은 희랍 정신과 기독교 정신이다. 유럽의 지성은 그리스 로마 고전의 유산이다. 유럽 철학은 소크라테스와 플라톤이 그어 놓은 금 밖으로 나가기 어렵다. '신은 죽었다'는 니체의 선언은 살아 숨 쉬는 신의 존재를 역설적으로 예언한다. 예레바탄 사라이에 처박힌 메두사의 머리는 기독교가 봉인한 희랍 정신이 아닐까. 희랍 정신은 르네상스를 맞을 때까지 기나긴 잠 속에 빠져들었다.

고대올림픽은 신이 부여한 육체의 아름다움을 봉헌하는 제전이었다. 육신의 쾌락을 죄악으로 치부한 중세는 스포츠의 암흑기이다. 스포츠의 영역에서 르네상스는 근대의 개막을 기다려야 했다. 1896년 올림픽의 부활은 뒤늦게 맞은 육체의 르네상스일 것이다. 피에르 쿠베르탱은 스포츠의 레오나르도 다 빈치 아니면 미켈란젤로 부오나로티다. 그는 1924년 파리에서 다시 한 번 올림픽을 개최한다. 국제올림픽위원회(IOC) 위원장으로서 개최한 마지막 올림픽이다.

이번 올림픽은 난장과도 같았던 24년 전과 근본적으로 달랐다. 각국 스포츠 단체들은 올림픽에 진심이었다. 참가국들은 최고의 선수를 선발해 파견했다. 스타드 올랭피크 이브 뒤 마누아르 경기장에서는 관중 1만9052명이 올림픽 역사상 첫 개막식을 지켜봤다. 파리는 선수촌, 라디오 생중계, 현대 올림픽과 흡사한 폐막식 등 최초의 기록을 잇달아 써 내려갔다.

니체는 『비극의 탄생』에서 올림푸스의 신에 빗대 예술을 두 가지로 분류했다. 아폴론은 단정하고 엄격한 형식미, 디오니소스는 열정적이고 역동적인 창조성을 암시한다. 올림픽은 디오니소스적 제전이다. 테오도시우스는 다시 태어나도 올림픽을 폐지했을 것이다. 그러나 디오니소스의 제전 한가운데 신의 소명에 복무한 사나이가 있다. 에릭 헨리 리델, 영국인이다.

리델은 1902년 중국 샤오창에서 선교사 부부의 둘째 아들로 태어났다. 6세 때 영국으로 돌아간 뒤 엘탐 칼리지에 입학했다. 이곳에서 뛰어난 운동 실력을 발휘했고, 특히 육상에서 두각을 나타냈다. 1920년 에든버러대학에 입학한 뒤 영국에서 열린 여러 대회를 휩쓴다. 그는 영국에서 가장 빠른 사나이였다. 영국 국민들은 리델이 파리올림픽 100m에서 우승하리라고 확신했다. 그러나 하느님에겐 다른 계획이 있었다.

1924년 1월, 올림픽 경기 일정이 발표됐다. 100m 예선은 7월 6일, 결선은 13일에 열렸다. 모두 일요일이었다. 기독교도들에겐 하느님의 날, 곧 주일이다. 리델은 주일성수(主日聖守)를 선언한다. 경기 출전을 포기한 것이다. 여론이 들끓었다. 비난과 애원이 이어졌다. 훗날 에드워드 8세가 되는 웨일즈 왕자까지 친서를 보냈다. 리델은 요지부동이었다.

결국 리델 대신 해롤드 아브람스가 100m 경기에 나가 금메달을 따냈다. 리델은 7월 9일에 열린 200m 결선에서 21초9의 기록으로 동메달을 목에 걸었다. 이틀 뒤엔 400m 결선에 나간다. 그의 주종목이 아니었다. 아무도 그의 우승을 기대하지 않았다. 리델은 출발 신호가 울리자 총알처럼 치고 나갔다. 200m도 300m도 같은 속도로 달렸다. 47초6, 세계 신기록이었다. 그는 이렇게 말했다.

"처음 200m는 제 힘으로, 나머지 200m는 주님의 도우심으로 달렸습니다."

파리올림픽이 끝나고 일주일 뒤 리델은 에든버러대학을 졸업한다. 졸업 후 계획을 묻자 "중국에 가서 복음을 전하겠다"고 했다. 1925년 영국을 떠날 때 그의 나이 23세. 톈진에서 12년, 산둥반도에서 7년 동안 선교사로 일했다. 중일전쟁이 터진 다음 일본군이 웨이팡에 설치한 수용소에 갇혀 있다가 1945년 2월 21일 뇌출혈로 사망했다.

리델은 영국인의 가슴에 꺼지지 않는 불꽃으로 남았다. 불꽃은 두 차례 빛을 냈다. 1981년, 휴 허드슨이 영화 '불의 전차(Chariot of Fire)'를 제작했다. 조금 각색됐지만 에릭 리델과 해롤드 아브람스의 이야기다. 영화는 1982년 아카데미영화제 작품상·각본상·음악상·의상상을 휩쓸었다. 2012년 7월 28일 런던올림픽 개막식에서 사이먼 래틀은 런던심포니를 지휘해 반젤리스가 작곡한 '불의 전차'의 테마를 연주했다. '미스터 빈' 로완 앳킨슨이 키보드 연주자로 등장한다.

리델이 트랙의 제왕이었다면 조니 와이즈뮬러는 수중의 황제였다. 와이즈뮬러는 1904년 지금의 루마니아 티미쇼아라 근처에서 태어나 3세 때 부모를 따라 미국으로 이주하였다. 가정형편은 어려웠고, 그래선지 9살 무렵 영양실조와 소아마비를 앓기 시작했다. 의사는 소아마비 치료를 위해 수영을 권했다. 와이즈뮬러는 수영에 열중했다. 수영 코치 윌리엄 바크하치가 그의 재능을 발견하면서 와이즈뮬러의 인생은 새로운 국면을 맞았다. 그의 수영 실력은 일취월장, 1922년 미국 국가대표로 선발되었다.

와이즈뮬러는 파리올림픽에서 자유형 100m, 400m, 800m 계영 금메달을 따냈다. 수구 경기에도 출전해 동메달을 보탰다. 4년 뒤 암스테르담올림픽에서도 자유형 100m와 800m 계영에서 우승했다. 그의 몸값이 치솟았다. 광고업자들이 주변에 들끓었다. 영화계도 잘생긴 얼굴과 늘씬한 체격에 주목했다. 와이즈뮬러는 1929년 영화계에 발을 들였고, 3년 뒤 대박을 터뜨린다. 1932년 밴 다이크가 연출한 '유인원 타잔'이다. 그의 이름은 올림픽 5관왕이 아니라 타잔으로 기억에 남았다. 돈도 많이 모았지만 얼굴값을 하느라 다섯 번 결혼과 이혼을 반복했다. 멕시코의 휴양지 아카풀코에서 79세의 나이로 세상을 떠났다.

파리올림픽에서 스토리를 떼어내고 경기력만 본다면 파보 누르미보다 위대한 선수는 없다. 누르미는 1920년 안트베르펜부터 1928년 암스테르담까지 세 차례 올림픽에서 금메달 9개를 목에 걸었다. 파리에서만 1500m, 5000m, 3000m 단체, 크로스컨트리 1만m 개인·단체 등 5종목에서 우승했다. 1924년은 누르미의 전성기였다. 주일이든 아니든 상관없었던 북구의 사나이는 최고 45°C나 되는 무더위도 아랑곳하지 않았다. 7월 10일 1500m에서 올림픽기록(3분53초6)으로 우승한 누르미는 1시간 30분 뒤 5000m에 출전했다. 이번에도 올림픽기록(14분31초2)으로 우승했다. 그는 말했다.

“정신이 모든 것을 결정한다. 근육은 단지 고무덩어리와 같다. 나의 정신력 때문에 오늘의 내가 있다.”

누르미는 ‘핀란드의 손기정’과 같다. 핀란드는 ‘핀 족(族)의 나라’다. 민족도 언어도 주변 국가와 다르다. 러시아의 지배를 받던 핀란드는 1917년 러시아혁명을 틈타 독립했다. 신생 핀란드 국민의 마음을 한 데 모으는 존재, 그가 바로 누르미였다. 누르미는 핀란드 민족주의의 상징이 됐다. 유럽의 통화가 유로화로 통합되기 전까지 핀란드의 10마르카 지폐에는 누르미의 모습이 인쇄됐다. 그의 별명은 ‘나는 핀란드인(Flying Finn)’이다.[3]

---

3 중앙선데이 2024.06.29.

개막식과 프로파간다

올림픽이 메가 이벤트라는 점에서, 그리고 국가의 이상과 야망을 투영한다는 점에서 1936년 베를린올림픽 만한 본보기는 없다. 스포츠에서 메가 이벤트란 대체로 규모 면에서 100만 명 이상이 참가하는 국제대회를 뜻한다. 단기간 개최되지만 사회적, 경제적 효과는 오래 간다. 바이마르공화국 시절인 1931년에 유치한 올림픽을 5년 뒤 아돌프 히틀러의 제3제국이 개최한다. 베를린에는 '프로파간다의 귀재' 요제프 괴벨스, 1934년 나치당의 뉘른베르크 전당대회 기록영화인 '의지의 승리'를 제작한 레니 리펜슈탈, 스포츠 이벤트의 대가 칼 딤이 있었다. 올림픽은 거대한 선전무대였다. 나치는 기회를 놓치지 않았다.

1936년 8월 1일, 올림피아슈타디온의 본부석 오른편 스탠드 위에서 흰 연기가 피어오르고, 흰 운동복을 입은 청년이 등장한다. 청년은 스탠드를 내려가 본부석 앞을 지난다. 히틀러가 굽어본다. 청년은 반대편 스탠드로 쉼 없이 달려 올라간다. 마침내 거대한 원반을 얹은 세발 받침대 앞에 멈추어, 성화봉을 번쩍 치켜든다. 프리츠 실겐. 1906년 크론베르크에서 태어나 올림픽이 열릴 때는 서른 살이었다. 그가 최종주자로 선택된 이유는 간단하다. 베를린올림픽 기록영화 '올림피아'를 감독한 리펜슈탈은 '독일적인 이상에 걸맞은 신체였다'라고 표현했다.

신체의 완벽한 아름다움은 신성(神性)을 드러내며, 아리안 족이 고양해야 할 가치였다. '올림피아'는 나치의 이상을 구현했다. 도입부에서 그리스 신전의 폐허와 흩어진 신들, 균형이 완벽한 원반던지기 선수의 조각상이 차례로 등장한다. 원반 던지는 선수의 조각이 건장한 남성의 움직임으로 바뀌면서 젊은 여성들의 군무(群舞)가 화면을 메운다. 거의 알몸이다. 창과 포환을 던지는 남성은 미켈란젤로의 조각 「다비드」와 같다. 프리드리히 니체가 『도덕의 계보』에서 말한 '금발의 야수'들이다. 니체는 '소름 끼치는 살인·방화·능욕·고문을 해치우고 의기양양하게 돌아오는 즐거움에 찬 괴물'이라고 썼다. 여성들은 풍만하고도 유연하다.

나치는 올림픽 사상 처음으로 그리스에서 개최지까지 성화를 봉송했다. 알려지기로는 칼 딤의 기획이다. 이후 성화 봉송은 올림픽의 전통이자 개막식의 하이라이트가 된다. 올림피아의 신전에서 얻은 불씨는 그리스의 정신, 유럽 문화의 정수(精髓)다. 그것이 제3제국의 수도 한복판에서 맹렬히 타오른다. 이제 독일은 제1차 세계대전의 패배를 딛고 일어서 유럽의 중심에 우뚝 섰다. 이 사실을 널리 알리고자 나치는 역사상 처음으로 올림픽을 텔레비전으로 중계하고 영화로 기록했다. 28년 뒤 열린 도쿄올림픽의 개막식은 베를린올림픽의 복제품이다.

1964년 10월 10일. 도쿄올림픽경기장에 성화가 도착한다. 마지막 주자는 '원자폭탄의 아이' 사카이 요시노리다. 그는 1945년 8월 6일 히로시마에 원자폭탄이 투하되고 1시간 반 뒤에 태어났다. 메시지는 선명하다. "우리는 비인간적인 원자탄 폭격의 희생자다. 그러나 살아남아 다시 일어섰다!" 이치가와 곤이 개막식을 기록했다. 영화 '도쿄 올림피아드'. 전쟁범죄자인 일왕 히로히토가 박수를 친다. 피가 거꾸로 솟구치는 장면이다. 그러나 일본인의 심장은 다른 방식으로 뛰었다.

소설가 이시카와 다쓰조는 "제2차 세계대전의 참가국들이 그 당시의 원한과 증오를 잊고, 각자의 국기를 들고 아름다운 유니폼을 입고 질서정연하게 입장식에 참렬한 것"에 감동한다. 그리고 "잿더미로 변한 도쿄, 오사카, 요코하마. …패전 후의 혼란과, 완전히 자신감을 상실했던 당시의 일본의 모습, …그 당시의 일본과, 이 성대한 의식을 개최하고 있는 일본이 같은 민족의 모습으로는 믿어지지 않는다."라고 덧붙인다. 화려한 개막식을 치러내는 일본의 국력을 자랑스러워하며 그와 극명한 대조를 이루는, 약 20년 전의 황폐했던 일본을 떠올리게 된 것이다.(김옥희, 『일본의 문학자들이 기록한 1964년 도쿄올림픽』)

베를린올림픽은 올림픽을 정치선전의 도구로 전락시켰다는 비난을 받는다. 도쿄올림픽은 전범국 일본의 '셀프사면 쇼'였다. 그러나 올림픽을 개최한 도시치고 베를린과 도쿄를 비판할 수 있는 곳은 없다. 올림픽은 정치적이다. 아니, 올림픽은 정치이다. 정치, 경제, 민족주의, 패권주의의 뒤범벅이며 욕망이 격돌하는 전장이다. 올림픽은 선언하고 웅변한다. 메시지는 화려한 개막행사에 집약된다. 1988년 서울올림픽은 한국전쟁의 폐허를 딛고 일어서 근대화를 완수했다는 '중진국'의 선언이기 이전에 군사독재 정권의 마지막 노래였다. 20년 뒤 열리는 베이징올림픽은 아편전쟁 이후 짓밟힌 '중화'의 자존심을 곧추세웠다. 개막식의 메시지는 무시무시했다. '너희가 가진 모든 것은 원래 내 것이다.'

무섭기로 따지면 2002년 솔트레이크시티동계올림픽 개막식을 빼놓을 수 없다. 2월 8일, 각국 선수단이 모두 입장한 라이스-에클스 스타디움에 찢어진 성조기가 등장한다. 소방관과 경찰 8명이 맞든 성조기는 뉴욕 세계무역센터에 걸려 있다가 9·11테러 때 훼손된 것이다. 국제올림픽위원회(IOC)가 반대한 행사지만 조직위는 '9·11테러로 상처 입은 인류애의 회복'을 내세워 강행했다. 누가 곧이들었겠는가. 솔트레이크시티동계올림픽의 개막식은 선전포고와 다름없었다. 미국은 이듬해 이라크를 침공한다. 제2차 걸프 전쟁이다. 작전명은 '충격과 공포'였다.

우리에겐 고대올림픽에 대한 환상이 있다. '그리스의 도시국가들은 올림픽이 열리면 전쟁을 하다가도 중단했다. 승리자들은 명예를 누렸을 뿐 속된 보상은 바라지 않았다.' 하지만 '올림픽에 의한 평화'(Olympic Truce)는 고대에나 현대에나 진실과 무관하다. 90회 대회가 열린 기원전 420년 스파르타는 피르코스와 레프레옴에 파병했다. 벌금이 부과됐지만 스파르타는 무시했다. 근대올림픽 창설 이후 전쟁 때문에 대회를 열지 못한 경우가 세 차례나 된다. 1916년 베를린대회는 1차 대전, 1940년 도쿄와 1944년 런던대회는 2차 대전 때문에 취소되었다.

2024년에도 전쟁은 계속되고, 파리가 개최하는 세 번째 올림픽이 오는 26일 막을 올린다. 1900년 대회가 열릴 때는 제국주의 프랑스의 전성기였다. 식민지 주민을 전시한 '인간 동물원'이 시대의 타락과 벨 에포크의 종말을 예언했다. 24년 뒤 파리는 제1차 세계대전의 폐허 위에서 좋았던 시절을 추억했다. 그로부터 다시 100년. 개막행사는 센 강에서 열린다. 각국 선수단이 배로 6㎞를 항해하여 에펠탑 건너편 트로카데로 광장 쪽 강변에 도착한다는 시나리오다. 파리는 무엇을 말하려는가. 성화가 루브르박물관 앞 광장을 밝힐 때, 우리도 파리의 메시지를 깨달을 것이다. 궁금한 것은 그곳에 비칠 우리의 모습이다.

올림픽은 냉전의 터널을 통과해 오늘에 이르렀다. 2차 대전이 끝난 뒤 미국과 소련을 중심으로 갈라선 세계는 경기장을 전쟁터 삼았다. 어느 쪽이 더 나은 체제인가. 메달 숫자가 증명한다고 믿었다. 이 믿음의 양지에 스포츠 과학이, 음지에 약물과 협잡이 깃들였다. 한국은 자본주의 진영에 속하고도 스포츠 정책은 동유럽식 국가아마추어주의(State Amateurism)를 채택한 특별한 사례다. 정책은 병역특례, 연금, 국립체육대학과 같은 제도로 구체화되었다. 하나 냉전은 끝났고 경기장은 체제의 우열을 가리는 전장이 아니다.

올림픽은 변함없이 정치적이지만 경기장은 스포츠의 저변과 문화적 역량, 테크놀로지를 과시하는 무대가 되었다. 세계는 그렇게 올림픽을 누린다. 우리만 변함없다. 올림픽에 서식하는 개인, 그들의 내면을 지배하는 의식은 그대로다. 국가대표 선수의 해병대 훈련과 '올림픽은 전쟁'이라는 야만의 언어도 냉전이라는 망령의 독백이다. 궁금하다. 우리의 냉전은 어느 곳에서 계속되는가. 냉전은 종교인가, 신기루인가. 또한 궁금하다. 우리는, 대한민국의 스포츠는 파리에 어울릴까.[4]

---

4 중앙선데이 2024.07.13.

황금보다 빛난 우정

축구 감독 조제 무리뉴가 스포츠 전문채널 TNT와 인터뷰했다. 장소는 영국 런던의 웸블리 구장. 유럽축구연맹의 챔피언스리그(UCL) 결승전이 열리는 곳이었다. 리오 퍼디낸드가 진행했다. 박지성의 맨체스터 유나이티드 동료다. 무리뉴는 터키 리그의 명문 페네르바체의 감독을 맡아 부임을 앞두고 인터뷰에 응했다. 인터뷰라기보다는 질문 스무 개를 듣고 빠르게 대답하는 스피드 퀴즈 같았다. 인터뷰 동영상은 지난 6월 13일에 공개됐다. 마지막 질문은 '역사상 최고의 스포츠맨은 누구냐'는 것이다. 무리뉴는 뜸을 들인다.

"어려운 질문이다. 대답이 불가능할 정도다. 스포츠뿐 아니라 여러 가지 다른 이유 때문인데, 그늘은 역사를 만들었고 그 역사는 지워질 수 없다. 나는 제시 오언스라고 말하고 싶다."

퍼디낸드는 '나 자신'이라는 대답을 원했을지 모른다. 무리뉴는 자신을 '스페셜 원'이라고 부르는 자기애 충만한 사나이니까. 그러나 뮤리뉴는 수많은 이유를 함축하고 거기에 신념을 투영했다. 정답에 가까운 훌륭한 답변이 아닐까. 오언스는 영원한 이름이다. 올림픽을, 특별히 베를린의 여름을 상징하는 인물로 우뚝하다. 스포츠와 올림픽은 역사를 담아내고 또한 드러내기에.

베를린올림픽은 현대 올림픽의 전형을 수립했다. 그러나 올림픽을 정치적으로 악용한 최초이자 최악의 사례로 남았다. 비판을 받는 또 하나의 이유는 인종차별이다. 미국과 영국, 프랑스, 스웨덴, 체코와 네덜란드에서 보이콧 여론이 비등했다. 나치는 눈속임으로 넘어갔다. 유대인 식별 표지를 철거하고 차별을 중단했다. 그러나 악행은 올림픽이 끝난 뒤 재개되었다. 대회 폐막 이틀 뒤 나치 장교 볼프강 퓌르스트너 대위가 조상이 유태인이라는 이유로 강제 퇴역했다. 선수촌 관리를 맡았던 사람이다. 그는 스스로 목숨을 끊었다.

인종주의가 베를린올림픽에 얼마나, 어떻게 악영향을 미쳤는지 계량하기 어렵다. 나치가 세계를 속인 결과다. 속임수는 영원할 수 없다. 베를린올림픽을 대회로서 역사에 남긴 선수들은 유색인종이었다. 가장 빠른 인간을 겨루는 경기, 그럼으로써 신을 찬양하는 단거리 경주와 멀리뛰기에서 금메달 네 개를 따낸 오언스는 흑인이었다. 야만에 대한 문명의 승리, 불굴의 유럽 정신을 표상하는 마라톤 우승자는 식민지 조선에서 온 청년 손기정이었다.

필자가 베를린 시 한스 브라운 거리에 있는 스포츠박물관에 갔을 때, 전시장 입구에 손기정의 사진이 걸려 있었다. 올림픽이 열렸을 때 주경기장으로 사용한 올림피아슈타디온은 내부의 한 층을 오언스에게 바치고 있다. '제시 오언스 라운지'다. 500명 이상을 수용하는 공간을 초콜릿색으로 장식했다. 오언스의 피부 빛이다. 베를린에는 오언스를 향한 애틋한 정서가 있다. 근원은 올림픽 역사에 남은 스포츠맨십과 인종·이념을 초월한 우정일 것이다.

1936년 8월 4일. 남자멀리뛰기 예선경기가 열렸다. 오언스는 하루 전 100m 경기에서 10.3초의 기록으로 금메달을 따냈다. 멀리뛰기에서도 우승후보였다. 그러나 예선 통과가 어려웠다. 1, 2차 시기에서 파울을 연발했다. 구름판을 제대로 밟지 못했다. 처음에는 제한선을 넘었고 두 번째는 너무 뒤에서 뛰었다. 오언스는 자신감을 잃었다. 3차 시기를 알리는 장내 아나운스먼트가 오언스를 재촉했다. 이번에도 파울이면 탈락이다. 그때였다. 누군가 그의 어깨에 손을 올렸다.

"재즈 오웬즈!"

관중들의 일방적인 응원을 받으며 오늘 최고의 컨디션을 보이고 있는 독일 선수, 루드비히 루츠 롱이었다. 큰 키에 균형 잡힌 체격, 눈부신 금발과 푸른 눈동자. 아돌프 히틀러가 사랑한 아리안 청년의 전형이었다. 가슴에 나치 십자가가 선명했다. 롱은 웃고 있었다. "왜 그렇게 안절부절못하죠, 재즈 오웬즈?" 그는 영어로 자신을 소개했다. 유창하지는 않았다. "난 루츠 롱이에요. 뭐가 문제인지 알겠군요. 당신의 점프는 완벽합니다. 또 파울을 당할까봐 두려운 거죠?"

오언스는 놀라서 대답했다.

"그렇습니다."

"내가 답을 알아요. 작년에 나도 같은 일을 겪었거든요."

롱은 오언스에게 자신의 도움닫기 보폭을 확인하고 구름판 뒤쪽 끝에서 몇 인치 떨어진 곳에서 도약하면 파울에 대한 두려움 없이 실력을 발휘할 수 있을 것이라고 조언했다. 오언스는 이때 롱이 자신의 어깨에 둘렀던 수건을 구름판 뒤 점프해야 할 정확한 지점에 놓아 표시해 주었다고 증언했다. 롱의 조언과 도움은 즉각 효과를 발휘했다. 오언스는 마지막 시기를 거뜬히 통과해 6명이 겨루는 결승에 진출했다. 오언스가 금메달을 확정하는 순간 롱이 가장 먼저 달려와 축하했다.

시상식 사진은 마음을 흔든다. 금메달리스트는 거수경례를, 은메달리스트는 나치식 경례를 한다. 동메달리스트인 일본의 다지마 나오토는 꼿꼿이 서서 국기게양대를 바라본다. 베를린을 밝힌 성화가 꺼진 뒤 불과 3년 뒤 제2차 세계대전이 벌어지고 세 청년의 조국은 모두 전쟁의 소용돌이에 휘말리는 것이다. 시상대에서 내려온 오언스와 롱은 팔짱을 끼고 걸었다. 롱이 관중들을 향해 "제시 오언스!"를 외쳤다. 그러자 모두 오언스를 연호했다.

알려지기로는 히틀러가 흑인 선수의 우승에 비위가 상해 경기장을 떠났다고 한다. 영화 '레이스'(2016)에 이 일화가 나온다. 오언스의 기억은 다르다. 100m 경기에서 금메달을 따낸 뒤 본부석 앞을 지날 때 히틀러가 자리에서 일어나 손을 흔들어 주었다. 오언스도 손을 흔들어 화답했다고 한다. 이를 뒷받침하는 보도도 있다. 피츠버그 쿠리어의 기자 로버트 반은 1936년 8월 4일자 기사에 "나는 히틀러가 오언스에게 인사를 하는 놀라운 광경을 보았다"고 썼다.

영화보다는 같은 해에 나온 다큐멘터리 「올림픽의 자부심, 미국의 편견」이 사실에 가까울 것이다. 릭 션크만이 역사 뉴스 네트워크 2002년 2월 13일자에 기고한 '아돌프 히틀러, 제시 오웬스, 올림픽 신화'는 이때의 일을 전한다. 히틀러는 1936년 8월 1일 독일의 수상자들만 축하하고 경기장을 떠나 비난을 받았다. 국제올림픽위원회(IOC) 위원장 앙리 드 바일레 라투르 백작은 히틀러에게 "모든 메달리스트를 축하하거나 아예 하지 말라"고 요구했다. 히틀러는 후자를 선택했다.

경기가 끝난 날 저녁 오언스와 롱은 선수촌에서 다시 만났다. 식사를 함께 하고 술잔도 기울였다. 둘은 친구가 되었다. 오언스가 미국에 돌아가면 서로 편지를 쓰기로 맹세했다. 두 사람은 약속을 지켰다. 전쟁 중에도 편지가 오갔다. 롱은 라이프치히 대학교 법학 대학원을 마치고 함부르크에서 변호사로 일하다 입영통지를 받았다. 그는 1943년 7월 13일 시칠리아에서 전사해 그곳 독일 전몰자 묘역에 묻혔다. 마지막 편지가 남아 있다. 죽음을 예감한 듯하다.

"제시, 나 여기 있어. 마른 모래와 축축한 피만 있는 곳이야. 난 나와 너에 대해 걱정하지 않아. 집에 있는 아내와 내가 아빠인지도 모르는 내 아들 칼을 걱정할 뿐이야. 아마 이게 내 마지막 편지일거야. 부탁이 있어. 전쟁이 끝나면 독일에 가서 내 아들에게 아빠에 대해 말해줘."

1951년, 유럽에서도 전쟁의 상흔이 아물어갔다. 오언스는 독일을 방문해 친구의 아들을 만났다. 그는 말했다. "내가 가진 우승컵과 메달을 다 녹여도 루츠 롱의 우정에 도금을 하기에는 부족하다." 롱은 1964년 제정된 '쿠베르탱 메달'의 첫 수상자다. 쿠베르탱 메달은 올림픽 정신을 구현하고 스포츠맨십을 발휘한 선수에게 준다. 오언스는 골초였다. 1979년 12월 폐암 진단을 받고 3개월 뒤 죽었다. 66세였다. 시카고의 오크우즈 묘지에 있는 그의 묘비에 이렇게 적혔다.

'제시 오언스, 1936년 올림픽 챔피언'.[5]

---

5 중앙선데이 2024.08.03.

손기정

파리올림픽의 남자마라톤 경기는 10일 오후(현지시간)에 출발 총성을 울린다. 88년 전에는 하루 전에 출발했다. 1936년 베를린올림픽. 우리 모두가 알고 있듯이 식민지 조선의 청년 손기정이 가장 먼저 올림피아슈타디온의 결승선을 통과했다. 2시간 29분 19초, 올림픽 최고기록이었다. 마지막 구간은 스프린터처럼 엄청난 스피드로 질주했다. 하지만 청년은 표정이 밝지 않았다.

오늘날 올림피아슈타디온의 서쪽, 성화대 뒤 벽에는 종목별 우승자의 이름이 새겨져 있다. 'MARATHONLAUF 42195m SON JAPAN'. 1970년 8월 15일, 국회의원을 지낸 박영록 씨가 사다리를 놓고 올라가 'JAPAN'을 뜯어내고 KOREA'로 바꿨다. 다섯 시간 걸렸다고 한다. 하지만 국제올림픽위원회(IOC)와 서독 정부는 곧 'JAPAN'으로 바로잡았다. 앞으로도 손기정의 국적을 한국으로 바꾸기는 쉽지 않을 것이다.

2012년 7월, 필자는 베를린을 방문해 올림픽 마라톤 경주 구간을 실사하고 스포츠박물관과 올림피아슈타디온을 방문했다. 스포츠박물관 코디네이터인 게르트 슈타인스의 도움을 받아 검색한 자료를 분석해 『한국체육사학회지』에 논문을 실었다. 내용은 적지 않는다. 다만 7월 19일 스포츠박물관 문을 열고 들어갔을 때의 놀라움을 기억한다.

문이 열리자마자 손기정의 사진이 보였다. 제시 오언스의 사진은 그 뒤에 있었다. 슈타인스는 사진 설명을 가리켰다. 'Kee Chung Sohn(Kitei Son)'. 슈타인스는 "우리는 1989년부터 그의 이름을 한국식으로 표기해왔다. 국적은 바꿀 수 없다"고 했다. 필자는 손기정이라는 이름이 거대한 단층의 한가운데 있음을 다시 한 번 느꼈다. 한국과 일본, 승리와 비애.

"손기정은 한국인 최초의 올림픽 금메달리스트다. 그는 1936년 베를린올림픽 마라톤에서 2시간 30분 벽을 돌파해 올림픽 신기록을 수립하며 금메달을 땄다. 그리하여 일본 제국주의의 강점 통치 아래 놓인 동포들의 울분을 씻는 한편 민족의식을 새삼 고취시켰다."

우리는 여기까지 안다. 밖에서 보는 시각도 크게 다르지 않다. 외국의 연구자들 가운데 상당수는 1988년 서울올림픽을 계기로 손기정에 주목했다. 2004년에 논문 「손기정과 스피리돈 루이스, 1936년 베를린올림픽 마라톤의 정치적 국면」을 발표한 카를 레나르츠가 대표적이다. 그는 1936년 마라톤 시상대에서 고개를 숙인 젊은 승리자와 1988년 서울올림픽 개막식 때 백발의 노인이 성화봉을 들고 춤을 추듯 달리는 장면을 극적으로 대비시켰다.

손기정의 이름은 늘 선명한 단층 한가운데 모습을 나타낸다. 그 연원은 오래다. 손기정이 우승한 다음 일본의 요미우리신문은 8월 10일에 호외를 발행하고 임시특파원으로 파견한 사이조 야소의 시를 게재한다. 제목은 「우리의 영웅!-탄환 같이 달려간 작은 사나이」다. 이렇게 끝난다.

"… 아, 누가 오늘의 이 승리를 기대했을 것인가./춤춰라! 일어나라! 노래하라! 일본인!/일본은 보여줬다./오늘 확실히 보여줬다./이 작은 남자 손(孫)의 모습에서/세계를 지휘하는, 약진 일본의 용감한 현재의 모습을."

반도에서는 시인 심훈이 8월 11일자 조선중앙일보에 「오오, 조선의 남아여!-마라톤에 우승한 손, 남 양군에게」를 실었다. 시인은 절규한다.

"오오, 나는 외치고 싶다! 마이크를 쥐고/전 세계의 인류를 향해서 외치고 싶다!/인제도 인제도 너희들은 우리를 약한 족속이라고 부를 터이냐!"

이토록 선명한 대조는 손기정의 운명일 것이다. 그렇기에 그의 머릿속 한가운데를 민족의 경계와 운명의 등고선이 가로지른다. 손기정은 베를린에서 누구도 자신이 한국인임을 알지 못할 것이라고 우려했던 것 같다. 그렇기에 기회가 있을 때마다 자신이 한국인임을 드러내려 노력했을 것이다. 누군가 사인을 해달라고 하면 한글로 이름을 적고 한반도 지도를 그리고, 사인과 함께 KOREAN이라고 적는 방식으로.

안타까운 일이지만, 남아 있는 자료들은 1936년 베를린에서 손기정이 한국인이라는 사실은 비밀이 아니었음을 보여준다. 육상전문지 『데어 라이트아틀레트』는 손기정이 경성의 양정고보 출신이라는 일본 관계자들의 말을 인용해 보도했다. 일본인들을 의식해서일 수 있지만 손기정은 자신에 대해 적극적으로 설명하지 않는다. 선수촌 소식지 『올림피아차이퉁』은 손기정이 "매우 과묵하여 10분에 한 번 겨우 말을 할 정도였다. 그는 고향인 Korea에서 훈련한 내용에 대해 말했다"고 썼다.

이토록 선명한 단층의 건너편에 망각이 자리 잡고 있다. 올림픽 정신에 비춰 가장 고귀한 가치일 수도 있는 승리자에 대한 존중과 숭배를 찾을 수 없는 것이다. 손기정은 세계최고기록 보유자로서 베를린에 갔고 올림픽 신기록을 세우며 금메달을 받았다. 그가 세운 기록의 가치, 세계 최고의 마라토너가 받아 마땅한 명예를 '식민지 청년의 비애'와 '일본은 아직도 손기정이 일본인인 것처럼 소개하고 있다'는 한국인의 분노 맞은편 어디에서 찾아야 하는가. 뛰어난 마라토너 손기정의 실제 경기 내용과 관련한 정보조차 비애와 분노의 차원을 벗어나지 못한다. 그 결과 때로는 전설이, 때로는 확인할 수 없는 과장과 왜곡이 사실처럼 유통된다. 예를 들어보자.

대부분의 국내 문헌은 마라톤 경기가 열린 1936년 8월 9일 베를린이 '30도가 넘는 고온'에 습도가 높았다고 기록했다. '북해에서 열풍이 불어왔다'는 기술도 보인다. 베를린올림픽 공식 기록은 다르다.

기온은 경기가 시작된 오후 3시쯤 22.8도, 끝났을 때는 21.0도였고 하늘은 맑고 대기는 건조했다. 30도는 한여름 무더위를 상징하는 온도다. 마라톤 경기가 혹독한 더위 속에 열렸다는 전제는 우승자 손기정의 영웅 이미지를 강화하고 그가 거둔 승리의 의미를 공고히 하는 데 기여했으리라.

손기정은 달리는 동안 물을 전혀 마시지 않았다고 알려졌다. 그는 자서전에 "비스마르크 언덕에 오르니 간호부가 물을 권해 입을 한번 헹구고 뱉었다"라고 기록했다. 그러나 사진 자료는 손기정이 적어도 두 지점에서 물을 공급받았음을 보여준다. 우선 간호사가 건넨 물잔을 입에 대는 사진이 한 장 있다. 이 사진은 손기정의 자서전에도 실렸다. 올림픽 공식 기록 645쪽에는 일본인 관계자가 건넨 물을 마시는 (듯한) 사진이 있다. 39㎞ 지점에서 촬영됐다고 한다. 물 한 모금 마시지 않고 42.195㎞를 달린 초인적 의지를 강조하는 데는 마라톤 경기 중에 물을 마시면 안 된다는 낡은 상식도 작용했다.

필자는 여러해 전 존경하는 도반과 대화하면서 손기정을 '역사적 의미'의 테두리에서 벗어나 자연과학의 측면에서 연구할 가치가 있다는 점에 공감했다. 이런 생각을 나눴다. 손기정이 달리는 모습은 레니 리펜슈탈의 영화 '올림피아' 등 동영상이 존재한다. 1937년 5월에 손기정이 세브란스에서 심박수·혈압·폐활량·심장구조 등을 측정한 신체검사 기록이 남아 있다. AI를 비롯한 최근의 기술을 적용하면 손기정의 체격과 주법 등을 분석해 그가 도달할 수 있었던 기록의 최대치,

현대 마라톤에 적용해야 할 특장점을 추출해볼 수 있지 않을까.

손기정이란 이름은 그가 세상을 떠난 뒤에도 망각과 비애, 분노라는 이름으로 세상 한편에 남아 있다. 어떤 곳에서 망각의 심연은 1936년 8월보다 지금 더 깊다. 필자는 4년 전 여름휴가 때 독일 뤼데스하임을 방문해 참새골목(Drossel-gasse)에 있는 카페에 들어가 점심을 먹었다. 거기서 오랫동안 기념품 가게를 해온 교민에게서 들은 일화다. 1981년 10월 손기정이 그 집에 들렀는데, 아무도 알아보지 못했다. 동행한 교민 한 분이 독일인들에게 물었다.

"1936년 베를린올림픽 마라톤에서 누가 우승했는지 아는가?"

한 사람이 외쳤다.

"일본인(Japaner)!"

교민은 '한국인'이라고 바로잡은 뒤 "그 분이 여기 오셨다"고 소개했다. 우레와 같은 박수가 쏟아졌다. 우울한 에피소드의 끝자락이 박수로 마감된 것은 그나마 다행한 일이다.[6]

---

6 중앙선데이 2024.08.10.

딸림글

한국인 학생

11월 15일은 마라톤 영웅 손기정의 기일이다. 2002년에 세상을 떴으니 어언 11년째다. 그는 한국인 최초의 올림픽 금메달리스트다. 2013년 현재까지 일본의 유일한 올림픽 마라톤 우승자이기도 하다. 그의 업적은 1936년 베를린올림픽 마라톤 경기에서 2시간30분의 벽을 돌파해 올림픽 신기록을 수립하며 금메달을 딴 것이다. 이는 일본 제국주의의 강점 통치 아래 놓인 동포들의 울분을 씻는 한편 민족의식을 새삼 고취시켰다는 의미도 있다.

'역사적 인물' 손기정은 많은 저술가와 연구자의 주목을 받아왔다. 대부분의 주제는 손기정의 역사적 의미와 민족의식, 일장기 말소 사건 등 주로 인문·사회학적 검토와 평가에 집중됐다. '마라톤 선수' 손기정에 대한 연구는 없었다.

2012년 7월, 필자는 베를린으로 날아갔다. 마라톤 경주 구간을 실사하고 스포츠박물관과 올림픽 주경기장(Olympiastadion) 등을 방문했다. 수집한 자료를 일 년여 동안 분석·종합해 최근 『한국체육사학회지』에

「손기정의 베를린올림픽 마라톤 경기 내용 연구」란 논문을 발표했다.

그날 베를린은 맑고 쾌적했다

대부분의 국내 문헌은 마라톤 경기가 열린 1936년 8월 9일 베를린이 '30도가 넘는 고온'에 습도가 높았다고 기록했다. 베를린올림픽 공식 기록은 다르다. 기온은 경기가 시작된 오후 3시쯤 22.8도, 끝났을 때는 21.0도였고 하늘은 맑고 대기는 건조했다.

30도는 한여름 폭염을 상징하는 온도다. 마라톤 경기가 혹독한 더위 속에 열렸다는 전제는 손기정의 영웅 이미지를 강화하고 그가 거둔 승리의 의미를 공고히 하는 데 기여했으리라. 손기정이 거둔 승리는 곧 한민족이 거둔 승리와 다름없기 때문이다.

존재하지 않는 비스마르크 언덕

베를린올림픽의 마라톤 코스는 해발 31.6~80m에 걸쳐 있다. 가장 높은 곳은 출발한 뒤 4.7～8㎞, 반환점을 돌아가는 길의 33.2～34.2㎞ 지점. 약 35㎞ 지점에 '카이저 빌헬름 툼'이 우뚝 서 있다. 여기서 해발 33m 지점까지 내달으면 40㎞ 지점에 마지막 오르막길, '글로켄툼슈트라세'가 나온다.

여러 문헌에 '비스마르크 언덕'이 등장한다. 손기정이 고통스럽게 달린 구간이다. 그러나 공식 기록집에는 '비스마르크'라는 지명이 없다. 빌헬름 1세 황제와 비스마르크의 조각으로 장식한 카이저 빌헬름 툼의 이미지가 가공의 지명을 만들게 했을 수 있다. 일본 선수단에서만 통용된 지명일지 모른다. 카이저 빌헬름 툼 근처 또는 글로켄툼슈트라세일 것이다.

미담과 담합 사이, 하퍼의 충고

경기 초반에 영국의 어네스트 하퍼가 손기정에게 "슬로, 슬로, 세이브, 세이브"라고 말하며 페이스를 올리지 말 것을 충고했다는 일화는 여러 책자에 미담으로 등장한다. 그러나 하퍼의 행동은 비신사적인 담합 시도로 해석될 여지도 있는 것이 사실이다. 손기정도 하퍼의 충고 내지 제안을 의아하게 생각했을 뿐 아니라 경계하면서 달렸다. 손기정은 28~31㎞ 구간에서 사발라를 제치고 하퍼마저 따돌렸다. 그는 다른 선수에게 추월당할지 모른다는 공포감에 시달렸고, 하퍼뿐 아니라 후반에 강한 남승룡도 몹시 경계했었다.

물 공급 받은 지점은 최소 두 곳

손기정은 달리는 동안 물을 전혀 마시지 않았다고 알려졌다. 그는 자서전에 "비스마르크 언덕에 오르니 간호부가 물을 권해 입을 한번 헹구고 뱉었다"라고 기록했다. 그러나 사진 자료는 손기정이 적어도 두 지점에서 물을 공급받았음을 보여준다.

우선 간호사가 건넨 물잔을 입에 대는 사진이 한 장 있다. 이 사진은 손기정의 자서전에도 실렸다. 올림픽 공식 기록 645쪽에는 일본인 관계자가 건넨 물잔을 입에 댄 사진이 있다. 39㎞ 지점에서 촬영됐다고 한다.

당시 마라톤 코스에는 대략 3㎞ 간격으로 열다섯 곳에 급수대가 설치되었다. 한 사진은 처음 소개되는 대회 운영 자료 중 하나로, 급수대의 위치를 보여준다. 손기정은 33.2~34.2㎞ 지점에 있는 열세 번째, 40㎞ 지점을 앞두고 설치된 마지막 급수대에서 물을 공급받았을 것이다.

헝겊에 고무창 댄 타비 마라톤화

손기정이 사용한 것과 같은 종류의 경기복과 마라톤화가 일본 도쿄의 스포츠박물관에 보관되어 있다. 경기복은 1936년 베를린올림픽 세단뛰기에서 금메달, 멀리뛰기에서 동메달을 획득한 다지마 나오토가 사용한 것이다.

규격은 길이 730㎜, 폭 390㎜, 무게 230g이다. 다지마의 체격은 키 1m71㎝, 몸무게 62㎏이었다. 손기정(1m70㎝, 60㎏)과 크게 다르지 않다.[7] 손기정이 사용한 경기복도 박물관에 전시된 다지마의 경기복과 같거

---

7 이 부분은 논쟁의 여지가 있다. 손기정은 1937년 세브란스에서 정밀종합검진을 받았는데 그 결과는 논문으로 정리되어 조선의사협회가 발행한 『조선의보(朝鮮醫報)』 1937년 10월호(제7권 제3호. 국립중앙도서관 소장)에 실렸다. 제목은 「마라손 왕 손기정 군의 신체검사 성적에 취하여」이며, 의사인 최성장과 곽인성이 윤일선과 오한영의 지도를 받아 작성하였다. 이에 따르면 당시 24살이었던 손기정은 키 165㎝, 몸무게 59㎏이었다. 그러나 일본의 여러 기록에는 손기정의 체격이 170㎝, 60㎏으로 정리되어 있다.

나 흡사했을 것이다.

박물관은 손기정이 사용한 것과 같은 종류의 마라톤화도 소장했다. 헝겊에 고무 밑창을 댄 이 마라톤화에는 '손기정이 신은 타비와 같은 모델'이라는 설명이 붙어 있다. '타비'는 일본 버선이다. 규격은 길이 235㎜, 폭 100㎜, 깊이 45㎜, 무게 250g.

한·일 정치상황 몰랐던 서구인들

손기정은 베를린올림픽 기간 동안 일장기가 붙은 운동복을 입지 않고 한글로 서명을 하는 등 강인한 민족의식을 드러냈다. 그러나 독일 언론이 이러한 노력에 주목한 흔적은 보이지 않는다. 독일역사박물관과 독일방송기록보관실이 소장한 중계방송 실황 녹음 중에 손기정을 '한국인 학생(Koreanische student)'이라고 부른 대목이 있다. 당시의 정황을 감안하면 이 언급은 한국과 일본의 정치적 상황을 이해한 결과라고 보기 어렵다.[8]

고개를 깊이 숙이고 시상대에 선 손기정은 우리에게 '슬픈 승리

---

8 이 주제를 연구한 결과 독일과 서구 사회가 당시의 정치 지형을 숙지한 결과를 반영한다고 볼 수도 있다고 추론하게 되었다. 필자는 후속논문인 「Carl Diem의 동아시아 여행기에 나타난 KOREA 인식과 그 영향에 대한 고찰」에서 '1929년에 일본의 도쿄와 식민지 조선의 경성에서 열린 일독대항육상경기에 독일 선수단의 임원으로 참가한 칼 딤이 남긴 기록과 관점은 1936년 베를린올림픽에 일본선수단의 일원으로 참가한 마라토너 손기정에 대한 독일과 서구의 인식을 짐작할 수 있는 실마리를 제공한다'고 서술하였다. 결국 '조선은 일본제국의 일부'라는 인식이 상식으로 굳어졌다는 측면에서 이해할 수도 있는 것이다.

자'로 기억된다. 서구인들은 어떻게 보았을까. 기록 영화 '올림피아'를 제작한 여성 감독 레니 리펜슈탈의 기록은 손기정에 대한 그들의 인식을 반영한다. 리펜슈탈은 "그들은 종교적인 희열(喜悅)에 빠진 것 같은 모습으로 자국의 국가에 귀를 기울이고 있었다"라고 기록하였다. 그녀가 보기에 손기정은 망국의 한에 사무친 한국인이 아니라 애국심 충만한 일본인이었다.

손기정 연구는 깊고 높은 산을 오르는 일과 같다. 필자가 한 일은 어지러운 덤불을 걷어내는 작업이었다. 덤불이 사라지자 손기정의 거대한 윤곽이 더욱 선명하게 다가왔다. 쓰라린 일제 강점의 시대에 우리에게는 세계최고기록 보유자 겸 올림픽 챔피언, 위대한 마라토너 손기정이 있었다.[9]

---

9 중앙선데이 2013.11.10.

올림픽은 움직인다

한국체육대학교 교정 한가운데 청동천마상이 우뚝 서 있다. 천마는 역동적이다. 금방이라도 대지를 박차고 창공으로 비상하려는 듯하다. 체육대학교에 걸맞은 이미지일 것이다. 현실에 존재하지 않는 상징수(象徵獸)는 드높은 이상을 드러낸다. 그 이상은 무엇인가. '목표'라고 부르면 이해가 쉽다. 스포츠를 통한 국위선양이다. 올림픽에 나가 메달을 획득함으로써 대한민국이 얼마나 훌륭한 나라인지, 대한민국 국민들이 얼마나 우수한 민족인지 증명한다는 것이다. 1977년에 문을 연 한국체대의 이상은 대한민국 체육의 이상과 대부분 일치했다.

이를 뒷받침하듯 대학의 설립과 관련해 내려오는 전설이 있다. 1976년 몬트리올올림픽이 끝난 뒤 선수단이 청와대를 예방한다. 레슬링의 양정모가 광복 이후 첫 금메달을 땄을 때다. 박정희 대통령이 묻는다. "동독 같은 작은 나라도 금메달을 많이 따는데 한국은 왜 금메달을 못 따느냐?" 레슬링 코치 정동구가 대답한다. "그들은 국립체육대학이 있어서 과학적인 훈련을 합니다." 박 대통령은 '그 자리에서' 국립체육대학 설립을 지시했다. 그 결과 한국체대가 이듬해 3월 19일에 문을 열었다.

만화 아니면 만담 같은 이야기다. 아무리 군사독재 시절이라도 대학교가 즉흥적으로 만들어지지는 않는다. 크게 점프하려면 긴 도움닫기가 필요한 것이다. 체육대학 설립이 시급하다는 주장은 이미 1960년에 나왔다. 한국이 로마올림픽에서 노메달에 그친 뒤의 일이다. 1961년 서울대학교에서 국립체육대학교 설립추진위원회가 열린다. 정부는 매년 언론에 체육대학 설립 방침을 설명했다. 1972년엔 한국체육대학이라는 교명이 처음 등장한다. '재건체조'를 만든 이병구가 의정부에 체육단과대를 세우기 위해 문교부에 설립인가신청을 냈다는 보도가 나왔다. 1973년엔 인천에 체육전문대학이 들어선다.

세계는 냉전의 터널을 통과하고 있었다. 올림픽이 전쟁터를 대신했다. 한 종목의 우승은 한 전투의 승리를 뜻했다. 한국도 예외는 아니었다. 1974년, 북한이 뮌헨올림픽 사격에서 우승한다. 금메달을 딴 이호준은 "적을 쏘는 자세로 표적을 맞혔다"고 했다. 국제사회의 비판이 잇따랐고 북한은 사과했다. 한국의 발등에 불이 떨어졌다. 아니, '괴뢰도당'의 탄환이 심장에 와서 명중한 것이다. 박정희는 1975년 시정연설에서 체육특성화 교육 정책을 제시했다. 이듬해에는 체육대학 설립 방침을 밝힌다. 이렇게 만들어진 한국체대는 여러 국제대회에서 수많은 금메달을 획득해 우리 스포츠의 지형을 바꾼다.

한국체대에 들어선 천마의 이미지는 경주 천마총의 「장니 천마도」에서 왔을 것이다. 말의 안장 양쪽에 달아 늘어뜨리는 장니에 새긴 그림이다. 천마도를 그린 채화판은 자작나무와 가죽으로 만들었다. 흰색의 천마는 동물의 신으로, 죽은 사람을 하늘 세계로 실어 나르는 역할을 한다. 천마는 죽음을 전제하며 그 이미지는 무덤, 곧 죽음의 세계에서 나왔다. 그 세계는 스포츠와 어울리지 않는다. 스포츠는 살아 있는 자들의 제사다. 천마는 제단 저편의 세계에 속한다. 세상은 변했다. 조금씩 달라지던 것이 어느 순간 놀랍도록 변한 모습으로 눈앞에 등장한다. 무심하던 우리는 그제야 변화를 실감하고 뒤를 좇기 바쁘다.

필자가 기자로서 취재한 마지막 올림픽은 2004년 아테네대회다. 2008년 베이징올림픽 때는 데스크로서 기자들을 지켜보고 지원하는 입장이었다. 기자는 현장에서 뜨겁게 느끼고 데스크는 편집국에서 전체를 본다. 필자는 자꾸 "아, 이거 뭔가 다르다"는 혼잣말을 했다. 뭘까. 선수들이 달라졌다. 기뻐서 눈물을 흘리긴 해도 슬퍼서 울지는 않았다. 선수들은 자신들(의 노력)을 존중했다. 수영 200m에서 은메달을 딴 박태환도 고개 숙이지 않았다. '회장님'이나 '조국'도 좀처럼 말하지 않았다.

"기록을 앞당기기 위해 최선을 다했다. (금메달리스트) 마이클 펠프스와 경쟁해 영광이다. 같은 수영선수로서 존경스럽다. 동료 선수들이 많이 돕고 응원해 주었다. 낳아주신 부모님께 감사를 드린다."

'고래사진가'로 유명한 장남원은 한때 종군기자로 명성을 날렸다. 소말리아 내전, 르완다 내전, 걸프전 등 화약과 피 냄새가 진동하는 전장을 누볐다. 중앙언론사 사진부 데스크로도 일했다. 그가 파리올림픽을 지켜본 소감을 사회관계망서비스(SNS)에 남겼다.

“우리 젊은 선수들은 하나같이 경기를 즐기겠다고 한다. 하나같이 표정도 밝고 말도 잘한다. 메달을 따도, 게임에 져도 울지 않는다. 지고도 이긴 선수에 다가가 수고했다고 축하를 건넨다. 모든 행동들이 자신에 차 있고 우리가 해왔던 행동들과 전혀 달랐다. 우리가 함께 살아온 개발도상국의 한국인이 아니다. 전혀 예상치도 못한 새 한국인을 보았고 다가오고 있다. 새로운 대한국민이 오고 있는 것이다.”

세상의 크기를 아는 사나이의 놀라운 통찰. 필자는 가와바타 야스나리가 쓴 『설국(雪國)』의 저 유명한 첫 문장을 떠올렸다. ‘국경의 긴 터널을 빠져 나오자 설국이었다. 밤의 밑바닥이 하얘졌다.’ 냉전의 긴 터널을 빠져 나오자 새 시대였다. 스포츠 내셔널리즘의 시대는 과거가 됐다. 은메달 한 개를 딴 사격선수 김예지는 파리의 10대 스타가 되었다. 우상혁은 메달을 따지 못했어도 여전히 스타다. 물론 천마는 변함없이 국립체육대 한복판을 지킨다. 체육회장은 선수들이 파리에서 거둔 승리를 “해병대 훈련 덕”이라고 한다. “올림픽은 전쟁”이라는 체육회의 주장도 철회되지 않았다.

올림픽은 인간의 고귀한 행위다. 전설은 매 순간 새로 쓰인다. 루츠 롱과 제시 오언스의 우정은 인간긍정을 선언했다. 1960년 로마올림픽 스프린트 3관왕 윌마 루돌프는 소아마비라는 운명과 싸워 이겼다. 1968년 멕시코시티올림픽 시상대에서 검은 장갑 낀 주먹을 들어

인종차별에 항의한 토미 스미스와 존 카를로스는 메달을 박탈당했지만 그들의 저항 정신은 오늘날 세계 모든 경기장에서 '무릎 꿇기 퍼포먼스'로 이어진다. 떨리는 손으로 애틀랜타올림픽의 성화를 밝힌 무하마드 알리는 병마에 굴하지 않는 영혼의 고귀함을 증명했다.

상업주의에 물들었든 정치에 오염됐든 올림픽은 인간의 상상력과 창조력, 새로움에 대한 열망과 성취를 드러낸다. 1968년 남자높이뛰기에서 우승한 딕 포스베리는 진정한 의미에서 게임 체인저였다. 포스베리 이전의 선수들은 모두 가위뛰기나 정면뛰기 기술을 썼다. 포스베리는 뒤로 점프해 새우처럼 등을 굽히며 바를 넘었다. 이 기술이 포스베리 플롭이다. 4년 뒤 뮌헨올림픽에선 40명 중 28명이 포스베리 플롭을 구사했다. 올림픽에서 정면뛰기 기술을 사용한 마지막 선수는 1988년 서울대회에 참가한 동독의 10종경기 선수 크리스티안 셴크다.

영화감독 레니 리펜슈탈이 만든 1936년 베를린올림픽 기록영화 '올림피아'는 1편 '민족의 제전'과 2편 '미의 제전'으로 구성되었다. 베를린올림픽이 현대 올림픽의 본보기이듯 '올림피아'는 이후에 제작된 기록물의 교과서다. 2008년 베이징대회 개막행사를 연출한 장이머우도 리펜슈탈의 후예다. 아편전쟁 이후 형극의 근현대사를 헤쳐 온 중국인들에게 민족 이상의 가치는 없다. 그런데 그 중국인이 세계에 흩어져 저마다 사는 나라의 대표로 올림픽에 나온다. 여자탁구 동메달 결정전에 출전한 한국과 독일 선수 6명 가운데 중국인이 4명이다. 우리는 더 많은 전지희와 이은혜를 만날 것이다.

이제 올림픽은 '세상에서 가장 중요한 운동대회'가 아니다. TV 시청률이 말해준다. 지상파 3사의 올림픽 개막식 시청률은 KBS1 1.4%, MBC 1.0%, SBS 0.6%였다(닐슨코리아). 물론 어제 따낸 메달은 기쁘다. 내일 새벽 손흥민이 해트트릭을 한다면 또 행복할 것이다. 올림픽은 4년 만의 페스티벌이다. 스포츠는 매일의 축제다. 매일이 올림픽이다. 도쿄 대회에서 첫 선을 보인 스포츠 클라이밍과 스케이트보드, 파리 대회에서 처음 채택된 브레이킹처럼 생활 속의 스포츠가 올림픽 종목이 될 것이다. 우리는 올림픽 이전에 스포츠를 누린다.

파리올림픽에서는 역사상 처음으로 남녀 성비가 같았다. 남자마라톤으로 대미를 장식하던 관행을 깨고 여자마라톤에 그 자리를 맡겼다. 여자마라톤 오프닝의 주인공은 캐서린 스위처다. 그녀는 1967년 여성의 참가를 허용하지 않던 보스턴마라톤을 완주했다. 'K.V. 스위처'라는, 성별을 알기 어려운 이름으로 참가 신청을 했기에 가능했다. 뒤늦게 스위처를 제지하려는 대회 관계자들과 그녀를 지지하는 남성들이 경기 도중 충돌했다. 이 장면이 생생하게 포착돼 성평등 투쟁을 상징하는 사진으로 남았다. 올림픽은 달라졌다. 달라진 올림픽은 과거로 돌아가지 못한다.

올림픽과 스포츠가 변했는데 우리 스포츠 제도와 문화는 그대로다. 국위선양, 정신력, 희생, 민족이 불변의 가치로 남아 좀비처럼 학교와 훈련장과 경기장을 배회한다. 한국체대는 이번에도 파리올림픽에서 메달을 딴 재학생들을 데려다 앉혀놓고 기자들을 불러 모아 학교의 성과를 선전했다. 물론 방점은 '지원'에 찍혔다. '더 많은 돈을 달라.' 하지만 한국 선수단의 금메달을 주조한 곳은 대학교가 아니라 진천이고, 엘리트주의라는 한국 스포츠의 시스템이다. 그 시스템이 마지막 숨을 몰아쉬는 광경을 우리는 곳곳에서 보고 있다. 배드민턴 금메달리스트 안세영이 제기한 문제는 우리 스포츠가 달라져야 할 이유를 설명한다. 개인의 희생을 먹잇감 삼아 연명하려는 자세로는 내일을 기약하기 어렵다. 방수현이 있었는데 왜 28년이나 지난 다음 안세영이 등장했는지 생각해 봐야 한다.

필자는 뛰어난 선수가 명예를 누리고 돈을 많이 벌고 유명해지고 사랑받기를 원한다. 삼성이 '세리 팀'을 만들어 박세리를 지원한 결과 한국여자골프가 LPGA를 지배하는 시대가 열렸다. 2024년 US오픈 챔피언 양희영의 빈 모자가 우리 여자골프의 오늘을 설명한다. 스포츠에 대한 '전폭적인 지원'이 시대착오적인 요구이듯이 '헝그리 정신'이나 '희생' 같은 언어도 시급히 걷어내야 한다. 숨이 끊어진 테제를 붙들고 늘어진다면, 스포츠란 저주받은 굿판이 되어 버린다. 국립체육대학교 교정의 천마와 같은 구시대의 공상만 남을 것이다. 문제는 보이는 것을 보지 않는 데 있다.

필자는 파리올림픽을 앞두고 우리 선수단이 메달을 예상보다 많이 따리라고 보았다. 대한체육회에서 의도적으로 메달 목표 또는 전망을 낮추어 발표했다는 주장도 있다. 이 주장은 사실일 가능성이 크다. 아무튼 4년 뒤인 2028년 미국 로스앤젤레스에서 열리는 올림픽에서 거둬들일 메달의 수는 올해에 비해 실망스러울지 모른다. 한국이 기어이 올림픽 강국으로 남고 싶다면, 결과가 아니라 과정이 전제돼야 한다. 그러려면 근본을 바꿔야 한다. 시스템도 제도도 사고방식도 가치관도 모두. 그것이 쉽지 않다. 아직 아무도 원하지 않는다.[10]

10 중앙선데이 2024.08.17.

Olympia II

올림픽과 월드컵

대한민국은 언제 선진국이 되었는가. 일찍이는 1991년이다. 그해 12월 '관세 및 무역에 관한 일반협정(GATT)' 회의에서 한국을 선진국으로 간주한다고 발표했다. 1996년 10월에는 '선진국클럽'이라는 경제협력개발기구(OECD)에 가입했다. 2021년 7월에는 유엔무역개발회의(UNCTAD)가 한국의 지위를 개발도상국에서 선진국으로 변경했다. 선진국은 주로 경제에 기준점을 두지만, 한 국가의 종합역량을 고려하지 않을 수 없다. 스포츠는 그 한 축을 담당한다. 한국은 1988년 올림픽을, 2002년 월드컵을 주최했다. 2018년 평창올림픽까지 대회를 주최할 때마다 한국은 변화했고, 국제적 지위도 달라졌다.

손에 손 잡고

올림픽은 정치적이다. 선언하고 웅변한다. 1936년 베를린대회가 본보기다. 히틀러는 독일이 1차 대전 패전의 굴욕을 딛고 유럽의 중심으로 돌아왔음을 선언했다. 2차 대전 패전국 일본도 1964년 도쿄에서 베를린의 예를 따랐다. 1988년 서울올림픽은 그 변주다. 한국은 외세강점과 전쟁의 폐허 위에서 근대화를 완수했음을, 선진국으로의 도약을 예고했다. 근대화를 말할 때 제3공화국 대통령 박정희를 우회할 수 없다. 올림픽도 마찬가지다.

1976년 8월 19일 오후, 박정희는 청와대에서 몬트리올올림픽 선수단 27명을 맞는다. 이 자리에서 "우리도 몇 년이 지나면 올림픽을 개최할 수 있을 만큼 경제력이 커질 것"이라고 말한다. 1978년 가을에는 전국체육대회 개막식에서 1980년대에 아시안게임은 물론 올림픽대회도 유치하리라는 기대를 표현한다.

박정희가 1979년 12월 사망하자 올림픽 유치 논의는 잠복한다. 이듬해 말, 상황이 급진전한다. 대한올림픽위원회(KOC)는 12월 3일 "서울특별시장이 1988년 올림픽의 서울 개최를 보증한다"는 전문을 국제올림픽위원회(IOC) 본부에 보낸다. 무슨 일이 있었던 걸까. 전두환이 움직였다. 쿠데타로 집권한 그는 올림픽의 의미와 효용에 주목했다. "올림픽을 유치해 한국의 능력을 국제적으로 과시하고 분열된 국론을 결집하자!"

1980년 11월 6일. KOC 긴급 상임위원회가 소집된다. 상임위원들은 올림픽 유치를 논의하기 위한 자리라는 사실조차 몰랐다. 내용을 전달받은 상임위원들의 태도는 부정적이었다. 그러자 KOC 위원장 조상호가 품에서 편지 두 장을 꺼내 읽어 내려갔다. 이 자리에 참석한 김영기(전 한국농구연맹 총재)는 당시의 일을 선명하게 기억했다.

"가만히 들어보니 대통령의 친필 편지였다. '대통령 전두환', 이러고 나서 '반대하실 사람 있습니까?'하고 묻는데 거기서 누가 손을 들겠는가?"

같은 달 30일, 전두환은 문교부 장관 이규호에게 올림픽 유치 신청서를 IOC에 제출하도록 지시했다. 마침내 1981년 10월 30일 밤 11시 45분, 독일의 바덴바덴에서 후안 안토니오 사마란치 IOC위원장이 제24회 올림픽의 서울 개최를 확인하는 투표 결과를 발표한다. 서울 52, 나고야 27. 불리하리라던 예상을 깬 승리였다. 서울올림픽의 의미는 크게 세 가지다.

첫째, 스포츠행사로서 성공했다. 한국은 금메달 12개, 은메달 10개, 동메달 11개를 획득하여 종합순위 4위에 올랐다. 역대 최고 성적이다. 대회 운영에서는 흑자 2520억원을 기록했다. 총지출 5890억원, 총수입 8410억원. 재정흑자 가운데 정부출연금 371억원, 국민성금 565억원 등 기부금 2341억원이 포함됐기에 순익은 179억원이라고 할 수 있다.

둘째, 동서로 갈라진 올림픽이 다시 하나가 됐다. 서방은 1979년 소련의 아프가니스탄 침공을 규탄하며 이듬해 모스크바대회를 보이콧했다. 공산 진영은 4년 뒤 LA대회에 불참했다. '손에 손 잡고'를 노래한 서울올림픽에는 160개 IOC 회원국이 참가했다. 냉전체제는 종말을 향해 가고 있었다. 1989년 11월 9일 베를린장벽이 무너졌다. 1991년 12월 26일엔 소련이 해체됐다.

셋째, 한국인의 의식세계를 불가역적으로 바꿔 놓았다. 냉전시대에 스포츠는 효과적인 정책수단이었다. 1986년 아시안게임과 1988년 올림픽은 블랙홀처럼 한국 사회를 빨아들였다. 두 이벤트 사이에 일어난 시민혁명이 시대의 전환을 알렸다. 마지막 군인 출신 대통령의 올림픽 개막 선언은 상징적이었다. 독재는 불가능했다. 문화는 개방됐다. 한국인의 시야는 전 지구로 확대됐다.

서울올림픽 이후 37년. 올림픽은 이제 가장 중요한 운동대회가 아니다. 국민들은 메달이 국위를 선양한다고 믿지 않는다. 매일 저녁 프로야구 경기가 삶에 활기를 불어넣고, 주말에 터지는 손흥민의 골이 기쁨이 된다. 올림픽과 스포츠의 패러다임은 도전받는다. 제도와 문화, 의식의 변화까지 요구된다. '체육 영재학교 설립' 같은 주장은 반시대적이다. 이미 체육중·고와 대학교가 있다. 그 효용과 한계는 분명하다.

오 필승 코리아

그해 6월. 대한민국은 특별했다. 장애도, 차별도, 반목도, 질시도 없는 꿈같은 세상. 어른과 아이, 남자와 여자, 장애인과 외국인 노동자까지 붉은 티셔츠를 입고 거리로 쏟아져 나왔다. 월드컵은 '가진 사람들'이나 '힘센 사람들'만의 잔치가 아니었다. 골고루 행복했다. 붉고 뜨거웠던 6월은 한국인이 꿈꿨던 대한민국, 그 완성된 퍼즐 같았다.

월드컵 개최는 한국 스포츠 사상 최대 사건이었는지 모른다. 올림픽을 치렀고, 국제무대에서 많은 성과를 올려 세계 10대 스포츠 강국의 반열에 올랐지만 월드컵만큼 한국을 송두리째 뒤흔들면서 한국을 바라보는 세계의 눈을 밝혀 준 이벤트도 없었다. 외환위기를 극복하고 세계적인 이벤트를 유치해 완벽하게 성공시킨 한국인의 자부심은 가장 높은 곳에 이르렀다.

월드컵은 새로운 세대를 탄생시켰다. 'W세대'. 이들은 연인원 2100만 명을 동원한 길거리 응원과 월드컵 열기의 중심이었다. 한때 역사의 주역을 담당한 '4·19세대' '6·3세대' '386세대'의 배경에는 정치의식이 있었다. 10대 후반~20대의 W세대는 개인주의에 기초한 수평적 결합의 산물이었다. 배낭·인터넷·휴대전화·생수병 등이 이들의 아이콘이었다. 이들은 누가 권하거나 요구하기 전에 스스로 움직였다.

W세대는 자신감이 넘쳤다. 자신감은 긍정의 태도로 나타났다. 1970년대 '유신반대', 1980년대 '독재 타도', 1990년대 '낙선 운동', 2000년대 '안티 운동'에서 보듯 우리 사회는 부정(否定) 명제가 지배했다. W세대는 '꿈은 이루어진다'와 같은 긍정의 메시지를 외쳤다. 근대 이후 100년간 한국인을 억누르던 서양에 대한 공포감 또는 열등감을 떨쳐냈다.

W세대는 대한민국과 태극기를 자신들의 표현 양식으로 채택했다. 텔레비전 중계화면 속의 국명은 '한국'에서 '대한민국'으로 바뀌었다. 붉은색과 태극기를 이용한 W세대의 다양한 패션은 사회 저변에 앙금처럼 남아 있던 '레드 콤플렉스'와 엄숙주의의 금기도 털어냈다. '빨갱이가 되자'로 오해받을 수 있는 'Be the Reds'라는 슬로건에

누구도 저항하지 않았다.

6월의 기적은 월드컵 4강이라는 성과로 집약된다. 세계적 스타가 없는 한국팀이 결승 문턱까지 갔다. 역시 성적은 중요했다. 조별리그에서 탈락했다면 '오 필승 코리아'의 함성도, 수백만 붉은 악마의 길거리 응원도 없었을 것이다. 4강 신화가 있었기에 거스 히딩크가 한국 축구 명예의 전당에 오를 수 있었다. 히딩크는 한국 사회에 강한 메시지를 남겼다.

첫째, 기본에 충실하라. 그는 한국 선수들이 양발을 다 사용한다는, 우리는 몰랐던 장점을 찾아냈다. 그러나 체력이 약하다고 진단하고 혹독한 훈련으로 해결책을 찾았다.

둘째, 시련을 통해 강해진다. 참패를 감수하며 강팀과 부딪쳐 경쟁력을 길렀다.

셋째, 공정한 경쟁. 히딩크는 학연·지연·기득권을 인정하지 않았다. 기준은 오직 실력이었다. 그 결과 박지성·이운재 등이 떠올랐다.

선수들은 월드컵 이후 유럽 무대에 본격 진출했다. 손흥민과 김민재·이강인의 등장도 결국은 2002년 월드컵의 유산이다. 하지만 빛이 강하면 그늘도 짙다. 대표팀 경기에만 관중이 몰리고, 국내 리그는 썰렁한 편이다. 지난해에는 대표팀 감독 선임을 둘러싼 논란 때문에 축구협회장이 국회에 불려나가기도 했다. '히딩크 리더십'에 대한 향수는 한국 축구의 정체 또는 퇴행을 보여준다.[1]

---

1 중앙일보 2025.08.18, 창간 60주년 기획 「대한민국 트리거 60」㉑.

2024년 파리

내가 기자로서 경험한 첫 올림픽은 1988년 서울에서 열렸다. 마지막으로 현장에서 취재한 올림픽은 2004년 아테네대회다. 2008년 베이징에서 올림픽이 열렸을 때는 중앙SUNDAY의 스포츠에디터로 일했다. 이 무렵부터, 메달을 따낸 선수들은 가장 "자랑스럽다." "기쁘다."고 말하기 시작했다. '조국', '국민', '대통령', '회장님'을 잊지는 않았지만 두 번째나 세 번째였다. 세상은 달라졌다. 올림픽도, 올림픽을 대하는 사람들의 마음도.

달라지지 않은 것도 있다. 스포츠와 올림픽 주변에 서식하는 개인, 그들의 내면을 지배하는 의식이다. 대한민국을 올림픽의 열기 속에 밀어 넣은 것은 냉전(冷戰)이었다. 한국은 정치적으로 자본주의 신영의 변두리 국가였지만 스포츠에서는 동유럽식 국가아마추어주의(State Amateurism)를 채택한 특별한 사례다. 이 정책은 병역특례, 연금과 같은 제도를 통해 존재감을 드러낸다. 해병대 훈련과 '올림픽은 전쟁'이라는 야만의 언어도 실은 냉전의 산물이다.

같은 의미에서 내가 몸담고 있는 한국체육대학교 역시 국가아마추어주의의 흔적기관이며 살아있는 화석이다. 병영식 합숙훈련으로 스포츠 역군을 길러내 국제스포츠 대회에서 입상케 함으로써 국위를 선양한다는 테제는 여전히 이 대학 제1의 존재이유다. 캠퍼스에는 올림픽 메달리스트를 100명 이상 배출했다는 자부심이 넘친다. 합숙과 새벽훈련, 한밤의 점호는 한국체대가 스스로에 대해 매긴 가치의 값과 무게를 짐작하게 한다.

올해 올림픽은 파리에서 열린다. 파리는 에펠탑과 함께 기억된다. 파리시는 1900년에 열린 만국박람회를 위해 에펠탑을 세웠다. 박람회는 프랑스 혁명 100주년을 기념했다. 올림픽은 박람회를 위한 행사의 일부였다. 건립 당시 높이는 약 300m. 에펠탑은 처음에 시민들의 환영을 받지 못했다. 소설가 기 드 모파상도 에펠탑을 혐오했다. 그는 '파리에서 유일하게 에펠탑이 보이지 않는 곳', 에펠탑의 2층에 있는 식당에서 점심을 먹었다.

고백하건대, 언제부턴가 올림픽과 같은 메가 이벤트가 열리면 마음이 갑갑해진다. 대한민국의 모든 채널이 한 경기를 중계하는 무시무시한 획일의 백일몽을 공유하고 싶지 않다. 자야 할 시간에 열리는 경기를 보고 싶지 않다. 내 인내력이 견딜 수 있는 한계는 프리미어리그 경기 90분 정도다. 대한민국 선수가 낯선 올림픽 종목에서 금메달을 따낸 날 저녁 토트넘의 손흥민 선수가 해트트릭을 한다면, 이튿날 조간신문의 스포츠면 머리기사는 무엇일까.

올림픽 금메달은 평생 한 개 따기도 어렵다. 국민들은 메달의 색깔

보다 과정을 묻는다. 최선을 다했다면 4위나 5위도 축하한다. 도쿄올림픽 스타 우상혁 선수를 보라. 손흥민 선수는 매 경기 골을 넣을 수도 있다. 김하성 선수는 만루 홈런도 쳤다. BTS는 메달 없이도 세계의 젊은이들로 하여금 한국을 사랑하게 만든다. 내가 사는 마을에는 K-드라마를 보고 한 달 살기를 하러 온 외국인이 있다. 대한민국 알리기는 스포츠의 사명도 전유물도 아니다.

파리올림픽은 한국스포츠에 어떤 의미로 남을까. 아니, 무엇보다도 나는 파리올림픽을 어떻게 견뎌낼까. 서울 한복판에서 파리의 광기를 회피할 자신이 없다. 에펠탑을 찾아가 점심을 먹은 모파상처럼, 결국 나는 올림픽의 한가운데로 도피할 수밖에 없으리라. 파리올림픽의 어떤 경기, 어떤 주제에 몸을 의탁한 채 부분으로써 전체를 바라보거나 눈감을 것이다. 한국체대에서 내 강의를 듣는 임시현 선수가 양궁 금메달을 따내면 뛸 듯이 기쁘겠지![2]

2 스포츠저널코리아 2024.04.

1988년 서울

성화의 정치

올림피아슈타디온은 독일 베를린시 올림피셔 플라츠 3번지에 있다. 거대한 석조건축물. '건축은 얼어붙은 음악'이라고 한 괴테의 말을 빌려 쓰자면, 제3제국을 노래하는 우렁찬 합창이 들리는 듯하다. 1936년 8월 1일, 올림피아슈타디온의 본부석 오른편 스탠드 위에서 흰 연기가 피어오르고, 흰 운동복을 입은 청년이 모습을 드러낸다. 그는 스탠드를 내려가 본부석 앞을 지난다. 아돌프 히틀러가 굽어본다. 청년은 반대편 스탠드로 쉼 없이 달려 올라간다. 마침내 거대한 원반을 얹은 세발 받침대 앞에 멈추어, 성화봉을 번쩍 치켜든다. 프리츠 실겐. 1906년 크론베르크에서 태어나 올림픽이 열릴 때는 서른이었다. 그가 최종주자로 선택된 이유는 간단하다. 몸과 동작이 아름다웠다. 기록영화 '올림피아'를 제작한 레니 리펜슈탈은 실겐의 몸을 '독일적인 이상을 구현하기에 가장 걸맞은 신체'라고 평가했다.

신체, 즉 몸에 대한 나치의 집착은 엄청났다. 신체의 균형과 완벽한 아름다움은 신성(神性)을 드러내며, 이는 아리안 족이 구현해야 할 가치에 속했다. '올림피아'의 도입부에는 그리스 신전에 자리 잡은 신들의 조각, 신체 균형이 완벽한 원반던지기 선수가 등장한다. 그리스의 신전에서 얻은 불씨를 젊은 청년들이 베를린으로 운반하니 곧 올림픽 사상 첫 성화 봉송이다. 그리스의 정신, 유럽의 본질이 제3제국의 수도에 이식되어 성화로 활활 타오르는 것이다. 이제 제3제국이야말로 유럽의 본질이며 현재라는 선언이 아닌가. 베를린올림픽은 '올림픽을 정치선전의 도구로 전락시켰다.'는 비난을 받는다. 그러나 올림픽을 개최한 도시치고 베를린을 비판할 수 있는 도시는 없다. 올림픽은 정치적이다. 아니, 올림픽은 정치이다.

쇼 또는 선언

우리는 고대 올림픽에 대해 환상을 가지고 있다. 그리스의 도시 국가들은 지독한 전쟁을 벌이다가도 올림픽이 열리면 중단했으며 올림픽의 승리자들은 월계관을 쓰고 명예를 누렸을 뿐 금전과 같은 속된 보상은 바라지 않았다고. 하지만 전쟁은 심심찮게 벌어졌다. 90회 대회가 열린 기원전 420년에는 스파르타에서 피르고스와 레프레움에 군대를 보냈다. 근대 이후에도 전쟁 때문에 올림픽을 열지 못한 경우가 세 차례(1916, 1940, 1944년)나 된다. 고대 올림픽의 우승자들은 월계관뿐 아니라 재물을 축적할 수 있었고, 따라서 올림픽은 팔자를 고칠 수 있는 기회였다. 고대 올림픽이 열리는 날 선수들은 모두 제우스 상 앞에서 돼지를 잡아 제물로 바치고 선서를 했다. 선수와 코치들은 부정을 저지르지 않겠노라고, 심판들은 뇌물을 거부하고 공명정대한 판정을 내리겠노라고. 이런 선서가 왜 필요했겠는가.

근대 올림픽의 태동은 19세기 후반 유럽에서 유행한 그리스 문화와 관련이 있다. 상징적인 인물이 하인리히 슐리만이다. 슐리만이 트로이의 발굴자라면, 피에르 쿠베르탱은 올림픽의 발굴자다. 그는 프랑스가 프로이센과의 전쟁에서 진 이유는 프랑스 청년들이 정신적·육체적으로 독일 청년들만큼 강하지 못해서였다고 판단했다. 따라서 스포츠 교육을 통해 프랑스를 재건해야 한다고 주장했다. 그에게 올림픽은 도구였다.

근대 올림픽이 그리스의 아테네에서 시작되었다면, 현대 올림픽은 베를린에서 시작되었다. 처음으로 성화를 봉송했고, 텔레비전으로 생중계됐다. 무엇보다도 올림픽을 정치적으로 악용한다는 전통을 기술적으로 완성했다. 그리고 숱한 아류를 낳았다. 곧 1964년 도쿄올림픽과 1988년 서울올림픽, 그리고 2008년 베이징올림픽이다. 1936년 올림픽은 독일이, 1964년 올림픽은 일본이 패전을 딛고 일어섰음을 알리는 선언이다. 1988년 올림픽은 한강의 기적을 통해 근대화를 완수했다는 '중진국' 한국의 선언이자 군사독재 정권의 마지막 노래였다. 20년 뒤 열리는 베이징올림픽은 중화의 재기를 선언한 '대국굴기'에 다름 아니다.

특히 도쿄올림픽의 식전행사는 베를린올림픽과 흡사한데, 한국인이 보기에는 불결하다. 1954년 10월 10일 도쿄올림픽경기장에 도착한 성화의 마지막 주자는 사카이 요시노리다. 그는 원자탄이 떨어진 1945년 8월 6일 히로시마에서 태어났다. 일본은 사카이를 내세워 세계를 상대로 '피해자 코스프레'를 한다. "우리는 원자탄 폭격의 희생자다. 그러나 살아남아 다시 일어섰다!" 교수형을 당했어야 마땅한 히로히토가 박수를 친다. 이치가와 곤이 감독해 1965년 9월 24일에 개봉한 영화, '도쿄 올림피아드'다.

장물 또는 전리품

제5공화국이 박정희의 업적 위에 무임승차했다는 주장은 사실이 아니다. 4공화국의 올림픽 유치 계획은 박정희의 죽음과 동시에 끝장난 것과 다름없었기 때문이다. 동아일보의 1978년 2월 3일자 8면에 '아시안게임과 올림픽을 서울에 유치한다.'는 정부의 계획이 보인다. 박정희가 문교부를 연두 순시한 2일 박찬현 문교부장관은 1980년대 중반에 아시안게임을, 1990년대 후반에 올림픽을 서울에서 열겠다고 보고한다. 이듬해 박정희는 제60회 전국체육대회(전국체전) 치사에서 "우리는 멀지 않아 1980년대에는 아시안게임은 물론 세계올림픽대회도 유치하기 위해 준비에 착수하고 있다"고 확인한다. (매일경제 1979년 10월 12일자 1면) 이보다 앞선 8일에는 정상천 서울시장이 아시안게임 개최 연도를 1986년으로, 올림픽 개최연도는 1988년으로 특정하여 더 구체적인 계획을 발표한다. (경향신문 1979년 10월 8일자 1면)

박정희가 죽은 다음 서울올림픽 유치 계획은 잠시 표류한다. 1980

년 2월 6일자 동아일보 7면에는 "관련예산이 올해 일반회계에 전혀 배정되지 않은데다 서울시 문교부 대한체육회 등 관련부서에서 유치신청 작업을 서로 꺼려 발표 5개월째 접어든 6일 현재 유치준비위원회조차 구성될 움직임이 없는 형편"이라는 기사가 게재되었다. 그런데 이 해 말, 상황이 급변한다. 대한올림픽위원회(KOC)는 11월 6일 긴급상임위원회를 소집해 유치여부 결정권을 위원장단에 일임한다.(경향신문 1980년 11월 7일자 8면) 한 달도 지나기 전인 이 해 12월 3일, KOC는 "서울특별시장이 1988년 하계올림픽의 서울 개최를 보증한다."는 전문을 스위스 로잔에 있는 국제올림픽위원회(IOC) 본부에 보낸다.(동아일보 1980년 12월 3일자 8면) 마침내 1981년 10월 30일 밤 11시 45분, 후안 안토니오 사마란치 IOC위원장이 제24회 하계올림픽의 서울 개최를 확인하는 IOC 위원들의 투표 결과를 발표한다. (동아일보 1981년 10월 1일자 1면) 서울올림픽 개최는 전두환 군사 정권이 거머쥔 장물 또는 전리품이다.

잠적 또는 퇴행

스포츠는 물론 정치, 사회 역사를 연구하는 학자들과 많은 미디어가 서울올림픽이 우리 사회에 미친 영향을 평가하고 의미를 부여한다. 세 가지로 정리된다. 첫째, 스포츠행사로서 성공했다. 둘째, 동서냉전을 완화했다. 셋째, 한국의 국제적 지위를 격상시켰다. 이에 덧붙여 문화적으로는 개방이 확대되고 가속되었다. 변화는 예술과 문화의 영역을 넘어 이념 문제로 확산되었다. 서울올림픽은 한국인의 의식세계를 대회 개최 이전의 수준으로 돌이킬 수 없을 만큼 결정적이며 불가역적으로 바꿔 놓았다.

스포츠는 반역과 학살이라는 원죄를 짊어진 1980년대의 독재 정권이 추구할 수 있는 유일한 외교 정책수단이었을지 모른다. 그들은 용케도 1986년 아시안게임, 1988년 올림픽을 유치해 국가 전체를 이 대형 이벤트에 몰입시키는 데 성공했다. 하지만 두 이벤트 사이에서 일어난 시민혁명이 시대의 황혼을 알렸다. 쿠데타의 주역 노태우는 어찌됐든 선거를 통해 집권했고, 이후 김영삼-김대중-노무현이 차례로 집권하면서 군사 독재의 망령을 씻어냈다. 당연히 스포츠의 패러다임도, 대중문화로서의 역할도 재검토 과정을 겪어야 했다. 그러나 스포츠는 사회적 변화의 말석에 놓였고, 아직도 유·무형의 통제로부터 벗어나지 못한 채 자율성 부재의 터널을 지나고 있다. 박근혜 정권 아래에서는 타락의 극치를 보여준다. 사유화된 권력을 분양받은 최순실 무리가 K스포츠와 같은 재단을 통해 추구하는 이권과 사적 성취에 대한 욕망은, 한국의 스포츠문화를 인간의 소외라는 가장 저급한 수준으로 퇴행시켰다.[3]

3 계간 파란 2017년 봄호.

2021년 도쿄

일본 정부는 지난 5월 7일 코로나19 대책본부 회의를 열고 도쿄도와 오사카부, 교토부, 효고현 등 4개 광역지방자치단체에 내려진 긴급사태 발령 기간을 5월 31일까지 연장하기로 했다. NHK의 집계에 따르면 코로나19 신규 확진자는 6057명, 누적 확진자는 62만8746명으로 불었다. 일본 전역에서 확인된 코로나19 사망자는 148명으로, 하루 기준으로 가장 많았다. 전체 사망자는 1만773명으로 늘었다. 111일 만의 최다 기록이었다. 일본 총리 스가 요시히데는 긴급사태 발효 기간 연장과 대상 지역 확대를 발표하면서 방역 실패에 대해 대국민 사과를 했다. 일본의 여론은 들끓었다. 온라인 청원사이트 체인지닷오알지(Change.org)에 따르면 5월 9일 오후4시 기준 '사람들의 생명과 생활을 지키기 위해 도쿄올림픽 개최 취소를 요구합니다.'라는 제목의 청원에 30만 명이 넘게 참여했다.

도쿄올림픽의 정상적인 개최는 현실적으로 어렵다. 그런데도 스가는 "엄격한 감염 예방대책을 실시하면 안전한 올림픽을 치를 수 있다."고 강변했다. 존 코츠 국제올림픽위원회(IOC) 부위원장 겸 조정위원장은 5월 8일 연례총회에서 도쿄올림픽 취소·연기 여부를 묻는 질문에 "없다."고 단언했다.[4] 물론 나중에 어떤 결정에 이르게 될지는 알 수 없다. 올림픽이 일본에, 그리고 IOC에 무엇이기에 그토록 집착하는 것일까. 2021 도쿄올림픽은 대한민국에 어떤 의미로 다가오는가. 어차피 헛된 꿈이었던 아마추어리즘의 폐허 위에 극단적 국수주의와 상업주의, 국제정치의 이합집산이 뒤범벅되는 술수의 대제전이 될 것이 확실해 보이는 도쿄의 한복판에서 대한민국 스포츠는, 아니 대한민국은 어떤 꿈을 꾸고 무엇을 열망해야 하는가.

Olympic Truce라는 환상

2021 도쿄올림픽은 대한민국이 참가하는 18번째 대회다. 한국은 1948년 런던올림픽에 첫 선을 보인 이후 1980년 모스크바대회를 제외한 모든 올림픽에 선수단을 파견했다. 전쟁 중이던 1952년에도 헬싱키올림픽에 선수단을 보냈다. 1988년에는 서울에 올림픽을 유치해 성공적으로 치러냈다. 코로나19의 확산에도 불구하고 일본과 IOC가 도쿄에 성화를 지핀다면 한국은 선수단을 보낼 것이다. 대한민국 정부는 경제적 득실은 물론, 남북한 관계를 중심으로 전개되는 정치적 이해와 한일외교라는 현실을 고려할 것이 틀림없다. 국내 정치는 물론 내년의 대선 국면에도 올림픽 경기의 결과는 크든 작든 변수로 작

4 진달래, 「도쿄올림픽 취소하라… 사흘 만에 30만 청원 동의」, 『한국일보』, 2021.05.09.

용할 것이다. 이러한 설명이 '한국에 올림픽은 무엇인가'라는 질문에 대한 답변으로 연결될 수 있다. 대한민국에 올림픽은 '매우 중요한, 그리고 상징적인 의미를 지닌 국제 행사'다. 손기정(외세에 의한 강점)과 신금단(조국 분단과 이산), 그리고 서울올림픽(한국의 부흥과 동서화합)은 대한민국의 오늘을 설명하는 키워드들이다.

올림픽을 바라보는 시선은 대략 두 가지다. 하나는 올림픽을 인류 평화의 제전으로 보고 많은 문제점을 약간의 흠 정도로 치부하는 시각이다. 또 하나는 근대올림픽이 시작부터 모순과 한계를 안고 출발한 것이어서 그 숭고한 이념의 실현은 애초부터 불가능했다는 시각이다. 한국인들은 대개 첫 번째 시각을 학습하거나 강요당해왔다. 그러나 좀 더 열린 시각으로 바라본다면 올림픽이 인류 평화의 대제전, 순수한 스포츠 경기라는 신비스런 또는 거짓의 베일 속에 몸을 숨긴 채 극도로 배타적인 국가주의, 상업주의, 인종차별, 인간의 도구화, 국민의 우민화 등으로 얼룩져왔음을 부인할 수 없다.

근대올림픽의 태동은 19세기 후반 유럽에서 유행한 그리스 문화와 큰 관련이 있다. 근대올림픽의 창시자로 알려진 프랑스의 부르주아 피에르 드 쿠베르탱은 프랑스가 프로이센과의 전쟁에서 패한 주요 원인이 프랑스 청년들의 정신과 육체적 강건함이 독일 청년들에 미치지 못했기 때문이라 판단해 프랑스의 재건을 체육 교육을 통해 이룩해야 한다고 주장한 사람이다. 따라서 그의 이상은 프랑스의 유럽 대륙 제패를 꿈꾸는 패권주의에 다름 아니다. 근대올림픽이 예외 없이 패권주의와 정치, 이데올로기 대결로 오염되어야 했던 이유 역시 이러한 태생적 모순과 약점 때문이었다는 사실은 자명하다.

올림픽의 정치적 오염은 숙명과도 같다. 근대올림픽 창설 이후 올림픽이 전쟁을 중단시킨 적이 한번인들 있었던가? 오히려 전쟁 때문에 올림픽이 중단된 경우가 세 차례나 된다. 그뿐인가. 나치 독일은 1936년 베를린올림픽을 정치 선전의 무대로 악용했다. 1964년 도쿄올림픽은 전범국가 일본이 태평양전쟁과 아시아 주변국 침략 과정에서 저지른 반인류적 범죄의 책임을 면제받고 탈아입구(脫亞入歐)로 다시 나아가기 위한 면허증을 발급했다. 1968년 멕시코시티올림픽은 멕시코의 군사독재정권이 국내의 반정부세력을 무자비하게 탄압하는 명분을 제공했다. 1980년 모스크바올림픽은 소련의 아프가니스탄 침공에 항의하는 서방국가들의 보이콧으로 반쪽이 되어버렸다. 동구권은 1984년 로스앤젤레스대회를 보이콧함으로써 보복했다.

동구권의 붕괴로 동서냉전이 종식되었다고 하지만 올림픽을 비롯한 메가 이벤트는 여전히 극단적인 내셔널리즘의 경연장이 되고 있다. 올림픽은 배타적인 국가주의 경쟁의 가장 높은 경지를 함축해 보여준다. 세계중심국가로 재기한 중국이 서방과는 전혀 다른 가치관과 행동방식으로 미국의 패권에 도전하는 지금, 스포츠의 현장에서도 G2를 중심으로 한 경쟁은 격화될 수밖에 없다. 그러니 올림픽은 여전히 전쟁을 대신한 패권다툼이요, 선수들은 그들이 원하든 원하지 않든 민족주의의 전사(戰士)가 된다. 통치자들은 올림픽을 통해 적어도 4

년에 한 번씩 맹목적인 애국심을 강요할 권리를 제공받는다. 올림픽의 정치적 악용은 인간을 조작 가능한 대상으로 만들며 국민의 비판의식을 마비시키는 결과를 낳는다. 여러 사례에서 보듯 국민들의 시각을 왜곡하고 자국 선수들의 승리를 국가의 승리로 환산하는 이기적 애국심을 조장한다. 여기에서 텔레비전, 신문, 방송 등 매스미디어가 결정적인 역할을 맡는다. 이들은 자국 체제와 인종(민족)의 우월성을 부각시키는 데 최고의 위력을 발휘한다. 특히 중계방송 종사자들은 올림픽 경기를 중계하는 내내 정신상태가 의심스러울 정도로 상식으로는 이해하기 어려운 언어와 행동을 반복한다. 한국 선수나 팀과 대결하는 상대는 의심의 여지없이 적(敵)이며 타도의 대상이고 열등하기 짝이 없는 장애물과 같은 존재다.

우리는 고대올림픽에 대해 환상을 가지고 있다. 그리스의 도시국가들은 올림픽이 열리면 전쟁을 하다가도 중단했으며 고대올림픽의 승리자들은 월계관을 쓰고 명예를 누렸을 뿐 금전과 같은 속된 보상은 바라지 않았다고. 그러나 실제로 우승자가 아무런 물질적 보상도 받지 않는 것은 아니었다. 아폴론 경기에서는 기원전 6세기에 값나가는 물건을 부상으로 주었다. 우승자가 배출된 도시에서는 우승자에 대한 보상을 아끼지 않았다.[5] 올림픽이 전쟁을 말린다는 '올림픽에 의한 평화'(Olympic Truce)는 고대에나 현대에 들어와서나 진실과 거리가

5 김복희, 『고대올림픽의 세계』, 서울: 살림, 2004, pp17-18.

몄을 우리는 안다. 전쟁은 잦았다. 90회 대회가 열린 기원전 420년에는 스파르타에서 피르코스와 레프레옴에 군대를 보냈다. 벌금이 부과됐지만 스파르타는 벌금 납부를 거절했다. 그 대가는 올림피아 출전 정지 처분이었다.

올림픽은 정치적이다. 아니, 올림픽은 정치이다. 현대스포츠를 지배하는 상업주의도 정치를 이기지 못한다. 모든 올림픽은 형제처럼 닮았다. 정치, 경제, 민족주의, 패권주의의 뒤범벅이며 인간 욕망이 개인과 집단의 층위를 불문하고 격돌하는 전장이다. 서울올림픽은 한강의 기적을 통해 근대화를 완수했다는 '중진국' 한국의 선언이기 이전에 군사독재 정권의 마지막 노래였다. 20년 뒤 열리는 베이징올림픽은 아편전쟁 패배 이후 곤두박질친 '중화'의 재기를 선언한 대국굴기(大國崛起)에 다름 아니다. 그중에도 1936년 베를린올림픽, 1964년 도쿄올림픽은 쌍둥이와 같다. 베를린올림픽은 '올림픽을 정치의 도구로 전락시켰다'는 비난을 받는다. 1964년 도쿄올림픽은 전범국 일본의 후안무치한 '셀프사면 쇼'였다.

1931년 4월 26일 스페인 바르셀로나에서 열린 IOC 총회. 독일 정부는 국가차원의 총력준비를 약속하며 베를린에 올림픽을 유치한다. "제1차 세계대전의 상흔을 완전히 씻어내고 전후복구를 마무리했으니 전 세계 사람들에게 우리의 모습을 보여주고 싶다." 그들은 그렇게 유치위원들의 마음을 움직였다.[6] 마침내 1936년 8월 1일, 올림피아 슈타디온의 본부석 오른편 스탠드 위에서 흰 연기가 피어오르고, 흰 운동복을 입은 청년이 모습을 드러낸다. 프리츠 실겐. 1906년 크론베르크에서 크론베르거 고등학교 교장의 둘째 아들로 태어나 베를린올림픽이 열릴 때는 서른이었다. 육상 중장거리선수로서 1929년과 1931년, 1933년에 독일육상선수권대회에서 동메달을 땄다. 그가 성화 최종주자로 선택된 이유는 달리는 동작이 우아하고 아름다웠기 때문이다.

'올림피아'와 '도쿄 올림피아드'

신체, 즉 몸에 대한 나치의 집착은 엄청났다. 신체의 균형과 완벽한 아름다움은 신성(神性)을 드러내며, 이는 아리안 족이 구현해야 할 지고의 가치에 속했다. 레니 리펜슈탈이 제작한 '올림피아'는 베를린올림픽을 통하여 나치 독일이 구현하려는 이상을 가감 없이 드러낸다. 도입부에서 그리스 신전의 폐허와 거기 흩어진 신들의 조각, 신체 균형이 완벽한 원반던지기 선수가 차례로 등장한다. 원반던지기 선수의 조각이 디졸브(dissolve)되어 건장한 남성의 움직임이 화면을 메우고 잇따라 젊은 남녀의 군무가 이어진다. 그리스의 신전에서 얻은 불씨가 젊은 청년들의 손에 이끌려 베를린까지 운반되니 곧 올림픽 사상

---

6 장원재, 『올림픽의 숨은 이야기』, 서울: 살림, 2004, p41.

첫 성화 봉송을 한 것이다. 그리스의 정신, 곧 유럽문화의 정수(精髓)가 제3제국의 수도에 이식되어 성화로 활활 타오르는 것이다. 이제 제3제국이야말로 유럽의 본질이며 현재라는 선언이 아닌가.

1964년 도쿄올림픽의 식전행사는 베를린올림픽을 베껴먹었다. 10월 10일 도쿄올림픽경기장에 도착한 성화의 마지막 주자는 와세다대학생 사카이 요시노리다. 그는 1945년 8월 6일 히로시마에 원자폭탄이 투하되고 1시간 반 후에 태어난, 일명 '원자폭탄의 아이(原爆の子)'다. 조직위원회가 그를 최종주자로 선정한 이유는 바로 이런 상징성에 있었다. 원자폭탄으로 잿더미가 된 곳에서 아이가 태어나 청년으로 성장했듯이, 일본도 전쟁의 폐허에서 올림픽을 개최할 정도의 국력과 경제력을 갖춘 나라로 발전했음을 전 세계에 알리기에 사카이는 가장 적합한 인물이었다. 일본은 사카이를 내세워 세계를 상대로 '피해자 코스프레'를 한다. "우리는 비인간적인 원자탄 폭격의 희생자다. 그러나 살아남아 다시 일어섰다!" 히로히토가 박수를 친다. 이치가와 곤이 감독해 1965년 9월 24일에 개봉한 영화, '도쿄 올림피아드'다. 그 장면 장면을 보고 있노라면 반도인의 피가 거꾸로 솟구친다. 그러나 일본인의 심장은 다른 방식으로 뛰었다.

소설가 이시카와 다쓰조는 개막식을 지켜본 다음 "과거에는 서로 죽이고 증오했던 제2차 세계대전의 참가국들이 그 당시의 원한과 증오를 잊고, 각자의 국기를 들고 아름다운 유니폼을 입고 질서정연하게 입장식에 참렬한 것"에 감동한다. 그리고 그 광경을 보면서 "나는 거의 20년이 되어 가는 '그 당시'를 떠올리지 않을 수 없었다. 전쟁에 의해 피폐해질 대로 피폐해진 일본, 잿더미로 변한 도쿄, 오사카, 요코하마. …패전 후의 혼란과, 완전히 자신감을 상실했던 당시의 일본의 모습, …그 당시의 일본과, 이 성대한 의식을 개최하고 있는 일본이 같은 민족의 모습으로는 믿어지지 않는다."라고 한다. 요컨대 화려한 개막식을 치를 수 있을 정도의 국력을 갖춘 일본을 자랑스러워하며 이내 그와 극명한 대조를 이루는, 약 20년 전의 황폐했던 일본을 떠올리게 된 것이다.[7]

미시마 유키오는 매우 탐미적인 소설을 써서 인기를 모은 자인데, 본명은 히라오카 기미타케다. 일본의 극우분자로도 역사에 이름을 새긴 그는 1970년 11월 25일 도쿄의 자위대 건물에 들어가 전쟁 포기와 국가 교전권 불인정 등을 규정한 이른바 평화헌법을 개정하기 위해 자위대가 나서야 한다는 연설을 한다. 그러나 돌아온 것은 자위대원들의 냉소와 야유뿐, 낙담한 미시마는 윗도리를 벗고 자신의 배에 단도를 찔러 넣었다. 영화 속의 사무라이처럼 장렬하게 죽음을 맞고 싶었겠지만 현실은 달랐다. 여기저기 피를 묻히고 동료에게 수고를 끼쳐가며 추잡하게 목숨을 놓았다. 일왕 히로히토는 각국의 반응을 의식해 언짢은 태도를 보이면서도 평소 자신을 찬양했다는 말을 듣고

---

7 김옥희, 「일본의 문학자들이 기록한 1964년 도쿄올림픽」, 『인문과학연구논총』 38집(2017.2), pp161-162.

장례비용을 보냈다.[8]

미시마는 올림픽이 끝난 뒤 잡지에 연재한 수필 「추동수필(秋冬隨筆)」에서 개막식 감상을 적었다. 그는 "개막식 때 폐하의 더할 나위 없이 수려한 모습과, 브런디지 IOC회장의 간청을 받아들여 개막 선언을 하시는 당당한 모습을 보고, 나는 19년 전의, 맥아더 원수와 나란히 선 슬픈 사진과 비교가 되어 감개가 무량했다. 이때 19년 전을 떠올린 사람은 나 하나만은 아닐 거라고 생각한다."라며 천황의 개막 선언에 대해 언급한다. 요컨대 천황이 올림픽을 계기로 해서 패전국의 수장이라는 치욕스런 과거를 떨쳐버리고 화려하게 복귀한 것에 미시마는 감격하고 있는 것이다. 그런 모습을 보며 미시마가 "패전으로 나락에 떨어졌던 천황의 재기를 꿈꾸게 되었다."는 식의 해석도 가능하다.[9]

1994년 노벨문학상 수상작가인 오에 겐자부로는 비교적 객관적인 시각으로 올림픽을 바라보며 내셔널리즘과는 일정한 거리를 유지했다. 심지어는 "애국심에 대해서 말하더라도 전쟁 동안의 애국심은 평화의 시대에는 무력해지거나 왜곡되거나 하고 만다. 특히 올림픽이 개최된 2주일 동안에 격앙된 애국심 따위는 TV의 스위치가 꺼지면 브라운관이 순간 깜빡였다가 꺼지듯이 자취를 감추게 될 것이다."라고 하며 올림픽으로 고조된 내셔널리즘은 올림픽이 끝나면 당연히 유

8 이희용, 「미시마 유키오 할복자살 후 일본 50년」, 『연합뉴스』(2020. 11. 23).

9 홍윤표, 「미시마 유키오(三島由紀夫)와 1964년 도쿄올림픽—세계화와 내셔널리즘 사이에서」, 『일본학보』 77집(2008.11), p133.

효기간이 만료된다는 것을 기정사실화하며 철저하게 내셔널리즘을 경계하고 있다.[10] 그러나 오에가 알아야 할 것은 올림픽의 성화가 꺼진 다음에도 올림픽을 동기로 삼아 고조된 민족주의를 이용하려 드는 권력과 정권의 본성이다. 그들에게 그런 의도가 없었다면 아예 올림픽 따위는 유치하지도 않았을 것이다.

아베 신조가 집권한 뒤 일본이 우경화했다지만 일본인들의 본심은 처음부터 한결같다. 오즈 야스지로가 감독한 영화 '꽁치의 맛'(1962)을 보라. 홀아비 히라야마 슈헤이가 외동딸 미치코를 시집보내는 얘기. 히라야마는 2차대전 때 해군의 함장으로 참전한 장교출신이다. 그가 옛 부하 요시타로 사카모토를 만나 술집에 간다. 요시타로는 술이 한 잔 들어가자 주절거린다. "전쟁에서 이겼으면 뉴욕에서 술을 마시고 있을 텐데요. 코쟁이들이 상투를 튼 꼴이 볼 만할 텐데…." 나는 오즈가 요시타로의 입을 빌어 말하고 있다고 생각한다. 일본의 본심(本心). 죄의식은 코스튬일 뿐, 전쟁에 져서 억울할 뿐이다. 여기 비하면 "그래, 일본이 전쟁을 일으켰다. 전쟁은 어차피 잔혹하다. 승패만 있을 뿐, 선악을 따져 뭐하게?"라고 눈을 치뜨는 시오노 나나미가 훨씬 정직하다. 예술을 빙자해 악을 선(또는 미)으로 덧칠하면 깜빡 속는다. 리펜슈탈의 '올림피아'와 이치카와의 '도쿄 올림피아드'는 아주 나쁜 예다.

---

10 김옥희, 「일본의 문학자들이 기록한 1964년 도쿄올림픽」, 『인문과학연구논총』 38집(2017.2), p170.

일본의 전 총리 아베는 두 번째 도쿄올림픽을 역대 최악의 올림픽으로 만들기로 작정한 사람이다. 그는 저서인『아름다운 국가로』에서 1964년 올림픽에서 일본이 금메달 16개를 획득한 것을 높게 평가하며, 국제 스포츠의 승패는 국가가 얼마나 힘을 쏟느냐에 따라 좌우된다고 주장한다. 국제 스포츠 대회에서 승리를 목표로 내걸면 국민들이 하나로 단결하는 구심력이 된다. 그래서 국제 스포츠 대회는 국가의 위신을 걸고 하는 것이며 개발도상국들은 경제성장을 뒷받침하기 위한 기폭제로 올림픽을 이용했다는 것이 아베의 생각이었다.[11] 즉, 아베에게 올림픽이란 국가 간의 총성 없는 전쟁이자 국민들을 결속시키는 기제인 것이다. 이런 아베가 올림픽을 자신의 정치적 목표를 달성하는 디딤돌로 삼고자 한 것이 이상한 일은 아니다. 아베는 2017년 5월 3일 헌법 개정을 위한 시민 단체 행사에 보낸 영상메시지에서 다음과 같이 말했다.[12]

> 나는 예전부터 반세기 만에 하계 올림픽, 패럴림픽이 개최되는 2020년을 미래를 주시하며 일본이 새롭게 태어나는 커다란 계기로 삼아야 한다고 말해 왔습니다. 일찍이 1964년의 도쿄올림픽을 목표로 일본은 새롭게 태어났습니다. 그때 얻은 자신감이 그 이후 선진국으로 급성장할 수 있는 원동력이 되었습니다. 2020년 또한

---

11 安倍晋三,『美しい国へ』, 東京: 文藝春秋, 2006, pp79-80.

12 日本経済新聞,「首相 '2020年に新憲法' 9条に自衛隊明記」,『朝日新聞』, 2017.5.3.

일본인 공통의 커다란 목표가 되고 있습니다. 새롭게 태어난 일본이 반듯하게 움직이기 시작하는 해인 2020년을 새로운 헌법이 시행되는 해로 삼고 싶다고 강력하게 원하고 있습니다.

아베가 개헌의 구체적인 시기를 언급한 것은 이때가 처음이었다. 아베가 개헌 시기로 올림픽이 열리는 2020년을 제시하면서 올림픽을 정치적으로 이용하고 있다는 논란이 본격적으로 일었다. 도쿄신문은 개헌은 올림픽과 아무 관계없고, 피해자의 고통을 부흥올림픽이라는 명목으로 감추려 한다며 아베를 1936년 베를린올림픽 당시의 히틀러에 비유하였다. 또한 마이니치신문은 올림픽을 지렛대로 개헌에 나서는 것은 올림픽 정신에 위배되며, 아베에게 올림픽은 스포츠 제전으로 독립된 존재여야 한다는 감각이 없는 것 같다고 비판하였다.[13] 아베의 뒤를 이은 스가 요시히데도 근본적으로는 아베와 다를 것 없는 인간이다.

Again, 환상의 도쿄올림픽?

2021 도쿄올림픽은 새로운 역사를 쓸 가능성 앞에 섰다. 1896년 아테네에서 근대올림픽이 시작된 이래 처음으로 전쟁이 아닌 그 무엇이 올림픽을 중단시킬 수도 있게 된 것이다. 인류는 처음으로 비폭력적인 방식으로 올림픽을 쉴 기회를 맞았다. 그 기회를 살릴 것인지

13 윤석정, 「2020년 도쿄올림픽과 아베의 올림픽」, 『일본비평』 23집(2020.5), p37.

말 것인지를 놓고 고민할 수 있게 되었다. 코로나19와의 지난한 싸움을 전쟁에 비유할 수는 있지만 이는 포탄이 날아다니고 인간의 삶을 송두리째 파괴해버리는 종류의 전쟁과 거리가 멀다. 코로나19는 전쟁과는 다른 방법으로 인류를 멈춰 세웠다. 현대 과학조차 패배를 인정하는 기미가 보인다. 코로나19의 완전한 종식이나 집단면역의 형성은 불가능하며 감기나 독감처럼 공생하는 방법 밖에 없다는 절망적인 고백도 심심찮게 들린다. 이 고백이 진실일 수 있고, 최선의 기대를 담은 희망사항일 수도 있다. 공생할 수 있다면 코로나19는 현대의 페스트에서 계절병이나 풍토병의 지위로 격하될 수밖에 없다.

일본은 1940년 올림픽 개최권도 획득했지만 중일전쟁이 장기화되고 일본군의 잔혹 행위가 전 세계에 알려지면서 올림픽 보이콧 움직임이 일어나 개최권을 반납한 역사가 있다. IOC는 일본의 개최권을 회수, 헬싱키를 개최지로 결정했으나 소련의 핀란드 침공이 이어지면서 1940년 올림픽은 무산되었다.[14] 일본사회는 이 올림픽을 '환상의 도쿄올림픽'(幻の東京オリンピック)이라고 부른다. 팬데믹 때문에 2020년 올림픽이 중지된다면 일본은 하계 올림픽을 2번 반납한 국가라는 불명예를 안을 것이었다. 이렇게 일본 사회에서 올림픽을 둘러싼 기억의 추는 1964년의 빛나는 시대에서 1940년의 '환상의 올림

14 장원재, 『올림픽의 숨은 이야기』, 서울: 살림, 2004, p42.

픽' 쪽으로 급속히 기울어졌다.[15] 전범국가 일본의 신분세탁과 선진국 재진입의 표상이던 1964년의 재림은 요원해졌고, 1940년의 망령이 어른거리고 있는 것이다.

풍전등화의 위기 속에, 일본은 최악의 경우 관중 없이라도 도쿄올림픽을 강행할 작정이다. 이 결연함에서 2차대전 당시 사이판이나 오키나와에서의 최후결전, 옥쇄, 할복 같은 핏빛 이미지가 선연함을 본다. 여기에는 인류애나 올림픽 정신, 휴머니즘 따위는 흔적조차 없다. 일본의 무자비한 정치적 지향과 IOC의 몰염치한 상혼이 합의와 협잡 사이에서 조우했을 뿐이다. 대한민국은 도덕과 불의, 올림픽 정신과 과학 사이에서 큰 고민 없이 도쿄에 선수단을 보낼 것이 틀림없다. 원정응원단을 들이지 않는 올림픽, 무인도의 올림픽, 경우에 따라서는 오롯이 중계방송에만 의존해 내용을 알 수 있는 스튜디오올림픽을 한국 스포츠는 외면하지 못한다. 이곳에서 대한민국은, 대한민국의 스포츠는 어떠한 체험과 선택 앞에 놓일 것인가. 2021 도쿄올림픽은 우리의 올림픽 운동사에 어떤 유산으로 남을 것인가.[16]

---

15 윤석정, 「2020년 도쿄올림픽과 아베의 올림픽」, 『일본비평』 23집(2020.5), p43.

16 한국스포츠정책과학원(2021), 『스포츠과학』 155호, 10-19.

올림픽찬가

올림픽을 바라보는 시각은 대개 두 가지다. 하나는 올림픽을 인류 평화의 제전으로 보고 많은 문제점을 약간의 흠 정도로 치부하는 시각이다. 또 하나는 근대 올림픽이 시작부터 모순과 한계를 안고 출발한 것이어서 그 숭고한 이념의 실현은 애초부터 불가능하리라는 시각이다. 한국인들은 대개 첫 번째 시각을 강요당해 왔다. 그러나 좀 더 열린 시각으로 바라본다면 올림픽이 '인류 평화의 대제전', '순수한 스포츠 경기'라는 신비스런 베일 속에 몸을 숨긴 채 극도로 배타적인 국가주의, 상업주의, 인종 차별, 인간의 상품화, 국민의 우민화 등 숱한 부정으로 뒤덮여 있음을 부인할 수 없을 것이다.

올림픽은 해방공간이 아니다

근대 올림픽의 태동은 19세기 후반 유럽에서 유행한 그리스 문화와 큰 관련이 있다. 근대 올림픽의 창시자로 알려진 프랑스의 부르조아 쿠베르탱은 프랑스가 프러시아와의 전쟁에서 패한 주요 원인이 프랑스 청년들의 정신적 육체적 강건함이 독일 청년들에 미치지 못했기 때문이라 판단해 프랑스의 재건을 스포츠 교육을 통해 이룩해야 한다고 주장했던 사람이다. 따라서 그의 이상은 프랑스의 유럽 대륙 지배를 꿈꾸는 패권주의에 다름 아니며, 근대 올림픽이 줄곧 국가 패권주의와 정치, 이데올로기 대결로 오염되어야 했던 이유 역시 이러한 스스로의 모순과 약점 때문이었다는 사실이 자명해진다. 따라서 올림픽의 정치적 오염은 어떤 면에서 숙명과도 같다.

근대 올림픽의 창설 이후 고대에 가능했던 것처럼 올림픽이 전쟁을 중단시킨 적이 한 번인들 있었던가? 오히려 전쟁으로 인해 올림픽이 중단된 경우가 세 차례나 된다. 히틀러 치하의 독일은 올림픽을 전쟁 준비 수단으로 악용했고, 실제로 1936년 베를린올림픽을 극도의 인종주의(아리안 족 우월주의 및 유태인과 흑인에 대한 모욕)로 오염시켰다. 1964년 도쿄올림픽은 전범국 일본이 2차 대전의 책임을 면제 받아 '탈아입구(脫亞入歐)'는 메이지 시대 이후부터의 국가적 목표를 향해 다시 한 번 전진하기 위한 면허증을 발급했고, 1968년 멕시코시티올림픽은 군사독재 정권이 국내의 반정부 세력을 무자비하게 탄압하는 명분을 제공했다. 1980년 모스크바올림픽은 소련의 아프가니스탄 침공에 항의한 서방측의 보이콧으로 반쪽이 되어버렸고 동구권은 4년 후인 1984년 로스앤젤레스대회를 보이콧함으로써 보복했다. 또 1988년 서울올림픽은 쿠테타와 민중탄압으로 집권한 군사 정부가 정통성 시비를 피해가며 정권을 유지해가는 수단으로 악용되었다.

올림픽이 국가-인종주의와 정치, 폭력으로 오염된 최악의 예를 든다면 1974년 뮌헨올림픽이 될 것이다. 9월 5일 새벽, 5명의 팔레스타인 게릴라들이 뮌헨올림픽에 참가한 이스라엘 선수단 숙소에 침입해 선두 2명을 사살하고 9명을 인질로 잡은 후 이스라엘에 잡혀있는 200여 명의 팔레스타인 정치범 석방을 요구, 23시간 후 뮌헨공항에서의 총격전으로 선수 9명과 게릴라 5명, 서독 경찰 1명이 사망한 참변은 올림픽이 결코 해방공간이 아님을 증명해 보였다. 국제 친선과 평화라는 올림픽의 이념은 눈을 씻고 찾아봐도 흔적을 찾을 수 없게 되었다.

동서 냉전이 동구권의 붕괴로 종식되었다고는 하지만 강대국에 의한 패권주의는 올림픽 무대에서 조금도 물러서지 않고 있다. 어느 누구도 올림픽을 참가에 의의가 있는 대회로 생각하지 않는다. 오히려 올림픽은 스포츠를 통한 대리전쟁의 양상마저 보이며 강대국들의 정치적 입김에 흔들리곤 한다. 여기서 소외되는 것은 약소국들이다. 올림픽에 걸린 메달의 70% 이상을 10개국 안팎이 독점한다. 올림픽 참가국 가운데 80개국 이상이 색깔에 상관없이 메달을 아예 구경도 못한다. 결국 많은 자본을 투자할 수 있는 강대국이 메달을 독점하고 자국 체제와 인종, 국가의 우월성을 주장하게 된다.

금메달, 근로자 80년치 급여?

올림픽은 배타적인 국가주의 경쟁의 가장 높은 경지를 함축해 보여준다. 각국 통치자들은 올림픽을 통해 적어도 4년에 한 번씩 맹목적인 애국심을 강요할 권리를 제공 받는다. 올림픽이 정치적으로 악용된 많은 예에서 보듯 올림픽은 국민들의 시각을 왜곡하고 자국 선수들의 승리를 국가적인 승리로 환산하는 이기적 애국심을 조장한다. 여기서 결정적인 역할을 떠맡는 것이 TV, 신문, 잡지 등 매스미디어로서 자국 체제와 인종의 우월성을 부각시키는 데 최고의 위력을 발휘한다. 올림픽의 정치적 악용은 인간을 조작 가능한 대상으로 만들며 국민의 이성을 마비시키는 결과를 낳기 쉽다.

서울올림픽을 앞두고 한국의 군사정권이 성공적인 대회 개최가 곧바로 선진국 진입을 보장하기라도 하는 양 대국민 선전에 광분하고 역대 정권이 올림픽 또는 아시안 게임에서의 메달 획득 선수에 대해 그토록 많은 특혜(1986년 아시안게임 육상의 경우를 예로 들면 금·은·동 메달에 따라 각각 5천만 원, 2천만 원, 1천만 원씩을 지급했고 고교생인 임춘애는 격려금으로 1억5천800만 원을 받았는데 이 액수는 같은 또래 공단 여자 근로자가 야간작업까지 해서 받는 봉급의 80년분을 넘는 액수였다)를 베풀어야 했던 이유도 따지고 보면 이와 같은 부정적 요인들과 무관하지 않다.

상업주의가 올림픽 패권을 장악하면서 아마추어리즘이 소멸된 것은 자연스런 수순이다. 올림픽 현장 어느 구석에서도 아마추어리즘을 보호하는 문구는 찾아보기 어렵다. 쿠베르탱은 "올림픽 대회는 승리하는데 의의가 있는 것이 아니라 참가하는데 의의가 있다"고 올림픽에서의 참가 정신을 강조했다. 올림픽에 있어서 아마추어리즘은 평화로운 스포츠의 대전제이자 상업주의와 국가이기주의를 동시에 배제한 중요한 원칙의 일부다. 그러나 상업주의와 국가주의는 수단과 방법을 가리지 않고 승리하는 것을 최대의 덕목으로 변질시켰고 아마추어리즘의 희석과 약물의 남용(서울올림픽 100m 우승자인 캐나다의 벤 존슨이 대표적일 것이다), 각종 편법(유럽과 미국 지역의 중계 시간을 고려해 4천만 국민이 서머타임의 시계바늘 아래에서 생리 리듬을 잃고 허덕여야 했던 올림픽 전후의 악몽을 기억해 보라)의 득세를 가능케 했다.

노예까지 상품으로 지급했던 고대 올림픽

1974년 개정되기 전까지 올림픽 헌장은 아마추어를 1)생계 수단으로서의 직업이 있는 선수 2)스포츠 참여를 통해 보수를 받은 적이 없는 선수, 3)헌장 26조를 위배하지 않는 선수로 규정했고 1)직업을 중단하고 장기 트레이닝을 통해 경기 능력 향상을 위한 기회를 부여받은 국가 아마추어, 2)위와 같은 목적으로 의무를 면제받고 있는 군인, 3)운동능력을 이유로 장학금 또는 그 밖의 특전을 받으며 교육기관으로부터 편의를 제공받는 선수는 올림픽 헌장 26조의 아마추어 제한 규정에 위배되는 것으로 해석하고 있었다. 그러나 실제로 이러한 규정이 준수된 적은 한 번도 없었고 1952년 헬싱키올림픽 이후 소련 등 동구권 국가아마추어(State Amateur)선수들의 참여와 1960년대 이후의 상업주의에 의해 치명타를 입었다.

동구권 국가들은 선수들을 스포츠 정글에서의 승리를 통해 자국 체제의 우월성을 증명해 보이는 '스포츠 전사(戰士)'로 규정하고 어려서부터 스포츠 엘리트를 발굴해 육성하는 정책을 실시했다. 노골적인 국가-체제 간 경쟁은 기록-물질만능주의를 낳았고 스포츠의 순수한 이념은 질식해 버렸다. 물질은 스포츠 정신이 비운 자리를 대체하는 수단으로서 마약과도 같은 위력을 발휘했다. 한국도 예외는 아니다.

한국은 서방진영에 포함돼 있으면서도 스포츠 정책은 동구권의 국가 아마추어리즘을 추종했다는 점에서 매우 특이한 경우에 속한다. 1976년 몬트리올올림픽에서 한국의 양정모가 레슬링에서 첫 금메달을 따내자 상금 1억 원설이 있었다. 당시 대한올림픽위원회(KOC)는 "국제올림픽위원회(IOC)의 규정을 충실히 지켜온 KOC로서는 그 같은 일을 생각해 본적이 없다"고 밝혔다. 10년 후인 1986년 아시안게임에서는 '상금'이 아닌 '지원금'의 명목으로 선수에 대한 금전 지급이 공식적으로 실시됐다. 한국이 애틀랜타올림픽을 앞두고 책정한 상금 규모는 외형상 5억 원을 상회한다.

고대 올림픽은 기원전 776년부터 적어도 서기 260년까지 매 4년마다 정기적으로 개최되었고 393년 폐지될 때까지는 부정기적으로 열려 명맥을 유지했다. 많은 사람들은 이 시기의 올림픽을 육체와 정신이 조화된 인간을 만드는데 기여했던 것으로 믿고 있다. 그러나 실제로 고대 올림픽은 가장 특권적인 문화 행사로서 그리스 계급 사회와 권력구조를 지탱하는 이념에 의해 후원받았다. 인구의 50%가 넘는 노예들과 여성의 참가와 관전을 금했고 승리자에게 월계관을 씌우던 초기의 시상제도는 후기로 갈수록 막대한 부(상품으로는 노예까지 포함되어 있었다)와 특권을 보장하는 모습으로 변질되어 갔다. 참가자들은 부와 특권을 겨냥해 장기적인 훈련을 시작했고, 올림픽은 시간이 갈수록 부패했다. 쿠베르탱이 과거로의 상징적 복귀를 통해 이상화된 고대 올림픽과 일치시키려 했음에도 근대 올림픽은 고대 올림픽의 부정적 요소를 고스란히 이어받은 느낌을 준다.

한국 아마추어리즘의 최후

이념 분쟁이 다시 수면 아래로 가라앉은 세기말의 올림픽을 위협하는 것이 극도의 상업주의와 인종갈등, 지역분쟁이라는 점을 놓고 볼 때 애틀랜타에서 벌어지는 20세기의 마지막 올림픽은 역대 어느 대회보다 고대 올림픽 말기의 부정적 요소들을 부각시켜 놓고 있다. 올림픽을 운영하는 것은 미국의 중앙정부나 주 정부가 아니라 코카콜라와 CNN이 대표하는 상업주의다. 두 거대기업의 본거지인 애틀랜타는 장사로 변해버린 올림픽을 개최하기에 부족함이 없는 배경을 제공한다.

알려진 대로 애틀랜타는 남부 최대의 상업도시의 하나로 꼽히며 상업도시로 탈바꿈하기 전에는 미국 내 최대의 목화 생산지로 명성을 떨쳤던 곳이다. 아프리카 흑인 노예들이 모여들어 정착지로 삼은 곳으로 흑인들의 눈물과 한이 서린 땅이기도 하다. 흑인들이 비인간적인 노예 제도와 인종차별에 몸부림친 이 땅에서 마르틴 루터 킹 목사와 흑인 인권 운동가가 배출된 것은 당연한 일이다. 킹 목사가 생존했다면 당연히 올림픽 개최 반대 운동을 전개했을 것이다.

애틀랜타올림픽에 있어서의 상업주의는 가장 절정을 구가하며 올림픽 정신의 훼손에 결정적인 역할을 담당할 것이다. 애틀랜타올림픽에 참가하는 선수 중 진정한 아마추어는 한 명도 없다. '드림팀3'으로 불리는 미국 농구 대표 팀은 움직이는 달러 덩어리(드림팀의 원조 격인 1992년 바르셀로나올림픽에서 슈퍼스타 마이클 조던은 트레이닝 메이커가 자신의 스폰서와 다르다는 이유로 성조기를 망토처럼 걸치고 나가 시상식에 참석했다)들이고 미국의 모든 육상 스타들은 나이키와 리복의 살아있는 광고탑으로서 막대한 금액을 제공받고 있다. 이 같은 경우는 유럽이나 기타 지역 개발도상국들도 마찬가지이며 최소한 메달을 따낼 경우의 부와 명성은 확실히 보장되어 있다.

한국 역시 예외는 아니다. 한국 올림픽 선수들은 누구나 바르셀로나올림픽 마라톤에서 금메달을 따냄으로써 부와 명성을 한손에 거머쥔 후 애틀랜타올림픽을 앞두고 은퇴한 후 밝은 표정으로 미국 본토에서 있은 성화 봉송 레이스에 참가한 황영조의 성공을 꿈꾼다. 황영조의 금메달이 막대한 돈에 뒤덮이면서 그의 은퇴와 한국 마라톤의 후퇴는 예약된 것과 다름없고 한국 스포츠에 있어서의 아마추어리즘은 완전히 숨이 끊어 졌다고 봐야한다.

올림픽이 많은 모순으로 오염되자 수많은 제안이 나왔다. 올림픽을 영구적으로 중립적인 한 지역에서 개최(그리스에서 영구 개최권을 요구하고 있는 것도 같은 맥락이다)한다든가, 규모를 줄이고 개인 종목을 늘린

다든가, 국가별 참여를 배제한다는 등의 제안이 그것이다. 그러나 이 같은 제안은 기술적인 사항에 불과하다. 보다 근본적으로 올림픽이 국가주의와 권력의 도구로 전락하고 상업주의와 현실의 모순을 심화시키는 비본질적 분쟁의 도구로 악용되는 불행을 막을 수 있는 방안이 모색되어야 한다. 그러나 그것은 과연 가능한 일인가.

서울올림픽 유치에 공식적으로 반대 의사를 밝혔던 국내 이념주의자들은 대안으로서 민중-민족적 관점에서의 대회 추진과 보다 많은 민중의 참여를 요구했었다. 그러나 이 같은 요구와 주장 역시 또 다른 이념의 덧화장에 그쳤던 점을 감안하면 다음 세기의 올림픽이 어떤 모습이어야 할지, 어떤 모습으로 변화할 것인지 누구도 예측할 수 없다. 이런 이유로 일부 비관론자들은 다음 세기에 가능한 가장 유력한 시나리오는 올림픽의 해체일 뿐이라고 주장하기도 한다.[17]

---

17 HIM(1996), 애틀랜타올림픽 특별기고.

런던올림픽 동메달

과거는 히스토리(history), 미래는 미스터리(mystery), 오늘은….

휴가를 다녀온 애거서 크리스티에게 기자가 물었다.

"휴가는 어떠셨죠?"

크리스티의 대답은 추리소설 작가다웠다.

"알아맞혀 봐요."

독자 가운데 누군가 내게 "지난 여름 내가 한 일을 알아맞혀 보라"고 묻는다면, 나는 어지간히 옳은 대답을 할 자신이 있다. 많은 분이 열대야 속의 삼복을 견뎌내느라 곤욕을 치렀을 것이다. 여름 보양식을 먹고 에어컨 바람을 찾아다녔으리라. 하지만 그러면서도 밤잠을 설쳐가며 올림픽을 즐겼을 것이다.

1948년에 이어 런던에서 열린 두 번째 올림픽은 12일(한국시간)에 폐막했다. 폐막 행사에서 '천국 시민'이 된 지 오래인 존 레논과 프레디 머큐리를 보았다. 데이비드 보위, 조지 마이클, 애니 레녹스, 스파이스걸 같은 영국 대중문화의 자산들이 빛을 뿜었다. 한국으로서는 눈물과 환희가 교차한 드라마였다. 폐막식 동영상 속에서 우리는 펜싱 종목에서 오심의 희생양이 된 신아람 선수의 눈물도 보았다. 올림픽의 초·중반은 펜싱과 사격, 양궁의 승전보들이 우리를 흥분시켰다. 막바지 하이라이트는 축구에서 일본을 누르고 동메달을 따내는 장면이었다. 우리 올림픽 참가 역사에서 동메달에 이토록 큰 가치를 부여한 경우가 있었을까? 이 역사적인 업적은, 박종우 선수의 독도 세리머니와 메달 박탈 위협 같은 뒷얘기를 남겼다. 나는 올림픽 축구 대표팀의 발걸음을 따라 가면서, 역사의 숨결을 느꼈다. 축구는 우리의 역사를 닮았다.

인천을 일컬어 '한국 축구의 고향'이라고 한다. 영국 전함 플라잉피시호, 제물포에 상륙한 영국 해군, 그들을 배로 쫓아 보낸 한국 관헌들, 군인들이 부랴부랴 떠나면서 남긴 축구공, 또한 그걸 차며 논 이 땅의 청소년들…. 나는 그 옛날의 장면들을 방금 본 듯 생생히 떠올렸다. 우리 축구 역사의 한 부분이 진정 영국과 닿아 있다면, 한국 올림픽 팀의 기나긴 여정은 화려한 귀향이었다. 우리와 비긴 멕시코가 우승을 했으니, 약간 아쉽다. 브라질은 우리를 이겼지만 심판이 우리에게 페널티킥을 제때 줬다면 결과를 알 수 없었다. '금메달이 우리 것이 아니었다.'고 생각할 수밖에.

런던에서 거둔 승리는 2002년 월드컵의 드라마를 보고 자란 세대가 10년 뒤에 이룬 성취다. 그러하였기에, 런던올림픽 동메달의 유산은 미래로 이어질 것이다. 2022년엔 무슨 일이 일어날지, 정말 궁금하다. 새로운 작품을 보기 위해 10년은 문제없이 기다릴 수 있다. 그렇지만-.

흔히 농담처럼 말한다. 과거는 히스토리(history), 미래는 미스터리(mystery)라고. 그럼 오늘은? 프레젠트(present)다. '현재'와 '선물'이라는 뜻이 함께 들어 있는 단어. 나는 선물 받은 즐거움을 좀 더 음미해야겠다. 이 기쁨은, 무자비했던 여름날의 추억과 더불어 아직 현재로서 내게 남아 있다.[18]

---

18 인천일보 2012.08.15.

Fever Pitch

서울야구, LG 트윈스라는 운명

초·중학생 시절. 야구를 보고 싶어 봄을 기다렸다. 대통령배 고교야구대회가 가장 먼저 열렸다. 3월이면 예선경기를 했다. 서울운동장에서 경기 시작을 알리는 첫 사이렌 소리가 들리면 가슴이 울렁거렸다. 1970년대의 3월은 겨울이었다. 가끔 눈도 내렸다. 그래도 어지간하면 경기를 했다. 마운드와 타석 주변만 붉은 흙이 드러났다. 눈 쌓인 모자챙 아래 포수의 사인을 확인하는 투수의 눈빛이 반짝거렸다.

1982년에 프로야구가 시작되었다. 여섯 팀이 서울과 부산, 광주, 대전, 대구, 인천(강원과 이북5도 포함)으로 연고지를 나눠 경쟁했다. 서울에서 태어나 서울야구만 보며 자란 청년에게는 선택의 여지가 없었다. MBC 청룡. 개막전에서 이종도의 만루 홈런으로 삼성 라이온즈를 이겼을 때 정말 기뻤다. 하지만 서울야구 팬의 가슴에 불을 지른 첫 서울 팀은 이내 역사의 저편으로 사라졌다.

청룡은 1990년 LG 트윈스라는 이름으로 새 출발했다. 그 해에 처음으로 한국시리즈에서 우승했다. 그 무렵 나는 30대 청년 기자로서 워커힐에서 북한 축구팀을 취재하고 있었다. 1994년 두 번째 우승할 때는 '신바람'을 실감했다. 밥 먹듯 우승할 줄 알았다. LG가 2002년 한국시리즈에 나갔을 때는 독일에서 공부하고 있었다. 인터넷으로 경기 결과를 확인했다. 6차전. 야생마가 마운드에서 산화했고 LG는 추락했다.

어느 스포츠용품회사의 텔레비전 광고를 기억한다. 1919년, 두 소년이 아버지의 손에 이끌려 펜웨이 파크에 간다. 그날 이후 그들은 레드삭스 없이는 살 수 없게 된다. 시간이 흐르고, 소년들은 청년이 됐다. 청년들은 중년이, 다시 노인이 됐다. 아들과 손자가 그들 곁을 지킨다. 카메라는 2004년에 멈춘다. 그리고 그 유명한 카피가 뜬다. '저스트 두 잇'.

광고를 보면서 목이 메었다. 감정이입. 나의 마음이 그곳에 가 있었다. 늙어가는 내가, 아들과 손자가 나와 함께 응원했다. 그러나 백일몽. 잠실야구장은 내 마음 속의 펜웨이 파크일 터였다. 반갑지 않은 이웃과 나눠 쓰는 그곳에서 서울야구의 고통스러운 서사와 나의 가족사가 교차한다. 나는 아들에게 나의 팀을, 서울야구를 상속하지 못했다.

스포츠 팀에 대한 기호는 식성(食性)을 닮았다. 사나이의 입맛은 아버지를 닮는다. 내 아버지는 프로야구가 출범하기 전에 세상을 떠났다. 오래 살았다면 나를 데리고 서울 팀을 응원하러 갔을 것이다. 나는 기자가 된 뒤 오랫동안 야구장에 가지 못했다. 아들은 외삼촌과 함께 야구장에 갔다. 처남은 한때 타이거즈의 모기업에서 일했다. 내 아들이 잠실에 갈 때마다 타이거즈가 승리했다. 아들은 전라도 팀의 팬이 됐다.

팬이 되는 일이란 무슨 뜻일까. 닉 혼비는 『피버 피치(Fever Pitch)』에서 말했다. "내가 통제할 수 없는 일에 시간과 감정을 투자하는 행위는 비판적 시각 없이 오직 한 가지 대상을 응원하고 거기 속하는 일의 가치"라고. 뒤에서 더 솔직하게 말한다. "우리 가운데 이성적으로 응원할 팀을 선택한 사람은 거의 없다. 어쩌다 보니 그 팀을 응원하게 됐다."고.

나도 어쩌다 보니 한 팀을 사랑하게 되었다. 21세기에 그 팀의 팬으로 사는 일은 때로 천형(天刑)이었다. 29년 만에 우승이라니! 물론 30년, 40년이라도 기다렸을 것이다. 죽을 때까지 우승을 보지 못할 수도 있다고 각오했다. 그러나 2023년 11월 14일 아침이 되자 환갑도 다 지난 흰머리 사내는 닭장 같은 연구실에서 혼자, 스트라이프 유니폼을 걸치고, 5차전의 마지막 장면을 몇 번이나 돌려 보고 있었다.

무적 LG.[1]

---

1 2023년 한국프로야구 한국시리즈에서 LG 트윈스가 우승한 다음 일간스포츠의 청탁을 받아 LG의 우승특집 출판물에 글을 게재했다. LG팬이었으므로 무척 행복한 마음으로 기꺼이 응했다. 자기소개서를 다음과 같이 썼다. "시인. 한국체육대학교 교수. 서울에서 태어나 초등학생 시절 리틀리그 선수로 야구와 인연을 맺었다. 고등학교 야구의 전성기에는 선린상고와 신일고를 응원했다. 1982년 프로야구가 출범한 뒤 MBC 청룡과 LG 트윈스의 팬이 되었다. 1990년과 1994년의 환희를, 2002년의 고통을 모두 맛봤다. 21세기 LG 야구의 가시밭길을 따라 걸으며 천천히 늙어왔다. 교수가 되기 전에는 스포츠 기자로 오래 일했다."

안세욱, 김광호

사진을 본다. 윗도리를 벗은 저분은 북한의 축구감독 안세욱 선생이다. 저분이 윗도리를 벗은 데는 사연이 있다. 이 사진을 찍기 하루 전에, 나는 안 감독과 비슷한 자리에서 사진을 찍었다. 이 사진을 찍었을 때는 1990년 겨울, 아시아청소년대회가 자카르타에서 열렸다. 남북한 대표 팀의 숙소는 카르티카 플라자 호텔이었다.

나는 유난히 북한 선수단과 잘 어울린 남한 기자였다. 안세욱 감독과 문기남 코치, 김광호 단장 등과 자주 만나 대화했다. 북한 술도 한 잔 얻어먹고, 내가 맥주를 사기도 했다. 내가 뭔가를 베풀면, 그들은 그 몇 배를 갚으려고 애썼다. 담배 한 갑을 주면 한 보루를 갚는 식이었다. 내가 냉방병에 걸려 고열에 시달릴 때는 북한 팀의 한의사(김정일을 닮았다)가 침을 놓고 피를 뽑아 치료하기도 했다. 물론 관리감독을 철저히 받고 행동했겠지만 내 방에 와서 (몰래?) 라면을 끓여 먹고 간 선수도 있었다. 내가 시간 약속을 하고 포트 같은 걸 이용해 끓여 놓으면 때맞춰 와서 먹고 갔다.

아무튼 저 사진을 찍기 하루 전날, 나는 오전 마감을 끝내고 점심을 먹기 전에 잠깐 수영을 했다. 그리고 맞은편에 앉아 있는 안 감독을 보고 건너가서 사진을 찍었다. 우리 사진기자가 전송한 사진을 보고 데스크께서 전화를 하셨다.

“정신이 있는 놈이냐. 누가 기자고 누가 취재원이냐.”

‘아차’ 싶었다. 사진 때문에 북한 감독 인터뷰 기사까지 킬을 당했다. 단독이었는데. 다음날 점심을 먹고 나서 수영장 근처 라운지에서 커피를 마시고 있는데 안 감독이 벤치에 앉아 쉬고 있었다. 나는 서둘러 그에게 달려갔다. 그리고는 자초지종도 말하지 않고 거두절미 요구했다.

“감독님, 옷 벗어요.”

“뭐이라?”

“벗으시라고.”

“갑자기 왜 벗으라는 거야?”

“여러 말 하실 것 없습니다. 벗어야 해요.”

“안 해. 못 하갔어.”

나는 짐짓 짜증을 내면서 (사실은 징징거리면서) 졸랐다.

“아이 씨… 어젠 내가 벗었으니까 오늘은 감독님이 벗어야 할 것 아뇨.”

“아, 그 소리니?”

그는 뭔가 이해하겠다는 듯 멋쩍은 미소를 지었다. 그러더니 훌훌 웃통을 벗었다. 그래서 찍은 사진이다. (죄송해요 안 감독님). 사진은 다음

날 축구면 사이드 톱으로 보도되었다. 서울에서 사진을 받아본 데스크께서 얼마나 웃으셨을까 짐작하며 혼자 낯이 뜨거웠다. 그러나 이 과정을 통해서 나는 많이 배웠고, 잊지 못할 추억도 하나 얻었다.

안 감독이 어디서 뭘 하는지 나는 모른다. 안 감독은 나중에 코리아 단일팀의 지도자로 세계대회에 나가기도 했다. 말수가 적지만 따뜻한 사람이었다. 물론 내면에는 단단한 '사상'이 들어 있었겠지. 이 분과 함께 김광호 단장도 생각난다. 내 원적이 함경북도 '어디'이며, 거기 남은 가족도 있을 것이라고 했더니 김 단장은 이름을 적어 달라고 했다. 나는 사촌의 이름까지 모두 알고 있지만 말하지 않았다. 그러면서 그들에게 말했다.

"우리 집은 대대로 지주에다가 아버지와 삼촌들은 기독교 학교를 나와 일본에 유학하고 학교 선생도 배출한 집안이에요. 그런 사람들 싹 잡아다 아오지 탄광으로 보냈을 거 아뇨."

그러자 그들은 손사래를 쳤다. "에이, 아니야. 그런 거 없어…." 그러면서 김 단장은 나중에라도 마음이 바뀌면 할아버지와 큰아버지의 함자를 달라고 했다.

코리아 단일팀이 서울에서 훈련할 때도 그를 몇 번 만났다. 그 때 다시 물었지만 이번에도 대답하지 않았다. 마지막 훈련을 끝내고 출국하기 전날, 나와 마주친 김 단장은 부둥켜안으며 "야, 이제 보고 그만이구나야. 언제 다시 보간. 거저 건강하라우…"라면서 눈물을 비쳤다. 마음이 몹시 아팠다. 시간이 오래 지나고 나니, 그때 그 사람들이

가끔 그립다. 슬픈 기억이다.[2]

2 SNS 2020.03.23.

바이아레나

사진을 본다. 이 사진을 찍은 날은 2002년 8월 17일이다. 뒤에 바이아레나(BayArena)가 보인다. 무척 더운 날, 쾰른에서 골프를 운전해 레버쿠젠에 갔다. 여름방학을 맞아 독일에 온 아들과 함께. 아들은 내가 하숙을 하는 쾰른에서 배낭여행을 시작했다. 이날 바이엘 레버쿠젠과 보루시아 도르트문트의 경기가 열렸다. 1-1 무승부. 전반 23분 디에고 플라센테가 베른트 슈나이더의 도움을 받아 선제골을 넣었다. 그러나 후반 16분 얀 콜러에게 동점골을 내주었다.

바이아레나는 독일 프로축구 바이엘 레버쿠젠의 홈경기장이다. 1958년 처음 지었을 때 수용 규모는 2만 명이었다. 1986년에 리모델링을 시작해 1997년 프로젝트를 완료하자 관중석이 2만2500개로 늘었다. 2009년에 다시 손을 봐서 3만210개까지 늘렸다. 1998년에 경기장 이름을 울리히 하버란트 슈타디온 (Ulrich-Haberland-Stadion)에서 바이아레나로 바꿨다.

2006년 독일 월드컵 때, 바이아레나는 국제축구연맹(FIFA)이 정한 월드컵 경기장의 조건(관중석 4만1620개)을 충족하지 못했다. 그래서 한국대표팀의 훈련장으로 제공됐다. 그렇지만 레버쿠젠 시민들의 바이아레나에 대한 자부심은 조금도 줄지 않았다. 바이아레나는 레버쿠젠 축구의 역사이자 심장이다. 작아서 월드컵 경기장으로 사용하지 못했다는 사실은 자부심에 흠집을 내지 못한다. 리노베이션을 통해 늘린 좌석 수도 월드컵 기준을 채우지 않았다.

나는 2002~2003년 독일에서 체육을 공부하면서 바이엘 농구단(Bayer04 Giants Leverkusen)에서 일했다. 덕분에 조금 과장하면 바이아레나를 집처럼 드나들었다. 2002년 11월 3일 클라우버트·사비올라·푸욜 등이 뛰는 FC바르셀로나와의 유럽축구연맹(UEFA) 챔피언스리그 홈경기(1-2로 졌다), 같은 달 13일 베컴·니스텔로이·긱스 등이 뛰는 맨체스터 유나이티드와의 홈경기(0-2로 졌다)를 본부석에서 지켜봤다.

레버쿠젠은 준우승을 많이 했다. 특히 2001~2002 시즌엔 분데스리가와 독일컵, 챔피언스리그에서 준우승했다. 하지만 1988년에는 UEFA컵을 제패했다. 차범근 선수가 바이아레나에서 열린 에스파뇰과의 결승 2차전에서 3-3 동점을 만드는 헤딩 골을 넣었다. 레버쿠젠 시민들은 이 장면을 생생히 기억한다. 클럽 박물관에는 차범근 선수의 실물 크기 사진이 있다. 그 앞에 처음 섰을 때, 요즘 말로 '국뽕'이 머리끝까지 차올랐다.

바이아레나는 콘텐트로 가득 찬 하드웨어다. 레버쿠젠 축구의 영광과 좌절의 역사야말로 바이아레나를 채우는 콘텐트다. 이 콘텐트로 인해 시민들의 가슴은 클럽에 대한 사랑으로 충만하다. 그러므로 감동의 크기는 경기장의 크기에 달려 있지 않다. 경기장을 채우는 콘텐트의 양과 질, 팬과의 교감을 통해 결정된다. 바르셀로나에 진 날 저녁, 바이 아레나를 뒤덮은 검고 축축한 하늘과 거기 메아리치던 응원의 노래를 기억한다. 나는 지금도 따라 부를 수 있다.[3]

3 SNS 2020.05.22.

페어플레이

중앙일보에서는 운동경기를 취재하는 부서를 '스포츠 팀'이라고 한다. 2005년 7월 이전까지는 '체육부'라고 했다. 체육과 스포츠는 같은가, 다른가. 영어로 체육은 Physical education, 스포츠는 Sports다. 체육은 교육학의 한 분야로 발전했다. 스포츠의 사전적인 정의는 '경쟁과 유희성을 가진 신체운동 경기의 총칭'이다. 경쟁을 해서 순위, 즉 승자와 패자를 가리는 것이 스포츠다. 이 개념에 충실하려면 싸워서 이기면 된다. 그런데 왜 스포츠맨십을 들먹일까? 더구나 스포츠맨십이라는 말이 갖는 이미지는 매우 긍정적이다.

스포츠맨십을 발휘한 예로 인용되는 사례가 몇 가지 있다. 먼저 유네스코가 1964년에 제정한 '페어플레이 트로피'의 첫 수상자인 스웨덴의 키엘 형제. 그 해 열린 도쿄올림픽 요트 경기에서 선두를 달리던 형제는 경쟁자인 호주 팀의 한 선수가 바다에 빠지는 광경을 본다. 형제는 즉시 100m나 후진해 호주 선수를 구조한 뒤 다시 경기를 했다. 형제는 시간을 지체하는 바람에 12위에 그쳤다. 유네스코는 "페어플레이만이 스포츠"라는 선언과 함께 이들에게 '인간애의 금메달'을 수여했다.

1984년 LA올림픽 유도 무제한급 결승전. 일본의 야마시타 야스히로와 이집트의 라슈완 무하마드가 매트에 올랐다. 야마시타는 왼발목을 크게 다친 상태였다. 라슈완은 야마시타의 상처를 건드리지 않기 위해 애썼다. 야마시타는 빈틈이 많아진 라슈완을 한판으로 제압하고 금메달을 땄다. 메달 수여식에서 라슈완은 시상대에 오르는 야마시타를 부축해 주었다.

2003년 프랑스 일주 사이클 대회. 15일째 경기까지 미국의 랜스 암스트롱이 종합성적 1위를 달렸다. 15초 뒤진 독일의 얀 울리히가 2위. 피레네 산맥을 넘던 암스트롱이 한 어린이의 가방 끈에 핸들이 걸리는 바람에 넘어졌다. 뒤쫓던 울리히가 우승할 기회였다. 그러나 울리히는 암스트롱이 넘어진 곳에 멈춰 섰다. 그리고 암스트롱이 일어나기를 기다렸다가 함께 달렸다. 암스트롱은 그날 구간 우승을 차지했고, 여세를 몰아 종합 우승했다.

미담은 시간이 지나면 기억에서 지워진다. 하지만 우승자의 이름은 스포츠 역사에 남는다. 키엘 형제나 라슈완, 울리히는 왜 영원히 이름을 남길 기회를 포기했을까. 여기서 우리는 경쟁을 통해 승자를 가린다는 사전적 의미를 넘어서는 스포츠 정신을 생각한다. 독일의 바이엘이 재정을 지원해 1904년 창설한 '바이엘 레버쿠젠 스포츠 동우회'의 홈페이지를 열면 가장 먼저 이런 문장이 뜬다. "스포츠의 진흥, 인간성의 고양." 인간의 가치를 높이는 데서 스포츠의 의미를 찾는 것이다.

스포츠의 경쟁 방식, 스포츠를 스포츠답게 하는 조건은 규칙이다. 달리고 차는 게 전부인 것 같은 축구, 규칙이 필요 없을 듯한 권투, 공을 던져 넣으면 되는 농구 같은 스포츠 종목들은 사실 매우 정교한 규칙을 갖고 있다. 축구는 1848년 '손을 사용할 수 없고 비신사적인 태클도 금한다'는 케임브리지 규칙을 통해 근대화의 길에 들어선다. 3분 1회전, 쓰러진 선수에 대한 10초 카운트, 글러브 착용 등을 정한 퀸즈베리 룰(1867년)이 권투 규칙의 뼈대다.

제임스 네이스미스 박사가 1891년에 고안한 농구는 규칙부터 만든 다음 경기를 시작한 '선 규칙 후 경기'의 대표 격이다. 규칙은 경기에 참여하는 모든 선수들에게 같은 조건을 제공한다. 아무리 이름난 축구 선수도 페널티킥은 11m 거리에서 찬다. 키가 작든 크든 농구 선수는 3m5㎝ 높이에 걸린 골대에 공을 넣어야 득점한다. 권투 선수는 체급에 따라 몸무게를 맞춘 뒤에야 경기할 수 있다. 인간이 법 앞에 평등하듯 선수는, 즉 스포츠는 규칙 앞에 평등하다.

유럽이나 미국처럼 스포츠가 일찍부터 발달한 곳에서 스포츠는 예술과 더불어 '교양'에 속한다. 미국에서는 자신이 졸업한 대학을 '타르 힐스'나 '와일드캐츠' 등 운동 팀의 별명으로 말하는 경우가 흔하다. 회사 면접에서 스포츠맨으로서의 경력은 대단한 도움이 된다. 강한 체력과 규칙에 대한 존중, 팀워크 같은 미덕을 당연히 갖추었을 것으로 간주하기 때문이다.

최근 성공한 스포츠맨들의 자서전이나 평전이 유행이다. 농구 감독 릭 피티노나 존 우든, 축구 감독 거스 히딩크나 알렉스 퍼거슨의 책이 많이 팔렸다. 이런 현상은 우리 사회에 스포츠의 미덕이 가치로 통할 수 있음을 보여준다. 스포츠의 미덕은 규칙의 미덕이다. 이 미덕에 대한 관심은 규칙에 대한, 또는 규칙을 준수하는 데 대한 필요성의 인식이다. 현대인의 삶은 가장 스포츠맨십을 필요로 하지만 역설적이게도 스포츠맨십을 지키기 어려운 구조를 갖고 있다. 경쟁은 상대나 수단 방법을 가리지 않고 계속된다. 승자만이 살아남아 모든 것을 챙기는 살벌한 원리가 지배한다. 그럴수록 그리운 것이 스포츠맨십, 페어플레이다.

페어플레이 정신에는 다양한 수준과 경우가 있다. 승리를 포기한 선행만이 페어플레이는 아니다. 규칙에 대한 존중만으로도 충분하다. 규칙이 존중된다면 적어도 공평하지 못한 경쟁은 자취를 감출 것이다. 사실 우리 사회의 많은 병폐가 정직하고 공정한 경쟁의 실종에서 시작됐다. 포부를 밝히기보다는 상대를 깎아내리는 정치, 안전기준을 지키지 않아 생기는 건설현장에서의 잇단 사고, 하다못해 속도와 신호를 지키지 않아 벌어지는 교통사고에 이르기까지.[4]

---

4 중앙사보 2007.07.09.

축구, 인천에 내리다

요즘 유럽축구선수권대회를 보느라 잠을 설친다. 대부분의 경기가 우리 시간으로 새벽에 열려 잠을 아껴야 볼 수 있다. 25일 이탈리아가 잉글랜드와 승부차기 접전 끝에 마지막 4강 티켓을 따냈다. 잉글랜드의 탈락은 언제나 내게 아쉬움을 남긴다. 축구의 종주국으로서 어느 나라보다 열성적인 응원단을 거느린 매력적인 팀이기 때문이다.

영국을 축구의 고향이라고 한다. 하지만 그 전설은 끔찍하다. 축구가 해골을 차는 데서 시작됐다는 것이다. 11세기의 영국은 덴마크·노르웨이·스웨덴에서 밀어닥친 바이킹에 침략 당했다. 그중 덴마크 바이킹들은 영국인들을 매우 포악하게 지배했다고 한다. 덴마크 인들이 물러가자 영국인들은 덴마크인의 무덤을 파헤쳐 해골을 꺼낸 다음 발로 차고 다녔다는 것이다.

하지만 스포츠 사학자들은 축구가 기원전 7~6세기에 고대 그리스에서 유행한 하패스톤에서 발달했다고 본다. 그럼에도 불구하고 영국이 축구의 종주국인 이유는 하패스톤을 근대 스포츠로 발전시켰기 때문이다. 특히 1848년에 케임브리지 대학교에서 작성된 '케임브리지 규칙'은 축구 규칙의 완성에 결정적인 영향을 미쳤다. 현대 축구의 규칙과 근본적 면에서는 차이가 없다.

윌리엄 셰익스피어의 비극 속에 영국 축구의 유구함을 느끼게 하는 대목이 있다. 1608년 발표된 「리어왕」 1막의 4장에서 리어왕의 충신 켄트 백작이 무례한 하인 오스왈드를 넘어뜨리며 꾸짖는다. "You base football player!" 보통 "축구나 하는 이 천한 놈아"라고 번역한다. 이때의 축구선수(football player)란 욕이다. 지금이라면 상상조차 할 수 없는 일이다.

인천은 축구와 깊은 인연이 있다. 대한축구협회에서 펴낸 『한국축구 백년사』에 이런 내용이 나온다. 1882년 6월 제물포에 입항한 영국 군함 플라잉 피시 호의 승무원들이 선상생활의 무료함을 즐기기 위해 부두에서 공을 차다 허락 없이 상륙했다는 이유로 군졸에 쫓겨 배로 돌아갔다. 이 때 군인들이 남기고 간 공을 아이들이 차며 놀이를 했다는 것이다. 2002년 한·일월드컵 때, 나는 중앙일보에서 스포츠 기자로 일했다. 한국이 인천에서 포르투갈을 1대 0으로 이겨 16강에 올랐을 때, 이렇게 썼다.

> 영국 전함 플라잉 피시 호 갑판에서 축구공이 내려진 바로 그곳 제물포, 한국 축구의 고향 인천에서 역사가 이루어졌다. 정확하게 120년 만에 아시아의 동쪽 끝, 세계 축구의 변방에서 한국 축구가 세계로 성큼 도약했다.

인천은 내년에 개항 130주년을 맞는다. 유난히 많은 박물관과 기념물이 험난했던 인천의 역사를 증언한다. 그 중에는 맥아더 동상처럼 논쟁을 빚는 기념물도 있다. '개항'이라는 용어 역시 논쟁거리다. 그러나 나는 인천이 한국 축구의 고향이라는 사실만은 자부해도 좋다고 생각한다. 제대로 된 축구박물관이나 명예의 전당을 짓기에 인천만한 적지(適地)가 없다. 올해는 인천 축구 130주년이다.[5]

---

5 인천일보 2012.06.27.

루디 푈러

운 좋게 그를 만났다. 2005년 1월 29일, 나는 재독축구인 윤성규(전 수원 삼성 단장) 선생과 함께 독일 바이엘 레버쿠젠과 VfL 보훔의 경기를 관전했다. 바이아레나에서 열린 홈경기에서 레버쿠젠은 전반에만 두 골을 넣으며 펄펄 날았다. 하프타임에 VIP라운지에서 마주친 루디 푈러에게 "인터뷰를 할 수 있겠느냐"고 제안했다. 경기 내용에 만족해 싱글벙글하던 푈러는 "다음 주 화요일(2월 1일)에 클럽 레스토랑에서 점심이나 같이 먹자"며 흔쾌히 응낙했다.

분데스리가 축구 경기 관전은 말 그대로 구경이었다. 이때 나는 중앙일보의 기자였지만 휴가를 얻어 독일에 갔다. 내가 쾰른에서 공부할 때 하숙한 집의 바깥주인이 중병에 걸려 위중하다는 소식을 듣고 병문안하러 간 것이다. 그 분은 나를 성의껏 대했을 뿐 아니라 내 아들이 배낭여행 중에 들러 며칠 묵을 때도 친절하게 대해 주었다. 아들이 파리로 떠날 때 자신의 메르세데스에 태워 쾰른 중앙역까지 바래다주었다. 아침나절 눈이 내린 다음 종일 흐렸던 1월 31일. 겨울날 오후 나와 한 시간 남짓 말을 주고받은 그는 저녁 때 혼수상태에 빠졌다가 밤늦게 숨을 거두었다.

1일에는 새벽부터 비가 부슬부슬 내렸다. 레스토랑에서 내려다보이는 바이아레나의 녹색 그라운드도 내리는 비에 촉촉이 젖어 더욱 짙은 녹색을 뿜어냈다. 필러는 인터뷰 장소를 3층 스카이박스로 옮길 것을 제안했다. 이곳은 경기가 열리면 스폰서들 가운데서도 VIP가 차지하고 앉아 경기를 관전하고 음식과 음료수를 즐기는 곳이다. 노타이 차림의 필러는 눈길이 마주치자 버릇처럼 손바닥을 마주 비비며 푸짐한 미소를 지었다. 나는 먼저 필러에게 양해를 구해야 했다.

"나의 독일어는 당신과 대화하기에 충분하지 않다. 영어로 할 수 있겠나?"

그는 "그냥 독일어로 하고 세세한 내용은 통역에게 부탁하자"고 했다. 인터뷰 메모를 지금도 갖고 있다. 내용은 평범한 한국 기자의 평범하고도 자기중심적인 호기심과 타성을 고스란히 보여준다. 나는 필러가 클럽에서 하는 일, 독일 대표 팀에서 일할 때의 경험, 특히 2002년월드컵의 추억, 한국에서 지도자생활을 할 가능성 등을 물었다. 그는 성의를 다해 답변했다. 한국축구의 열정에 존경심을 보여주었고 "2006년 월드컵에서 한국 팀을 보게 되길 기대한다"는 덕담도 했다. 한국축구협회가 정식으로 감독직을 제안한다면 심사숙고하겠다고도 했다. "가능성은 늘 열려 있다"면서. 물론 우리가 아는 그대로 그런 일은 벌어지지 않았다.

인터뷰는 끝났다. 함께 바이아레나의 그라운드를 배경으로 서서 사진을 찍고 팔이 떨어져 나갈 듯 강하게 악수를 했다. 막 헤어지려는 순간, 나는 푈러를 만난 사실이 너무 기뻐서 처음에 인사할 때 명함조차 교환하지 않았음을 깨달았다. 문을 나서는 푈러를 불렀다.

"Herr Meister!"

홱 돌아서는 푈러에게 명함을 내밀자 "당케"를 연발하며 받아들었다. 그래서 내게도 1990년 이탈리아월드컵 챔피언의 명함이 남았다. 당시 나는 가지고 간 디지털 사진기를 사용했다. 꽤 화소수가 컸는데, 원화(原畫)를 분실해서 중앙일보 인터넷(블로그)에 실린 섬네일만 남았다. 그나마 중앙일보에서 블로그를 폐쇄하면서 나 말고는 아무도 볼 수 없는 사진이 되고 말았다.[6]

6 SNS 2005.02.20.

방열

1990년 4월의 잠실학생체육관 기자실에는 언제나처럼 담배 연기가 자욱했다. 지금 프로농구 SK 나이츠 구단의 프런트 사무실로 사용되는 공간이, 당시에는 학생체육관을 출입하는 기자들의 보금자리였다. 그 곳에는 여러 메이커에서 만든 구식 다이얼 전화기와 단추식 전화기, 석유 냄새를 뿜어내는 난로, 종이컵과 읽다 버린 신문이 넘쳐나는 휴지통이 여기 저기 흩어져 있었다. 이곳에서 기자들은 본사에 기사를 '부르고', 모서리가 깨진 탁자에 발을 올린 채 짧은 낮잠을 자기도 했으며 자장면이나 짬뽕 같은 중국음식을 주문해 끼니를 때우기도 했다.

지금 생각해 보면 그다지 들어가고 싶지 않은 공간처럼 느껴진다. 하지만 이 보잘것없는 공간에 아무나 들어갈 수 있는 것은 아니었다. 어지간히 스타 대접을 받는 선수나 지도자도 이 공간에 함부로 들어갈 수 없었다. 엄청나게 권위가 있는 무슨 클럽이라도 되는 양, 초청을 받거나 그만한 자격이 있어야 드나들 수 있었던 것이다. 동국대학교 감독을 맡고 있는 이충희가 선수 시절 국내 최다득점 기록을 세웠을 때, 지금은 고인이 된 김현준이 그 기록을 경신했을 때, 여자농구 스타 성정아가 은퇴경기를 마쳤을 때 기자실에 들러 뽀얀 담배연기 속에서 인터뷰하던 생각이 난다. 그야말로 호랑이 담배 피우던 시절의 일이다.

요즘은 현장감 때문에라도 경기가 끝난 뒤 코트에 모여 인터뷰하거나 공식 인터뷰실에서 만나 대화한다. 인터뷰를 마치자마자 노트북에다 두들겨서 전송하고 말지만 당시에는 전화로 기사를 불러 본사에 있는 후배 기자나 담당 직원에게 받아쓰도록 했다. 그래서 기사를 부른다고 한 것이다. 방열 교수는 원하면 언제든지 기자실을 드나들 수 있는 분이었다. 한번 다녀가면 화제가 풍부해지고, 뭔가 받아 적을 만한 이야기를 남기는 뉴스메이커이기도 했다. 그는 선수 이상의 스타였다. 대표 팀을 맡아 뉴델리아시안게임에서 중국을 격파, 금메달을 따냈고 서울올림픽에서도 벤치를 맡았다.

방 교수는 국제무대에서 이름난 지도자로서 영어로 코치 클리닉을 진행할 수 있는 실력을 갖춘, 유일한 한국인 코치였다. 방 교수는 경원대학교 교수로 부임한 뒤인 1994년 세계군인선수권대회가 서울에서 열렸을 때, 대회 본부가 설치된 타워호텔에서 세계에서 모인 일류 코치들을 대상으로 국제농구연맹(FIBA) 주최 클리닉을 했다. 테마는 '신장이 작은 팀이 큰 팀을 상대로 골밑을 수비하는 노하우'였다. 오전에 시작해 오후에 끝난 이 날의 클리닉이 끝난 뒤, 각국 코치들은 일제히 기립박수를 쳤다. 방 교수의 강의가 끝나자 아시아농구연맹

(ABC)의 마우리시오 마르텔리노 사무총장이 강단으로 뛰어올라갔다.

"닥터 방! 우리 ABC에 당신 같은 코치가 있다니 정말 자랑스럽습니다!"

농구협회 임원으로서 통역 겸 진행요원으로 활약한 한창도 전 이화여대 교수는 클리닉이 모두 끝난 뒤 필자를 바라보며 감개무량한 표정으로 이렇게 말했다.

"허형, 저는 참 자랑스럽습니다. 우리나라에도 방열 교수 같은 코치가 있다니 말입니다."

방 교수의 벤치 운영에는 윤기가 넘쳐흘렀다. 그는 국내에서 슈트를 입고 벤치에 앉은 최초의 감독이다. 늘씬한 체격에 말쑥한 슈트차림으로 사이드라인을 오가는 그의 모습은 에너지가 넘쳤다. 트레이드마크인 흰 머리는 그의 모습에 기품을 더했다. 아마추어 농구의 최고봉으로 농구대잔치가 각광받던 시절, 기아의 전설적인 경기력과 함께 방 감독의 마술 같은 작전은 팬들을 황홀경으로 빠뜨렸다. 그의 화려한 벤치 매너는 국제무대에서 더욱 빛났다.

1983년 홍콩에서 아시아남자농구선수권대회가 열렸다. 숙적 일본과의 경기는 고전의 연속이었다. 일본의 센터 기타하라 노리히코(2m)가 한국 골밑을 휘젓는 통에 어려움이 컸다. 심판은 3초룰(공격자가 3초 이상 골밑에 머무를 수 없도록 한 규칙)을 잊은 듯했다. 방 감독은 작전시간을 신청해 선수들을 벤치에 앉게 한 뒤 심판을 불렀다. 그의 입에서 유창한 영어가 터져 나왔다. "저 선수 발 옆에 잔디가 돋겠소." 강력한 항의를 예상했던 심판은 파안대소하고 말았다. 어쨌거나 메시지는 분명히 전달됐다.

당시만 해도 필자는 방열이라는 개인이 얼마나 위대한 코치인지, 세계적으로 어느 정도의 명성을 지니고 있는지 몰랐다. 방 교수의 명성을 피부로 실감하게 된 것은 10년도 더 뒤의 일이었다. 2002년 여름 필자는 중앙일보의 지원으로 독일에 가서 공부할 기회를 얻었다. 이때 필자는 공부보다 농구에 열을 올렸는데, 바이엘 레버쿠젠 스포츠 클럽의 농구팀 자이언츠 레버쿠젠의 객원 스태프로 일한 것이다. 당시 세계농구코치협회(WABC) 아시아지역 회장을 맡고 있던 방 교수께서 써주신 영문 추천서가 큰 역할을 했다. 독일 농구의 레전드인 아힘 쿠츠만 감독 등이 방 교수를 기억해서, 일하는 데 도움을 받았다. 덕분에 클럽의 심장부에서 경험하고 배울 수 있었다.

1990년 4월의 잠실학생체육관 기자실, 그 담배연기 뽀얀 가운데서 방열 교수(당시는 기아농구단 감독)는 고참 기자들과 바둑을 두었다. 언제나처럼 말쑥한 정장 차림이었다. 방 교수는 계가까지 마치고, 다 식은 커피를 마저 마신 다음 기자실을 나섰다. 기자실에서 방 감독이 둔 바둑의 의미가 무엇인지는 한참이 지난 다음에야 알았다. 당시 기아농구단은 일부 선수들이 주동이 되어 부도덕하게도 경기에서 사보타주를 함으로써 개인적인 불만들을 표현했고, 그 결과 기아는 5연패를 당하며 최하위를 기록했다. 이런 상황에서 기자실에 들러 둔 방 교수의 바둑은 그의 고뇌와, 무언의 호소를 담고 있었던 것이다.

이 해에 방 교수는 기아 농구단의 지휘봉을 놓았다. 이 일을 계기로 혼탁한 승부의 세계에 회의를 느끼고 순결한 상아탑으로 자리를 옮길 결심을 한 것 같다. 방 교수가 결심을 행동으로 옮긴 것은 그로부터 얼마 지나지 않아서였다. 방 교수는 결심을 굳힌 다음 필자에게 연락을 했다. 가장 먼저 '기사'를 준 것이다. 덕분에 필자는 방 교수의 농구무대 은퇴와 경원대학교 교수 임용을 단독 보도했다. 방 교수의 결심을 전해 들으면서 많은 눈물을 흘렸다. 필자는 기자이기 이전에 그의 팬이었던 모양이다. 방 교수는 필자에게 손수건을 건네며 "하고 싶은 일을 할 기회가 와서 너무 기뻐 참을 수가 없다"고 말했다.

경원대학교에서 학문과 교육에 정진하면서도 방 교수가 농구를 완전히 떠난 것은 아니었다. 대한농구협회 부회장·아시아농구연맹(ABC)중앙이사회 이사·WABC 아시아지역 회장 등을 맡아 활발하게 활동했다. 그는 영원한 청년 정신을 간직한 사나이로서 새로운 일을 시작하는 데 두려움이 없고 승부사라는 별명처럼 도전적인 자세를 잃지 않았다. 방 교수는 스포츠 일반, 농구, 신문방송학에 이르기까지 방대한 분야에서 다양한 형태의 저술을 남겼다. 그뿐인가. 길거리 농구용 코트를 새로 개발해 특허까지 냈다.

필자는 기자로서 방 교수를 만났다. 그와의 만남은 필자의 기자 생활에 결정적인 영향을 미쳤다. 방 교수를 만나지 않았다면 일찌감치 신문기자 생활을 그만두고 늘 원했던 대로 학교로 갔을지도 모른다. 방 교수와의 만남으로 인해 스포츠 기자로서 도전해야 할 목표를 얻었고, 그 생활이 학교를 향한 관심을 오랫동안 접게 했다. 대학교에서 인문학을 공부하던 필자는 방 교수의 권유로 농구와 스포츠를 연구하기 시작했고, 이 분야의 각종 자격증과 면허, 학위를 얻기에 이르렀다. 언젠가는 다시 학교로 돌아가 인문학을 하게 될지 모르지만, 필자는 늘 스승을 대하는 마음으로 방교수의 부름에 응하고, 학문적 갈증을 호소한다.

방 교수께서 정년을 맞이했으며, 기념문집이 기획되고 있다는 소식을 듣고 새삼 세월의 빠름을 느꼈다. 문집에 실을 글을 보내라는 말씀을 듣고 오래 고민하였다. 스포츠 분야의 논문이나 발표문을 생각했다가, 이번이 아니면 방 교수를 향한 필자의 마음을 전하고 후일까지 남겨 둘 기회가 영영 없을 것 같아 마음을 바꾸었다. 무릇 글은 생각을 담는 그릇이고, 방 교수를 향한 필자의 마음은 오직 존경과 감사뿐이므로 번다한 격식이 무의미할 것이기 때문이다. 보잘것없는 글이 방 교수의 정년을 기념하는 자리에 듣기 불편한 소음이나 되지 않기를 바라는 마음으로, 삼가 축하와 위로를 담아 올렸다.[7]

---

7 경원대 특강 2006.11.20.

전성기의 황혼

한국 남자농구 대표팀의 ABC 타이틀 방어전

1971년 11월 10일, 도쿄 요요기체육관. 대한민국 남자농구 대표 팀과 일본 대표 팀이 격돌한다. 제6회 아시아남자농구선수권대회(ABC). 홈팀은 우승을 눈앞에 두고 있다. 지난 대회 우승팀 한국은 마지막 관문이다. 일본 선수들은 마음을 단단히 먹고 나왔다. 한국 선수들은 그때나 지금이나 일본을 만나면 사생결단을 하려 들기 때문이다. 얼마나 힘든 경기가 될지 그들은 잘 안다. 하지만 전체적으로는 일본에 기운 경기. 일본은 전통적으로 자국에서 열리는 대회에 강하다. 무엇보다 홈코트의 이점이 있지 않은가. 휘슬도 절대 불리하지 않을 것이다.

한국은 1969년 방콕 ABC와 1970년 방콕 아시안게임을 잇달아 제패할 무렵의 경기력이 아니다. 득점기계 신동파, 강력한 가드 김인건, 파워 넘치는 멀티 플레이어 유희형이 버티고 있지만 대표 팀의 두뇌와도 같은 센터 김영일이 은퇴했다. 그의 공백을 박한과 최종규가 메우기에는 벅차다. 포워드 이인표는 농구 커리어의 막바지로 접어든다. 뛰어난 코치 김영기도 떠났다. 코트에 리더가 없고, 벤치도 견고하지 않은 것이다. 더구나 한국은 이 경기를 하기 전에 중국(대만)과 두 차례 연장 접전을 했다. 93-84로 이겼지만 에너지 소모가 컸다.

필자는 1971년 도쿄 한일전을 중계 방송한 일본 NHK 방송의 실황 중계 동영상에 대해 쓰려 한다. 동영상을 수소문해 소재를 찾아 손에 넣고 그 내용을 살펴 적은 보고서이다. 스포츠 경기나 행사를 다룬 동영상은 물적(物的) 자료의 하나로서, 스포츠와 체육사 연구의 자료로서 가치가 있다. 그 가치는 역사적 사실의 확인이라는 차원에 그치지 않는다. 문화사 측면에서는 경기문화와 관전문화, 유니폼을 비롯한 복식에 대한 연구의 자료가 된다. 무엇보다 스포츠의 역사를 다루는 측면에서는 신문이나 잡지 등 문서로 이루어진 일차자료가 가지는 메시지의 한계를 극복할 수 있다.

역사적 사건에 대한 문서는 숫자와 같은 객관적 지표가 아닌 한, 그 서술에 있어 글쓴이의 관점이 개입할 수밖에 없다. 그러나 동영상으로 기록된 역사는 실제 사건을 기록하는 한 원초적 정보를 제공하는 매개체다. 그러므로 문서로 기록된 역사를 검증하거나 최소한 보족(補足)하는 데 긴요하다. 우리 스포츠는 일제강점기를 거쳐 광복 이후 70년 성상을 겪는 동안 눈부신 발전을 거듭하였다. 스포츠 종사자들과 체육인들, 그리고 전문 연구자들의 노력에 힘입은 결과다. 이에 대한 역사적 기록 역시 이 시기에 집적되었다고 보아도 무리는 아니다. 그러나 사진이나 동영상과 같은 시각 자료가 문서 기록에 비하여 빈곤하다.

우리 농구는 일본을 경유하지 않고 직수입된 역사적 정체성이 분명하다. 일제강점기에는 식민 제국의 중심 문화에 대항하는 민족 문화운동의 일부로서 기능했다(김재우, 2009). 농구가 정식종목으로 처음 채택된 1936년 베를린올림픽에 이성구, 염은현, 장이진 등이 일본의 대표 자격으로 출전하여 세계의 중심을 경험하였다는 역사적 사실 또한 분명하다(조광식, 2002). 그러나 이들의 활동을 확인할 수 있는 방법은 당대의 기록과 언론 보도, 그리고 관계자들 사이에 전해 내려오는 구전(口傳) 뿐이다. 동영상도 없다. 오직 사진 한 장이 베를린올림픽 공식기록집에 실렸다. 이성구다.

우리 농구는 광복 이후 열린 첫 올림픽(1948년 런던)에 대표선수단을 파견한다. 그리고 1960년대 중반을 지나면서 기술적으로 괄목할 성장을 이룩하였다. 1964년 도쿄올림픽, 1968년 멕시코시티올림픽에 잇따라 참가하여 세계의 농구강국과 조우하였다. 이 과정에서 집적한 기술과 경쟁력은 1969년 ABC와 1970년 아시아경기대회 우승으로 귀결되었다.

이 글에서 소개하는 동영상은 우리 농구가 두 차례 아시아 제패를 달성한 전성기의 끝자락을 보여준다. 1971년 ABC는 우리 농구가 아시아 열강인 일본, 대만(당시 명칭은 중국), 필리핀과 아시아의 패권을 다툰 대회다. 이 동영상은 우리에게 여러 가지를 설명한다. 지금과는 경기 규칙이 다르고 선수들의 신체적 능력과 경기 방식도 차이가 있다. 그들이 착용한 유니폼과 경기화 등 장비의 발달 정도와 유행을 관찰

할 수도 있다. 무엇보다도 당시 한국과 일본의 주요선수들이 보인 경기력과 경기 방식, 기술과 전술, 경기의 진행 상황과 결과를 확인할 수 있다.

이 글을 쓰는 이유는 두 가지다. 첫째, 동영상의 입수 경위를 밝히기 위해서다. 미디어 종사자와 스포츠 연구자들의 향후 추가 발굴에 참고가 될 사례의 하나로서 제시하려는 것이다. 둘째, 동영상 자체를 살펴 경기의 내용과 과정 결과 등을 요약하고 문서 기록과 대조하기 위해서다. 그럼으로써 동영상이 지니는 사료로서의 가치를 비정하고 훗날 연구자나 기자들이 선별하여 인용할 수 있게 하려는 것이다. 필자는 이를 위하여 동영상에 등장하는 인물들을 관찰과 분석 과정에 참여시켰다. 그들의 증언과 확인을 신문 등 당대 매체의 보도와 교차 검토했다. 이 작업은 1971년 11월10일 도쿄 요요기체육관에서 구현된 우리 농구의 의미심장한 일순간을 현재에 형상화하는 일이다. 더 깊이 있는 검토의 기회를 열어 두려는 노력이기도 하다.

이번에 입수한 경기 동영상에는 몇 가지 아쉬운 점이 있다. 화질이 맑지 않아 개개인의 동작을 정밀하게 관찰하기 어렵다. 또한 오직 한 편에 불과한 동영상을 가지고 한 대회 내지 시대라는 맥락을 이해하는 데 한계도 있다. 해당 경기의 참가자들이 고령이어서 기억이 분명하지 않은 경우도 있다. 그들의 의견이 엇갈리거나 서로 다른 부분에서 문제점과 의미를 찾아내는 경우도 없지 않다. 다만 동영상의 물리적 약점은 컴퓨터를 이용한 영상 기술의 발전에 따라 개선될 여지가 있다. 또한 동영상의 관찰과 분석에 참가한 인물들의 엇갈린 기억은 텍스트가 가진 스펙트럼을 다양하게 해준다는 점에서 긍정적으로 볼 수도 있다. 이 동영상 외에 다른 동영상 자료가 발굴된다면 행운이다.

가정용 비디오 테이프 속에 잠든 전설

이 동영상은 총 1시간 21분 33초 분량이다. 원 소장자는 1971년 도쿄 요요기체육관에서 ABC가 열렸을 때 일본 대표로 출전한 아베 시게아키(阿部成章)이다. 아베는 NHK 텔레비전 방송국의 현장 중계방송을 가정용 비디오테이프에 녹화한 것을 DVD로 전환하여 필자에게 전달하였다. 전달자는 일본인 농구 저널리스트 고나가요시 요코(小永吉 陽子)이며 동영상은 흑백 화면이다. 중계방송은 일본어로 진행된다. 간간이 학생 시위로 인하여 전철이 마비되었다는 긴급보도가 자막으로 제공되는 등 당대의 일본 사회상을 반영하는 사례도 보인다. 이 동영상이 기록한 경기는 제6회 ABC의 마지막 경기이다. 따라서 대회에 참가한 대한민국 남자농구 대표 팀의 마지막 경기이기도 했다. 한국 대표 팀은 이때까지 6승1패를 기록하여 일본과의 경기 결과에 따라 우승, 준우승 또는 3위가 결정되는 상황이었다. 또한 이 대회는 이듬해에 독일(당시는 서독)의 뮌헨에서 열리는 제 20회 하계올림픽의 아시아 예선을 겸하고 있었다.

이 동영상은 2016년 7월 현재 유일하게 남아 있거나 유일하게 발견되어 국내로 반입된 것으로 추정한다. 1969년 제5회 ABC와 1970

년 방콕에서 열린 제6회 아시아경기대회에서 우승한 한국 남자농구 대표 팀의 주전 선수가 대부분 남아 있던 시기의 경기 모습을 확인할 수 있다. 동영상에 등장하는 인물들은 1969년과 1970년 우리 농구의 아시아 제패를 이끈 인물들이다. 당대의 스타들이며 같은 시대에 최선의 경기력을 발휘한 인물들로 간주해도 무리는 아니다. 또한 이 인물들 가운데 상당수는 훗날 일선 지도자가 되어 남녀 실업팀과 대학팀을 지도하였고, 일부는 국가대표 팀을 이끌었다. 그러므로 이 동영상에 대한 검토는 우리 농구의 현재를 가능하게 한 또 다른 시원(始原)을 소환한다는 의미 부여도 가능하다.

필자는 스포츠 역사 역구의 사료로서 동영상의 가치에 주목한다. 그래서 우리 남자농구가 아시아의 정상에 오르는 시기의 경기를 담은 중계방송 동영상을 찾기 위해 오랫동안 노력해왔다. 특히 신동파를 사적으로 면담하는 과정에서 동영상의 존재 가능성을 확신하게 되었다. 신동파는 "한국이 ABC에서 처음으로 우승한 1969년 결승 경기를 필리핀에서 생중계했으며 이후 한 달 이상 반복해서 녹화 방송하였다는 증언을 필리핀 친구들로부터 여러 차례 들었다."라고 증언하였다(신동파 면담, 2010.02.25). 신동파는 2014년 12월 5일 주한필리핀대사 라울 헤르난데스(Raul Hernandez)를 면담한 자리에서 각별한 관심을 가지고 동영상 발굴에 협조해 줄 것을 요청하기도 하였다(스포츠조선, 2014). 그러나 2016년 7월 현재까지 동영상은 발견되지 않았고, 그 존재 여부조차 확인되지 않는다.

필자는 1970년 전후의 경기 장면을 담은 동영상이 존재한다면 그 장소는 일본이 유력하다고 판단하였다. 그 이유는 1971년 도쿄에서 ABC가 열렸고, 이 대회는 홈 팀인 일본이 우승하였으며 한국은 일본, 대만, 필리핀 등 아시아의 경쟁국들과 차례로 경기를 했기 때문이다. 일본은 당시 아시아에서 유일하게 올림픽(1964년)을 개최한 스포츠 선진국으로서 수준 높은 중계방송 기술을 보유했다. 또한 일본은 전통적으로 아시아 남자농구의 상위권을 지켜왔고, 이전 대회 우승 팀인 한국과의 경기는 빅 카드로 분류되었을 가능성이 컸다. 필자는 2012년 5월 9일 일본 내 농구경기 방송권 추이를 확인한 다음, 시기별로 농구경기 중계를 담당한 방송국에 문의하는 방식으로 당시의 경기 동영상을 수배하였다. 그 과정에서 다음과 같은 내용을 알았다. 아래에 설명하는 내용의 시간 기준은 문의와 답변이 오간 2012년 현재이다.

첫째, 일본농구가 일본체육협회 가맹단체로 있던 1975년까지 TV아사히가 중계권을 독점하였다. 아마추어 단체인 구 일본농구협회(구JBA)가 행정단체로 활동한 1976년부터 2006년까지는 TV아사히, SKY A, NHK가 중계권을 나누어 가졌다. 실업과 프로가 혼재(混在)하는 현재의 일본농구협회(JBA)가 행정을 관장한 2007년부터 현재까지는 SKY A가 중계권을 독점하고 있다. 각 방송국에 동영상의 존재 여부를 문의한 결과 TV아사히와 NHK, SKY A 모두 보관된 동영상 자료가 없다고 확인하였다. 동영상 자료가 남아 있지 않은 이유는 각 방송국이 일정기간 자료를 보존한 이후에는 중요도에 따라 파기하는 경향이 있고, 농구 경기가 일본 방송의 메이저 콘텐트가 아니라는 점을 감안해야 할 필요가 있다. 2012년 6월 5일에도 NHK 인터내셔널(International)을 통하여 문의하였으나 역시 해당 영상은 없다고 확인하였다. 이러한 과정을 통하여 온전한 경기 내용을 담은 일련의 동영상 자료가 공식적으로 관리 보관되고 있지 않을 가능성이 크다는 결론에 도달하였다.

필자는 2013년 9월 14일 한국을 방문한 일본인 농구 저널리스트 고나가요시에게 협조를 요청하였다. 고나가요시는 2016년 7월 현재 농구전문지인 『더 케이저(The Cager)』와 『월간바스켓볼(月刊バスケットボール)』 등의 매체에 기고하는 농구전문기자이다. 필자는 고나가요시에게 1971년 일본에서 열린 ABC의 실황중계 동영상이 존재할 가능성을 언급하였다. 또한 그 동안의 검색 과정과 결과를 설명한 다음 개인적으로 동영상을 보관하고 있는 농구 관계자가 있을 수 있음을 지적하면서 협조를 요청하였다. 고나가요시는 일본 농구 역사를 잘 아는 일본의 원로 농구인 호리우치 히데노리(堀内秀紀)에게 문의하였다. 호리우치는 수소문 끝에 1971년 ABC에 일본 대표로 출전한 아베 시게아키(阿部成章)가 당시 일본과 한국의 대회 최종일 경기 동영상을 VHS테이프로 보관하고 있다는 사실을 확인하였다. 아베는 당시 일본의 주전 선수로서 경기당 15.25득점·1.9리바운드를 기록하였고, 한국과의 경기에서는 20득점을 기록하였다. 아베는 자신이 소유한 VHS테이프를 DVD로 옮긴 다음 호리우치에게 전달하였다. 이를 고나가요시가 받아 2014년 2월 6일 우편을 통하여 필자에게 보낸 것이다.

동영상의 소재와 관련, 몇 개 항목에 걸쳐 호리우치-아베에게 일본어 전문통역가인 재일동포 박강자(朴康子)에게 의뢰하여 질문을 하고 답변을 구했다. 이들은 "원본(테이프)은 남아 있는가?"라는 필자의 질문에 "원본이 남아 있다면 NHK가 보관하고 있겠지만 자세히 알지 못한다."고 답변하였다. 필자는 이전에 NHK에 문의한 결과 보관하고 있지 않다는 답변을 얻었으므로 동영상이 존재할 가능성은 없다고 판단하였다. "다른 아시아 남자농구 경기 동영상을 보관하고 있는가?"라는 질문에는 "1979년에 일본의 나고야에서 열린 모스크바올림픽 일본과 중국의 예선 경기도 보관하고 있다. 그러나 기본적으로 1970년대 이전의 동영상은 아직 비디오가 보급되지 않았던 시기이기 때문에 가지고 있지 않다."는 답변을 들었다. 따라서 현재로서는 아베 시게아키가 개인적으로 보관하고 있으면서 필자에게 DVD로 옮겨 제공한 본 동영상이 당시 한국 남자농구 대표 팀의 경기를 확인할 수 있는 유일한 시청각 자료라고 간주할 수 있다.

한국 남자농구, 2년 만에 챔피언 벨트를 풀다

필자는 동영상의 내용을 검토하기 위하여 당시 남자대표팀의 주전선수로 활동한 인사들에게 연락했다. 동영상에 등장하는 인물을 식별하고 당시 남자농구대표팀이 사용한 전술과 현장 상황 등에 대한 설명을 구하기 위해서였다. 요청에 응해 동영상 검토에 참여한 인물은 김인건·신동파·유희형·최경덕·박한이다. 김인건과 최경덕은 당시 대표팀의 포인트 가드로서 김인건이 선발, 최경덕이 교체 전문이었다. 유희형은 슈팅 가드와 포워드를 겸하였으며 신동파는 득점전문 포워드였다. 박한은 센터로서 최종규와 교대로 골밑을 지켰다. 최종규는 미국에 거주하고 있어 동영상 검토 작업에 참여하지 못했다. 동영상 검토 작업을 수행한 시기는 2015년 7월 18일이었고 장소는 서울시 강남구 논현동 2번지 KBL센터 6층 접견실이었다. 이곳을 선정한 이유는 세 가지다. 첫째, 교통이 편리해 동영상 검토 작업에 참여하는 인사들이 모이기 좋았다. 둘째, 프로농구 경기를 모니터링하기 위해 설치한 텔레비전과 동영상 구동장치의 성능이 우수했다. 셋째, 기계 조작 등을 하는 데 KBL 전문 인력의 도움을 얻을 수 있었다.

스포츠 경기의 경쟁 방식은 시대에 따라 변화한다. 기술과 장비의 발전은 경기의 수준을 향상시키며 뛰어난 운동선수의 등장은 해당 종목의 대중적 인지도를 높이는 데 결정적인 영향을 미친다. 동영상에 등장하는 인물들은 대부분 1969년과 1970년 우리 농구의 아시아 제패를 이끈 당대의 스타들이다. 1971년 ABC에 출전한 한국 대표팀의 주전 선수는 1970년 아시안게임 우승 멤버와 큰 차이가 없었다. 가장 큰 변화는 대표 팀의 중심 선수이자 정신적인 기둥이었던 김영일이 은퇴하여 코치로 일하고 있었다는 점이다. 김영일은 1966년부터 1967년까지 한국 남자농구 대표 팀을 지도한 미국인 코치 찰리 마콘(Charlie Marcon)이 역량을 인정한 선수로서 패스와 슛이 정확했다. 마콘은 "속공을 하지 않을 때는 개인기와 득점력이 뛰어난 신동파와 김영일의 개인기를 이용하여 일대일 공격(isolate Shin Dong Pa and Kim Yong Il one-on-one)을 지시하였다(찰리 마콘 이메일 인터뷰, 2010.05.06)"라고 증언하였다. 김영일이 비운 센터 자리는 최종규와 박한이 메웠다. 포인트 가드로는 김인건이 건재했고 슈팅 가드로 유희형이 전성기를 누리고 있었다. 가드 포지션의 교체 선수로는 최경덕과 신현수가 있었다. 최경덕은 1970년 아시안게임에 나가지 않았지만 먼저 대표선수가 된 신현수보다 자주 기용되었다. 신동파는 이 해 7월 6일 서울 장충체육관에서 열린 연세대 동문과 고려대 동문의 친선경기를 앞두고 훈련 중에 허리를 다쳤는데 채 회복되지 않은 상황이었다(경향신문, 1971). 이밖에 곽현채와 이인표가 교체선수로 뛰었다. 김인건과 이인표는 이 경기를 마지막으로 국가대표 팀에서 은퇴했다.

이 대회에 참가한 우리 대표 팀은 멀리 보면 1964년 도쿄올림픽, 가까이 보면 1967년 도쿄 유니버시아드가 열릴 때부터 주축 선수들이 확립되어 경기력을 꾸준히 향상시킨 견고한 팀이었다. 이 팀은 1967년 도쿄 유니버시아드 준우승, 같은 해 서울에서 열린 ABC 준우승, 1968년 멕시코시티올림픽 본선 진출 등 쉼 없이 국제대회 우승 메달에 도전하였다. 결국 1969년 태국에서 열린 ABC와 1970년 태국 방콕에서 열린 아시아경기대회에서 우승함으로써 대표 팀이 짊어져야 했던 한 시대의 소명을 완수하였다. 또한 1970년 유고에서 열린 세계남자농구선수권대회에 참가, 11위를 기록하면서 세계무대에서 한국농구의 존재감을 과시하기도 하였다. 이 무렵 대표팀의 주전 선수들은 1966년부터 1968년까지 찰리 마콘과 제프 고스폴(Jeff Gausepohl) 등 주한미군으로 근무하던 미국 대학농구 선수 출신 코치들의 지도를 받아 수준 높은 기술과 전술을 익혔다. 1968년에는 우리 농구 역사상 처음으로 처음 미국 북서부지역에서 남서부와 하와이를 거치는 전지훈련을 하면서 미국의 농구 문화를 이해했다. 기술적으로나 전술적으로 폭넓게 수준 상승을 이룩한(동아일보, 1967) 엘리트 그룹이었다.

1971년 ABC에 참가한 한국 대표 팀은 거의 고정된 주전 선수들이 오래 호흡을 맞춰 온 경험에 따라 특별한 작전을 사용하지 않고 상황에 맞춰 즉흥적인 공격을 주로 구사하였고 이따금 약속에 의한 공격을 하기도 하였다. 특히 '스플릿 더 포스트(Split the Post)'가 주요 공격 방법이었다(김인건 면담, 2015.07.18). 스플릿 더 포스트는 외곽 선수들이 센터를 끼고 골밑으로 파고들며 수비를 떨어뜨리고 슛이나 패스 기회를 만드는 공격 방법이다(이우재·손대범, 2008). 1970년까지 센터 자리에서 이 전술을 주도한 인물이 김영일이었으나 이 대회에서는 코치를 하고 있었다. 동영상에서도 한국의 대표선수들은 약속에 의하지 않고 즉흥적으로 풀어 나가는 공격을 주로 구사하였다. 수비에서는 개인방어 외에 2-3지역방어 또는 개인방어와 2-3지역방어를 혼합한 매치업 존(Match-Up Zone Defense), 전면강압수비와 함정수비를 혼용하였다.

이 경기에 대한 국내 언론의 보도를 요약하면 다음과 같다. 한국은 재일동포 응원단 2000여 명을 포함, 7000여 명의 관중이 스탠드를 메운 가운데 벌어진 경기에서 유희형의 선제골로 기선을 잡았다. 그러나 전반 5분 이후 골게터 신동파가 일본의 장신 고마다와 소다 등에 철저히 마크 당하면서 일방적인 리드를 허용, 전반을 30-37로 끝냈다(경향신문, 1971). 후반전에 들어 일본의 주전멤버들이 세 명이나 5반칙 퇴장당하면서부터 최종규의 과감한 플레이가 살아나고 신동파가 페이스를 되찾아 8분 47초에 54-54, 5분 36초를 남기고 60-60으로 두 차례 타이를 이루는 시소를 벌였다. 그러나 일본의 누마다에게 리바운드를 잇달아 빼앗겨 끝내 76-68로 분패했다(동아일보, 1971). 이날 경기의 결과로, 제6회 ABC는 홈코트의 일본이 8전 전승으로 우승하고 필리핀이 7승1패로 2위를 차지해 뮌헨올림픽의 출전자격을 획득하였다. 한국이 2년간 누려온 아시아 패권은 일본으로 넘어갔다. 한국은 6승2패로 3위에 머물렀다(동아일보, 1971).

일본과의 경기에서 한국 대표 팀은 개인방어로 시작, 스코어가 20-25로 뒤지자 2-3 매치업 존으로 전환하여 23-33까지 이 수비 전술을 유지하다가 공격에서 'G2'를 한 번 사용한 다음 개인방어로 전환하였다. 30-37으로 추격한 다음 사이드 라인에서 공격을 시작하여 G2를 또 한 차례 구사하고 다시 매치업 존으로 전환하였다. 후반 8분 10초 쯤 48-54로 뒤진 가운데 세 번째 G2를 사용했으며 신동파와 유희형의 연속 득점으로 8분 47초에 54-54로 이날 첫 동점을 만들었다. 이 과정에서 유희형이 5반칙 퇴장을 당하였는데, 수비가 강하고 리바운드 기여도가 높은 그의 퇴장은 큰 손실이 되었다. 한국은 54-56에서 다시 G2를 구사하며 경기 종료 5분 36초를 남기고 60-60으로 동점을 이루었다. 60-64로 뒤진 3분 16초 전 전면강압수비와 함정수비로 공을 뺏기 위한 수비를 구사한 다음 2-3 매치업 존으로 전환하였다. 당시 대표 팀의 가장 강력한 공격 전술이었던 G2라는 작전은 네 차례만 사용하는 데 그쳤다. 남자농구 대표 팀의 전성기에 이 전술을 수행하는 데 중심인물이었던 김영일의 부재가 영향을 주었을 것으로 추정한다. G2는 득점력이 높은 신동파의 슛 기술을 최대한 활용하기 위하여 많은 선수가 (수비 선수를 가로막는) 스크린을 해서 신동파로 하여금 슛을 던지게 하는 작전이었다(신동파 면담, 2010.02.25). 이 전술이 단 번에 성공하여 득점으로 연결된 경우는 한 번도 없었고, 이 전술에 이어지는 추가 공격이 점수로 연결되었다.

이 경기 결과에 대하여 국내 언론은 1972년 뮌헨올림픽 출전 자격을 놓치고 아시아의 패권을 일본에 넘겨준 데 대하여 강한 유감을 표명하였다. 특히 동아일보는 조광식의 논평을 통하여 남자농구 대표 팀이 '노쇠했고 안일했다'라고 비판하였다. 조광식은 "아시아 4강인 일본·필리핀·중국(현재의 대만) 등과 비교할 때 선수 개개인의 기술과 체력 신장 및 팀플레이 등이 가장 뒤떨어지는 형편이었다. 가장 두드러진 한국 팀의 약점은 리바운드의 열세였다."라고 평가하였다. 그는 한국 대표 팀이 리바운드가 달려 속공을 할 수가 없으며 속공을 못하게 되니 세트 플레이에 의존하게 되고 슛률의 저조, 기동력 부족으로 플레이를 뜻대로 운영할 수 없었다고 분석하였다. 또한 조광식은 "일본을 비롯, 필리핀과 중국 등이 이번 대회에서 보여준 전력은 지난

2년간 한국에 빼앗겼던 아시아 정상을 재탈환하면서 뮌헨 행의 꿈을 실현키 위한 집념에 찬 노력이 얼마나 집요했던가 짐작하고도 남는다. 그들의 대단한 신진대사에 기인한 스피드·테크닉·파워가 겸비한 점과 노쇠하여 패기 없고 안일한 모습의 한국 팀과 비교할 때 너무나 대조적이었다."라고 썼다(동아일보, 1971).

대표 팀이 매너리즘에 빠졌다든가, 노쇠했다는 조광식의 지적은 단지 대표 팀이 패한 데 따른 언론의 상투적인 비난을 넘어 상당한 설득력이 있다고 본다. 이 대회가 끝난 다음 김인건과 이인표가 김영일에 이어 대표 팀에서 은퇴하겠다고 선언한다. 세대교체의 주역이어야 할 곽현채·최경덕·신현수 등은 은퇴를 앞둔 선배들의 대역을 충분히 해내지 못했다. 다른 시각으로는, 이토록 혼란스러운 가운데 아시아 3위에 입상했다는 사실을 통하여 남자농구 대표 팀이 상당한 저력을 발휘했다는 평가도 가능하다고 본다. 한국은 이 대회 이후로도 한동안 아시아 정상을 탈환하지 못하였다. 한국 남자농구가 아시아 정상을 탈환하는 시기는 뉴델리 아시아경기대회 결승에서 중국을 84-83으로 제압하는 1982년 12월 3일이다. 이번 동영상에 등장하는 경기가 끝난 지 11년이나 지난 뒤의 일이었다. ABC 타이틀을 기준으로 살펴보면 1997년 11~19일 사우디아라비아의 리야드에서 벌어진 제19회 ABC에서 우승하기까지 무려 28년이 걸렸다. 한국 남자농구는 2002년 부산, 2014년 인천에서 열린 아시안게임에서 우승했으나 ABC는 2000년대 들어 2016년 현재까지 우승하지 못하였다.

길고도 짧은 1시간 21분 33초의 의미

1971년 일본 도쿄에서 열린 제6회 ABC의 마지막 날 열린 한국과 일본의 경기를 녹화한 동영상은 2016년 7월 현재 국내 유일본이라는 가치 뿐 아니라 당대 우리 남자농구 대표 팀의 선수 및 팀의 경기 방식과 내용을 확인할 수 있는 사적 자료이다. 동영상을 통하여 당시 한국의 주요선수들이 보인 경기력과 경기방식, 기술과 전술, 경기의 진행상황과 내용 및 결과를 확인하고 분석할 수 있었다. 1969년과 1970년에 아시아를 제패한 전성기 멤버의 경기 내용을 확인한 것이다. 이 동영상은 한국 남자농구 대표 팀이 아시아의 패권을 걸고 일본을 맞아 벌인 치열한 경기 양상을 가감 없이 보여준다. 또한 신문의 보도나 대한농구협회의 기록 등이 보여주는 추상성을 돌파하여 즉각적이고도 직정적인 이해를 가능하게 한다. 동영상 속에 등장하는 한국 남자농구 대표 팀의 주전 선수들 가운데 상당수가 훗날 대학과 실업팀에서 지도자로 활약한다. 그런 점에서 선수 시절의 경기 스타일을 통해 그들이 걸어간 지도자로서의 역정도 짐작할 여지를 남겼다.

이 동영상의 발견과 분석 작업은 과제와 가능성을 동시에 제시한다. 무엇보다도 유사한 자료의 추가 발굴 내지 발견과 입수가 시급하다. 그래야 추가 연구가 풍부하게 이루어질 수 있다. 1시간30분도 되지 않는 짧은 동영상으로 한 시대 우리 남자 대표 팀의 농구를 꿰뚫어 보는 데는 한계가 있기 때문이다. 아날로그 시대가 종언을 고하고 디지털의 시대로 이행하는 과정에서 오래된 아날로그 자료들이 빠르게 폐기되거나 분류에서 제외될 가능성이 크다. 그럴 경우 자료가 유실되거나 그렇지 않다 해도 발굴이 더 어려워질 것이다. 그런 점에서 여러 종목의 경기단체와 전문 학회 등에서 네트워크를 가동하고 필요하다면 협업도 해야 한다고 본다.

또한 이미 발견한 자료에 대해서는 다채로운 연구를 통하여 우리 스포츠 역사 지식의 지평을 확대할 필요가 있다. 이러한 연구는 기록과 기억 사이의 심연을 메워가는 조소(塑造) 작업이 긴요함을 뜻한다. 우리 스포츠의 과거를 조명하는 작업은 기자의 협량한 역량에 매달려서 가능한 일이 아니다. 언론정보학, 영상분석학, 방송매체 등의 협조 및 합동 연구가 반드시 필요하다. 그뿐 아니라 스포츠와 관련한 여러 학제의 독자적인 심층 연구도 필요하다. 이와 같은 작업에는 스포츠 역사에 대한 이해를 확충한다는 의미를 넘어 지식의 전문성과 정확성을 담보한다는 의미가 병존한다.[8]

---

8 『바스켓코리아』 2016년 8월호, 「1971년 아시아남자농구선수권대회 한일전 동영상 발굴취재기」.

호모 루덴스

아들의 나이가 스무 살을 넘자, 나의 여성관(女性觀)은 확 바뀌었다. 본디 나는 어쩔 수 없는 속물로서 여성의 아름다움을 감별하는 데도 속기(俗氣)를 버리지 못했다. 물론 '쭉쭉빵빵'을 최선이라고 생각하지는 않았다. 그런 여성은 다른 세계에 서식하는 생물이라고 생각했다. 나의 기준은 '단아한 외모', '조신한 자태' 같은, 다소 케케묵은 유(類)에 속했다.

횡단보도 앞에 서서 신호등 불빛이 바뀌길 기다릴 때, 전에는 건너편에 누가 있든 신경을 쓴 적이 없다. 아들이 성인이 된 다음, 나는 인상 좋은 아가씨를 발견하면 찬찬히 살펴본다. 그러면서 아들과 저 처녀가 꽤 어울리겠다 싶으면 쉽게 설명할 수 없는 묘한 감정에 사로잡히기도 한다. 아들이 여성을 보는 데 기준이 됐다.

내 이상형은 벨기에 출신의 테니스 선수 킴 클레이스터르스다. 그녀는 지난 해 호주 오픈 여자 단식 우승자다. 굵직굵직한 팔다리에 푸짐해 보이는 미소, 무엇보다도 건강미 넘치는 모습이 마음에 든다. '내 이상형'이라고 말했지만 고쳐야겠다. 사실은 아들의 이상형이었으면

좋겠다. 우스갯소리지만 그런 며느리를 원한다는 얘기다.

아들의 이상형은 나와 다른 것 같다. 내가 이러이러한 스타일이 어떠냐고 물으면 투덜거린다. “아빠는 키가 작고 체격도 작은 엄마와 결혼해 놓고 왜 나한테는 ‘덩치’ 좋은 여자를 권하느냐”는 것이다. 아들의 이의 제기는 정당하므로 반박할 여지가 없다.

클레이스터르스의 매력은 한 마디로 건강미다. 그 아름다움은 스포츠가 베푼 자비이거나 축복이다. 그녀의 아버지는 축구 감독이었고, 어머니는 체조선수였다. 그러나 클레이스터르스는 여섯 살이 되자 테니스 라켓을 선택했다. 몇몇 대회에서 재능을 확인한 그녀는 1996년 안트베르펜의 테니스 스쿨에 들어가 선수의 길에 들어섰다.

우리나라에서 클레이스터르스와 같은 선수가 나오기는 쉽지 않다. 학교에서건 생활 속에서건 스포츠, 운동은 남의 일처럼 먼 얘기이기 때문이다. 학생들은 한참 자랄 나이에 공부에 붙들려 운동에 시간을 투자할 여유가 없다. 학생들의 부모와 학교 역시 체육에 시간을 할애하는 데 인색하다.

체육을 한자로 쓰면 體育, 영어로 쓰면 Physical Education이다. 체육의 개념은 ‘신체의 교육’, ‘신체운동에 의한 교육’이다. 영국의 철학자 존 로크는 교육을 지육(知育)·덕육(德育)·체육의 세 영역으로 나누고, 사람의 소질을 본성에 따라서 발전시켜야 한다고 주장했다.

스포츠(Sports)의 어원(語源)은 라틴어 Dispotare(저쪽으로 옮기다; 면제·오락), 프랑스어 Deportare(즐겁게 하다·기분전환)다. 이 단어는 영어의

Disport가 됐고, 어두(語頭)가 떨어져 Sport가 되었다. 스포츠는 먹고 사는 일을 떠나 온전히 즐기는 행위다. 현대에는 '경쟁'과 '기록'이라는 요소가 추가된다.

학자들은 스포츠와 체육을 구분한다. 학교에 다닐 때 우리는 체육 수업을 했다. 방과 후엔 운동을 하며 놀았다. 수업 시간에 하는 배구는 체육, 방과 후에 하는 배구는 스포츠다. 대학교 교양체육 과목 중에 골프도 있다. 물론 실기다. 그렇지만 체육이라고 생각하며 라운드하는 주말골퍼는 없을 것이다.

스포츠에 내재하는 유전자는 '즐거움'이다. 운동을 싫어하는 여학생도 피구나 발야구를 시키면 재미있어 한다. 문제는 이 유전자가 작동하기 어렵다는 데 있다. 한국의 스포츠는 체육에 기초를 둔다. 선수들은 학생 시절에 재능이 발견돼 특기자로 발탁된다. 이들의 활동은 '학업'을 대체하며, 특정한 학생들의 진학 수단으로서 '경쟁'만 남는다.

클레이스터르스는 한 번 은퇴를 했다가 돌아와서도 다시 세계 최고 수준의 경기력을 발휘하고 있다. 그녀는 스물네 살이던 2007년 은퇴해 이듬해 딸 야다를 낳더니 2009년 8월에 복귀해 대뜸 US오픈에서 우승했다. 어떻게 이런 일이 가능할까? 나는 그녀의 가슴 속에 잠재한 테니스에 대한 사랑과 즐거움의 유전자 덕이라고 믿고 싶다.

최근 자주 입에 오르는 문화 키워드 가운데 '호모 루덴스(Homo Ludens)'가 있다. 요한 하위징아는 인간을 놀이하는 존재, 즉 호모 루덴스로 규정했다. 놀이와 스포츠는 아마도 호모 루덴스들이 낳은 일란성 쌍생아이거나 그 형제들일 것이다. 호모 루덴스의 DNA가 클레이스터르스의 혈관 속에서 고동쳤을 것이다.

4월. 만우절로 시작되는 달이다. 만우절은 사실 거짓말이 아니라 유쾌한 장난, 즐거운 농담으로 채워야 한다. 스스로에게 가벼운 농담을 던지듯, 장난을 하듯 운동을 시작해 보자. 우리 안에 잠든 호모 루덴스의 영혼을 불러내 함께 달려 보자. 봄볕이 가슴 밑바닥을 적실 때, 우리 몸과 마음에 즐거움이 충만할 것이다.[9]

---

9 국민체육진흥공단사보 2012년 4월호.

쉼에 대하여

필자는 스포츠를 보도하는 기자다. 동시에 동국대학교 대학원에서 체육학을 공부하는 학생이기도 하다. 사람마다 차이가 있겠지만 필자의 경우에는 스포츠 기자로서 일하기보다 학생으로서 공부하는 것이 훨씬 재미있다. 스포츠 기자가 아니라 연예나 오락 기자여서 예쁜 연예인을 매일 만나고 신나는 쇼만 본다고 해도 공부보다 즐거울 것 같지는 않다.

2002년 한·일월드컵이 끝나자마자 독일에 갔다. 공부를 하기 위해 회사 일을 중단하고 가서 2003년까지 머물렀다. 쾰른에 숙소를 정하고 독일체육대학교와 레버쿠젠에 있는 바이엘 스포츠 클럽을 교대로 드나들었다. 그곳의 도서관과 현장은 멀지 않았다. 쾰른의 가을은 쓸쓸했다. 무겁게 내려앉은 대기, 흐린 하늘, 인적 뜸한 거리. 독일의 풍경은 해가 가고 시대가 바뀌어도 크게 달라지지 않는다. 독일의 9월, 필자가 산 그 9월은 아마 전혜린이 살았을 9월과 크게 다르지 않았을 것이다. 노르트라인베스트팔렌과 바이에른이라는, 남북 간의 거리만이 유일한 차이였을지 모른다.

2002년부터 2003년까지, 필자는 스포츠를 공부하기 위해 쾰른에 머무르면서 잿빛의 3번 아우토반, 쾰른의 델부뤽과 레버쿠젠 구간을 하루도 거르지 않고 달렸다. 독일을 남북으로 잇는 3번 아우토반을 달리며 고독을 절감했다. 사전에도 올라 있어 독일의 고속도로는 아우토반이라는 이름으로 유명하다. 이 이름이 갖는 마력 때문인지, 독일을 방문한 많은 한국인들이 한번쯤 아우토반을 달려 보고 싶어 한다. 한국인에게 아우토반은 '속도무제한'으로 상징된다. '벤츠'나 '비엠더블유'를 타고 과속 딱지 걱정 없이 마음껏 액셀러레이터를 밟고 싶은 것이다. 그러나 사실은 아우토반에도 권장속도라는 것이 있어 100% 속도무제한은 아니다. 더구나 일부 구간은 지긋지긋한 만성 체증 때문에 마음껏 달릴 수 없다는 사실을 알고 실망하는 분들도 적잖다. 아우토반은 총연장이 1만1000㎞정도인데 대부분의 구간에 권장속도 시속 130㎞라는 간판이 세워져 있다. 도시 권역이나 위험 지역의 경우에는 시속 100㎞라는 속도제한 표지도 가끔 보인다.

독일은, 사람을 고독하게 만드는 본성을 지닌 검은 대지 위에 서 있다. 필자가 달린 아우토반은 달리는 차량이 많지 않았다. 출퇴근 시간에는 조금 속도가 줄었지만 대부분의 시간은 시속 150㎞정도로 달릴 수 있었다. 고적한 도로에서 느끼는 고독감은 묘하게 사람의 마음속에서 증폭된다. 가을이 깊어가던 어느 날, 필자는 레버쿠젠을 떠나 델브뤽을 향해 가는 아우토반 위에서 극심한 교통 체증을 경험했다. 길이 꽉 막혀 있었다. 모처럼 짙푸른 하늘이 비껴가는 석양으로 물든

그 늦은 오후에, 온갖 종류의 차량들이 길을 메우고 있었다. 고급 승용차와 대형 오토바이(독일에서는 오토바이도 고속도로를 달릴 수 있다), 오토바이 옆에 또 하나의 좌석을 놓은 '사이드카', 오래된 파우베 등이 배기가스를 뿜으며 조금씩 움직였다.

은발의 노부부가 벤츠 컨버터블에 나란히 앉아 그날의 마지막 태양을 감상하고 있었다. 남편인 듯한 신사는 지휘자 헤르베르트 카라얀 같은 헤어스타일에 검은 색 선글라스를 낀 채 오른손으로 핸들을 잡고 있었다. 캐서린 햅번을 연상시키는 부인은 스카프와 긴 은발을 나부끼며 여유 있게 미소를 지었다. 필자는 궁금했다. 그들은 모두 어디로 가는 것인가. 그 날은 금요일이었다. 우리로 치면 반공일이었고, 독일인의 주말이었다. 그러고 보니 레버쿠젠에 있는 클럽 사무실을 떠나면서 동료 코치와 선수들에게 즐거운 주말을 보내라(Schönes Wochenende!)라고 인사했던 생각이 났다. 3번 아우토반을 가득 메운 차량의 행렬은, 모두 집을 떠나 주말을 즐기기 위해 어디론가 떠나는 도시탈출 행렬이었던 것이다.

그들이 북쪽으로 차를 달려 네덜란드 방향으로 갔다면 아마도 북해의 차가운 바닷가로 갔을지 모른다. 독일 사람들은 해산물을 많이 먹는 편이 아니다. 굴을 좋아하는 필자가 굴을 먹을 수 있는 곳이 어디냐고 묻자 그곳 사람들은 "어디가 문제가 아니라 언제냐가 문제"라고 했다. 독일인들은 "니덜란트(네덜란드의 독일식 이름)에 가면 된다. 그런데 굴은 에르(R)로 끝나는 달에만 먹을 수 있다"고 말했다. 즉 9월

(September)부터 2월(Februar)까지는 싱싱한 굴을 먹을 수 있다는 얘기였다. 독일은 사회체육이 발달한 나라고, 매우 액티브한 생활문화를 가진 사람들이 산다. 겨울이 되면 많은 사람들이 알프스로 스키휴가를 떠나고, 일부는 스페인이나 포르투갈 같은 곳으로 골프를 치러 간다. 비용이 덜 드는 여행을 원하는 사람들은 터키로도 많이 간다. 독일 사람들은 지중해에 접한 기후 좋은 곳을 모두 '남쪽'이라고 표현했다. '따뜻한 남쪽'인 셈이다.

바쁘거나 정말 돈이 없어서 먼 곳으로 휴가를 가지 못하는 사람일지라도 주말에 그냥 집에서 칩거하는 경우는 자주 보지 못했다. 차를 달려 저 유명한 독일의 검은 숲에 가거나 호숫가에 가서 시간을 보냈다. 눈이 하얗게 내려 쌓이고 쌓인 눈이 언데다 차가운 바람까지 부는 휴일에 온가족이 불을 피워 놓고 소시지와 고기를 구워 먹는 걸 보고 의아하게 생각한 적이 있다. 추운데 왜 저렇게 밖에 나와 덜덜 떨면서 고기를 구워먹는 것일까 하고. 익숙하지 않은 휴일(휴가) 문화의 차이는 의아함을 떠나 놀라움을 불러 일으켰다.

월요병(月曜病)이라는 명사를 국어사전에서 발견하고 놀란 일이 있다. 사전은 월요병을 '한 주(週)가 시작되는 월요일마다 정신적·육체적 피로나 힘이 없음을 느끼는 증상'이라고 정의한다. 인터넷의 지식사전 같은 데서 보면 더 긴 설명이 붙어 있다. '주말을 쉬고 나면 다시 평일로 돌아가야 하는데 주말동안 늘어졌던 몸이 회복이 덜되어서 기운이 없고 무기력해진 상태. 또는 주말동안 너무 잘 놀다 보니 다시 일하기 위한 컨트롤 모드로의 변환이 되다 만 상태'라는 것이다. 그리고 '꼭 주말 다음뿐 아니라 연휴 뒤나 주중에 끼인 휴일 다음날에도 많이 생긴다'고 한다.

거의 모든 사람들이 월요병을 느끼니까 월요병이라는 말이 사전에도 올랐을 것이다. 그러나 곰곰 생각할수록 이해가 안가는 말이 이 월요병이다. 따지고 보면 월요일부터 금요일, 또는 토요일까지 회사나 일터에서 일하면서 피곤하지 않은 날이 있었던가? 그때마다 과로를 걱정하고 휴일을 기다리지 않았는가. 그런데 왜 월요일에는 피로와 무력증을 느끼게 되는 걸까? 직장을 그만두거나 은퇴를 하면 월요병이 사라질까? 월요병은 게으른 자가 앓는 마음의 병인가?

휴일을 어떻게 보내는가. 휴일을 보내는 방법은 여러 가지다. 집에 틀어박혀 아무 일도 하지 않는 방콕 스타일이 있다. 아내와 아이들의 등쌀을 견디지 못해 무거운 몸을 이끌고 나들이객이 되는 부류도 있을 것이다. 에너제틱한 사람들은 등산을 하거나 테니스를 치거나 축구를 하거나, 아무튼 운동을 한다. 요즘은 골프 인구가 늘어서, 주말을 위해 골프 부킹을 하기가 '하늘의 별 따기'다. 비즈니스 때문에 꼭 필요한 사람들의 얘기지만 골프 부킹권이 수백만 원에 거래되기도 한다.

자, 이렇게 다양한 방법으로 휴일을 보내고 나서, 가장 극심한 월요병에 시달리는 사람들은 어떤 부류일까. 심한 운동을 한 에너자이저들? 아니면 싫은 마음을 억누르고 아내와 아이들의 등쌀을 견디지 못해 길을 나선 마음 약한 가장들? 느끼는 사람마다 차이가 있을 것이다. 그러나 여가나 레크리에이션을 공부하는 체육학 전공자들의 설문과 통계에 의한 연구 결과에 따르면 휴일에 특별한 움직임이 없었던 부류가 가장 심한 월요병 현상을 보이는 것으로 나타났다. 왜 이런 일이 생길까.

구소련 스포츠과학자 세체노프는 운동선수의 회복방법에 대한 연구에서 힘든 훈련 이후 신체적 움직임 없이 휴식하는 것보다 적당히 움직이면서 쉬는 것이 회복률을 높인다는 것을 발견했다. 우리는 휴일에 휴식을 취한다고 생각한다. 그리고 휴식을 '하던 일을 멈추고 잠깐 쉼'이란 사전적 의미로 받아들인다. 그런데 현대 스포츠 생리학이나 스포츠 심리학에서 이해하는 휴식은 조금 다르다. 이른바 '동적 휴식'의 개념인데, 움직임이 전혀 없는 휴지가 아니라 적당한 움직임을 동반한 휴식이 피로 회복에 훨씬 더 좋다는 것이다.

바이엘은 2006년 현재 29개 스포츠 종목을 관리하고 있다. 그중에는 차범근이 활약한 바이엘04 레버쿠젠도 있다. 독일프로축구 1부리그를 분데스리가라고 하는데, 분데스리가 경기는 대부분 주말에 열린다. 전쟁을 방불케 하는 격렬한 축구 경기가 끝난 다음날, 필자는 많은 축구 선수들을 레버쿠젠 골프장에서 보았다. 레버쿠젠 골프장은 크로스컨트리를 하기에 좋은 숲속의 러닝 코스를 가지고 있다. 여기서 달리기를 하다가 골프를 치러 나온 축구 선수들을 자주 만났다. 그렇게 힘든 경기를 하고 나서 푹 쉬지 무슨 골프냐고 묻자 선수들은 이렇게 좋은 피로회복 수단은 없다고 말했다. '골프를 꽤나 좋아하는 친구들이로군'하고 생각했지만 오해였다. 대부분의 선수들이 아홉 홀 정도만 치고 클럽하우스에 갔다. 거기서 스파게티 같은 음식으로 점심을 먹고 오후에는 웨이트트레이닝을 했다. 축구나 농구 선수들의 훈련과정에는 경기를 끝낸 다음 하는 '회복훈련' 과정이 반드시 포함돼 있다. 피로를 덜어내고 새로운 에너지를 채워 넣기 위해서도 훈련, 움직임이 필요한 것이다.

우리에게도 휴식의 방법은 중요할 때가 됐다. 많은 관공서와 회사들이 주 5일 근무제도를 적용하고 있어 늘어난 주말의 여가 시간을 어떻게 활용하느냐가 중요해진 것이다. 그래서 레저 산업이 급속히 발달하고, 각종 운동 클럽이 우후죽순처럼 생겨나는가 하면 도시 근교의 산들은 주말 등산객들로 붐빈다. 사람들은 모르는 사이에 휴식이 휴지나 정지가 아니라는 사실을 체득하고 있는 것이다. 휴식은 이제 휴양 또는 이완의 개념으로 굳어졌다. 즉 릴랙세이션(Relaxation)이다. 이 릴랙세이션의 어원은 휴양(Recreation)인데 이것은 re(다시)+creation(창조)에서 유래한 말로 인간이 인간답게 사는데 필요한 것이 인간이 가지고 있는 창조성을 다시 부활시키는 것이라는 사고에서 출발한다. 인간이 인간답게 사는 방법, 활동에서 그 길을 찾는 것은 매우 의미심장한 일이다.[10]

---

10 『High1』 여름호 2007.05.10.

정기전

소사

양대 사학의 스포츠를 통한 경쟁은 한국 스포츠 발전의 역사와 일맥상통한다. 공식 기록에 의하면 1925년 전 조선정구대회 전문부 1회전에서 보성전문(고려대의 전신)과 연희전문(연세대의 전신)의 첫 대결이 이뤄졌다. 하지만 1회전이어서인지 서로를 의식하거나 관심을 갖지는 않았던 것 같다.

양교의 실질적인 첫 대결은 1927년 11월 2일부터 경성운동장에서 열린 제8회 전조선축구대회 준결승이었다. 같은 달 12일 시작된 제2회 전문학교 축구대회 결승전에서 두 학교가 최초로 패권을 다툰다. 연세대와 고려대는 1942년까지 28차례 결승에서 맞붙어 14승14패의 팽팽한 전적을 남긴다.

1929년부터 YMCA 주최로 제5회 중등학교 농구선수권대회에 전문부전이 추가돼 보전이 첫 패권을 차지한다. 이듬해에는 첫 출전한 연전이 우승, 1931년부터 양교의 대결이 격화된다. 1942년까지 양교 농구는 56차례의 대결에서 28승28패로 대치한다.

진정한 정기전의 역사는 1945년 12월 4일 열린 제1회 연·보 OB

축구경기에서 시작된다. 같은 해 12월 21, 22일 YMCA체육관에서 OB 농구경기가 열렸고, 1946년 5월 23일 현역 선수끼리의 축구 대항전이, 10월 28일에는 역시 현역 선수끼리의 축구·농구 대항전이 각각 열리면서 연고전으로 불리는 양교 대항전의 틀이 완성됐다.

축구·농구 두 종목으로 시작한 정기전은 1956년에 야구와 럭비, 다음해 아이스하키가 추가되면서 현재와 같은 5종목의 대규모 정기전으로 발전하게 되었다. 이틀에 걸쳐 5종목의 경기가 일제히 벌어지는 지금과 같은 형태는 1965년부터 자리잡았다. 정기전은 모두 네 차례 유산됐다. 1971, 72, 80년에는 학원사태로, 1996년에는 한총련 사태로 대회가 열리지 못했다.

에피소드

1970년대는 양교의 경쟁이 어느 때보다 뜨거웠다. 연세대는 1973년과 1974년 잇따라 고려대에 참패했다. 1973년에는 농구만 이기고 나머지 종목에서 모두 패해 1승4패, 1974년에는 축구만 비기고 나머지는 모두 패해 1무4패의 참담한 성적을 냈다. 격분한 학생들이 박대선 총장 집무실로 몰려가 집기를 부수는 등 난동에 가까운 시위를 벌였다. 박 총장이 물러났고, 동문들은 정기전 패배 탓으로 생각하는 사람이 많다.

분위기가 이 정도이다 보니 선수들의 신경전도 상상할 수 없을 정도였다. 신재흠 연세대 축구부 감독은 "4학년 때 고려대 1학년 선수가 거친 태클을 걸었다. 넘어진 나한테 그 녀석이 다가와서 '선배님 죄송

합니다. 괜찮으세요?'하기에 '괜찮다'고 했더니 '다음에는 확실하게 밟아 드릴게요'라고 하더라"고 회고했다.

1978년 정기전 축구에서 연세대의 결승골을 넣은 신문선 SBS 해설위원은 "햇볕에 새까맣게 탄 등에 백넘버 7자가 선명하게 새겨질 정도로 훈련이 혹독했다. 결승골을 넣었더니 그해 연말까지 신촌의 당구장, 술집 등이 전부 공짜였다"고 했다.

1974년 정기전 농구경기. 연세대는 고려대 가드 박성민을 잡기 위해 1년생 최희암을 전담 수비수로 기용했다. 최희암은 2분 만에 5반칙 퇴장 당했다. 다음 타자는 역시 1년생 박수교. 박수교는 심판이 못 보는 사이 심한 파울을 해 박성민을 쓰러뜨렸다.

그러나 하필이면 고려대 응원석 앞이었다. 고대생들이 음료수 병을 던져대기 시작했다. 연세대 응원석에서도 빈병을 던졌다. 수라장이 돼 경기를 계속하기 어려웠다. 그때 콜라병 하나가 공교롭게도 센터 서클 한복판에 거꾸로 섰다. 양교 응원석에서 폭소가 터졌다. 콜라병이 화해의 촉매가 됐다.

우수한 선수들이 제때 졸업하지 못하는 경우도 생겼다. '고의 유급'이다. 1960년대 아이스하키 스타 김종갑 씨를 연세대에서 고의로 유급시키자 고려대는 김세일(안양한라 단장) 씨를 1년 더 다니게 했다.

고려대 출신 야구인들은 1996년 정기전을 잊지 못한다. 최남수 감독이 별세한 뒤 열린 정기전에서 선수들은 검은 리본을 달고 뛰었다. 선발 손민한(롯데)에 마무리 조성민(한화). 고려대가 2-1로 이겼다. 승리가 결정되는 순간 조성민이 마운드에 무릎을 꿇고 엎드려 주먹으로 땅을 치며 울부짖던 장면을 기억한다. 조성민의 아버지 조정구 씨와 최 감독은 인천 출신에다 한일은행 동기로 막역한 사이였다.

응원

젊음의 열기가 넘치는 응원전은 정기전을 감상하는 또 하나의 즐거움이다. 정기전은 당연히 응원 문화도 주도했다. 연세대는 싱그러운 푸른빛을 주된 색으로 삼고 서구적인 느낌을 주는 응원을 한다. 반면 고려대는 강렬한 붉은빛을 즐겨 사용하며 박력 있는 응원으로 어필한다. 응원 문화도 시대마다 특징이 뚜렷했다.

1960년대 학번이라면 황만길이란 이름을 기억할 것이다. 무려 11년간 연세대를 다닌 기인으로서 연세대 응원단장을 지냈다. 연세대 캠퍼스에 있는 언더우드 박사의 동상에 올라가 입에 담배를 물리고 술을 마시다가 방뇨를 하는 바람에 제적됐다. 그러나 학교에서는 정기전 응원을 맡기기 위해 징계를 풀어줬다고 한다.

연세대에서 응원 연습이 시작됐다는 소문이 돌면 주변 학교 학생들이 구경하기 위해 몰리는 바람에 강의실이 빌 정도였다. 황 씨의 응원은 원맨쇼 같았다. 학생들은 응원보다 황 씨의 개인기를 감상하는 느낌이었다.

황 씨가 마침내 졸업한 뒤 아무도 그의 기량을 따라갈 수 없었다. 그래서 나온 것이 집단 응원. 서너 명이 한꺼번에 지휘대에 올라 같은 동작을 취하면서 응원을 유도하는 방식이다. 이때부터 소도구도 사용됐다. 앞뒷면 색깔이 다른 장갑을 끼고, 골판지 앞뒤에 다른 색을 칠

해 사용했다.

1960년대 응원가는 군가 풍이었다. 네 박자의 씩씩한 노래여서 응원가로 적당했다. 1970년대에 들어서면서 송창식의 '고래 사냥' 같은 포크송이 애용됐다. 1980년대는 빠른 리듬을 사용한 노래가 인기를 모았다. 이은하의 '밤차', 인순이의 '밤이면 밤마다', 김수철의 '젊은 그대'가 히트했다.

고려대에는 연세대에서 부르지 않는 노래가 있다. '막걸리 찬가'다. 작자 미상의 이 노래는 '민족 고대'를 표방하는 이 학교 동문의 뜨거운 사랑 속에 고려대의 노래가 됐다. '마셔도 사내답게 막걸리를 마셔라. 맥주는 싱거우니 신촌골로 돌려라'는 배짱과 해학, '만주벌은 우리 것, 태평양도 양보 못한다'는 가사는 고대인의 기개를 표현한다.

연세대는 서구풍의 고적대, 고려대는 전통적인 농악대가 나와 흥을 돋우는 것도 학교의 기풍을 반영한 응원 모습이었다. 올해 정기전에서 연세대 응원단은 디스코 나이트클럽의 디제이들이 하는 식으로 음반을 돌려가며 희한한 음색과 리듬을 만드는, 힙합풍의 응원을 준비하고 있다. 고려대는 역시 한국인의 체취가 물씬 풍기는 박력과 패기로 승부한다.[11]

---

11 중앙일보 체육부에서는 2005년 연대 120년, 고대 100년을 맞아 양교의 정기전을 특집 기사로 준비했다. 1927년 일제강점기에 첫 축구 대결을 했다는 명문사학의 스포츠 경쟁은 기록으로 정리할 만했다. 두 학교와 학연이 없는 나는 기획 단계에서 약간 투덜거렸다. 그러나 취재 과정이 즐거웠기 때문에 기사를 작성하는 시점이 되자 몰입하게 되었다. 기억해둘 만한 글이어서 여기 싣는다.

소설 월드컵[12]

눈의 도시 삿포로에도 6월에는 비가 내렸다. 아르헨티나의 미드필더 후안 세바스티안 베론은 경기장으로 이동하는 버스 차창 밖으로 삿포로 도심을 굽어보며 운명의 일전을 벌이기에는 너무 차분한 도시라고 생각했다. 경기 시작 45분 전, 그라운드에 첫 걸음을 들여 놓았을 때 대형 전광판에서는 이 경기장의 명물인 공기부양식 이동 피치가 며칠 전 폭 90m의 게이트를 통해 돔구장 안으로 운반되는 장면이 방영되고 있었다. 그것은 마치 아라비안나이트에 등장하는 마법의 양탄자 같았다.

베론

아르헨티나 응원석은 은하(銀河)의 나라였다. 아르헨티나가 월드컵

12 2002년 월드컵을 앞두고 나는 당시 중앙일보 체육부장을 맡은 김동균 선배와 축구팀장 손장환 선배에게 '소설 월드컵'을 연재하자고 제안했다. 다가올 승부를 상상력을 동원해 예상하고 소설체로 정리해 보자는 아이디어였다. 두 분 다 찬성해서, 기자들이 한 꼭지씩 나눠 썼다. 나는 잉글랜드와 아르헨티나의 경기를 맡았다. 반응은 꽤 좋았고, 기자들도 즐거워했다.

에서 첫 패권을 잡았던 1978년 아르헨티나 월드컵. 네덜란드와의 결승전이 벌어진 부에노스아이레스 스타디움이 꼭 이랬다던가. 그때 베론은 세 살배기 어린애였다. 이상한 일이었다. 그 시절의 기억은 남아 있지 않은데, TV 속의 그라운드를 누비던 마리오 캠페스와 다니엘 파사렐라의 모습은 선명히 되살아나곤 했다. 베론은 하프라인 너머에서 등을 돌린 채 스트레칭에 몰두하고 있는 사나이를 넘겨다보았다.

'드디어 만나게 됐군, 데이비드 베컴.'

발뼈 골절로 월드컵 출장이 불투명하다던 잉글랜드 최고의 마술사가 기어이 삿포로에 등장한 것이다. 베컴과 베론, 누구의 마법이 통할 것인가. 담 큰 베론도 가슴이 타들어가는 듯한 긴장감을 느꼈다. 경기장에 울려 퍼지는 아나스타샤의 월드컵 공식 주제가(Boom)가 귀에 거슬렸다.

'이럴 땐 피아졸라의 탱고가 제격이지. 리베르 탱고가 어울리겠어.'

베론은 베컴에게서 앵글로 색슨인 특유의 냉정함 속에 감춰진 야심을 보았다. 발목이 부러져도 베컴은 승부를 포기할 사나이가 아니었다. 그러나 어떻게든 이기고 싶었다. 맨체스터 유나이티드에서 뛰는 동안, 베론은 분명 보이지 않는 차별을 느꼈다. 이길 수 있을까. 베론은 다시 한 번 베컴을 바라봤다. 빛처럼 빠르고 소리 없이, 그러나 분명하게 베컴의 얼굴을 스쳐 지나간 그림자를 베론은 놓치지 않았다.

베컴

'빌어먹을. 발등이 또 쑤시는군. 마지막까지 버틸 수 있을까.'

축구화 끈을 조이며 베컴은 미간을 찌푸렸다. '아시아의 날씨도 천차만별이군. 서귀포에선 그렇게 좋았는데….' 힘들 것이 분명한 일전을 앞두고 베컴은 불현듯 일본에 동행하지 못한 옛 동료들이 그리웠다. 특히 고란 에릭손 감독이 탈락시킨 테크니션 스티브 맥매너먼이 아쉬웠다. '맥매너먼과 함께라면 짐이 훨씬 가벼울 텐데.'

베론이 두렵지는 않았다. 맨체스터에서 베컴은 베론의 가능성과 한계를 보았다. 강하고 정확하지만 어쩔 수 없이 피가 끓어오르는 남미 사나이. 큰 경기일수록 격한 성격은 단점이 되는 법이다. 4년 전 베컴이 저지른 실수를 베론도 되풀이할지 모른다. 생테티엔 기샤르구장에서 벌어진 아르헨티나와의 16강전에서 베컴이 깊은 태클을 한 디에고 시메오네에게 발길질을 했다가 레드카드를 보고만 그 순간, 잉글랜드의 운명도 끝장이 나버렸다. 베컴은 베론에게 진다는 생각은 해보지 않았다. 그러나 아르헨티나의 화력(火力)은 부러웠다. 메스처럼 정확하게 공간을 파고드는 골 사냥꾼 가브리엘 바티스투타, 힘과 유연성을 겸비한 에르난 크레스포, 찬스에서는 결코 실수를 하지 않는 아리엘 오르테가…. 이 가운데 한 선수만이라도 내 편이었다면! 반면 아르헨티나 미드필더들의 수비 표적은 오직 베컴, 베컴일지도 모르는 일이었다.

Falkland in Sapporo

그러나 축구는, 더구나 상대가 잉글랜드와 아르헨티나라면, 경기력만으로 결판이 나지 않는다. 진정한 승부는 축구장이 아니라 가슴속에서 이뤄진다. 두 나라 사이에는 분명히 세대를 거듭하며 사무친 악연(惡緣)이 있다. 1982년의 포클랜드 전쟁은 양국 관계를 최악의 국면으로 몰고 갔다. 그때는 아르헨티나가 졌다. 그러나 축구장에서는 아직 결판을 내지 못했다. 전쟁의 상흔은 지워져도 웸블리와 아즈테카, 그리고 기샤르에서 깊어져간 증오는 결코 잊히지 않는다.

1966년 잉글랜드 월드컵 8강전. 아르헨티나는 주장 라틴이 퇴장당해 10명이 싸우는 악전고투 끝에 잉글랜드에 0-1로 패한 뒤 '웸블리의 유모'라며 홈 텃세를 비난했다. 하지만 잉글랜드는 1986년 멕시코에서 디에고 마라도나가 손으로 볼을 쳐 넣은 후 "신의 손이 한 일"이라고 둘러댔을 때의 분노를 아직도 삭이지 못한다. 아르헨티나가 2-1로 승리했지만 런던의 도박사들은 1-1 무승부에 베팅한 사람들을 당첨자로 인정했다. 그 순간만은 자존심이 돈보다 중요했다.

잉글랜드와 아르헨티나가 스웨덴·나이지리아와 함께 '죽음의 조'라는 F조에 편성됐을 때부터 두 팀의 한판 대결은 2002년 최대의 이벤트로 꼽혔다. 조 편성이 끝나자마자 삿포로 시 경찰 당국은 훌리건들을 상대할 대책 마련에 부심했다. 경찰의 대(對)훌리건 전략 중심지는 삿포로시를 가로지르는 오도리 공원. 아르헨티나와 잉글랜드 축구팬 사이에 충돌이 벌어진다면 이곳에서 불씨가 지펴질 것이 분명했다. 아침 일찍부터 경찰이 방어 대형을 이룬 채 대기하고 있었다.

사자의 포효

주심의 휘슬 소리가 길게 울려 퍼졌다. 흰 바탕에 선홍색 십자가가 그려진 대형 잉글랜드기가 휘날리는 응원석을 향해 주먹을 불끈 쥐어 보인 오언이, 폴 스콜스에게 볼을 밀어주고 아르헨티나 진영으로 달려 들어갔다. 그 순간 아르헨티나 수비수들은 4년 전 보았던 오언의 무시무시한 스피드를 기억해냈다. 그 공포가 지나쳤을까. 오언의 발목을 묶으려던 디에고 시메오네가 해선 안 될 파울을 저질렀다. 페널티 아크 오른쪽 지점이었다. 시간은 이제 겨우 1분이 지났을 뿐.

아르헨티나 선수들이 서둘러 벽을 쌓았다. 직접 골을 노릴 수 있는 거리와 각도. 베컴이 찰 것이 분명했다. 그러나 베컴은 허를 찔렀다. 베컴이 발등으로 볼을 들어 올려 벽을 넘긴 그곳에 오언이 있었다. 오언이 화살 같은 스피드로 수비벽을 우회해 단숨에 아르헨티나 골키퍼 게르만 부르고스와 마주섰다. 볼이 지면에 닿기도 전에 오언의 몸이 허공에 떴다. 부르고스는 다이빙 한번 못한 채 경련하는 골네트만 바라보았다. 베론이 땅을 쳤다. 자신의 곁을 지나쳐가는 오언을 순간적으로 놓쳤기 때문이었다.

잉글랜드의 선제골은 경기의 흐름을 묘하게 바꿨다. 4년 전의 패배를 설욕하려는 의지보다 리드를 지키겠다는 집념이 강해졌다. 그러자 제방을 두들기는 파도처럼 아르헨티나가 빠른 리듬으로 잉글랜드

수비벽을 강타하기 시작했다. 아르헨티나의 마르셀로 비엘사 감독은 왼쪽 날개 클라우디오 로페스를 전반 35분 만에 불러내고 크레스포를 그 자리로 보낸 다음 스타팅 멤버에서 빠졌던 바티스투타를 최전방에 배치했다.

은하의 세계

잉글랜드는 잘 버텼다. 박진감 넘치는 몸싸움으로 아르헨티나 공격수들을 위험지역 밖으로 밀어냈다. 경기가 종반으로 치달을수록 아르헨티나의 공격이 날카로움을 잃어갔다. 그러나 밤하늘을 가로지르는 유성처럼, 방심한 잉글랜드 선수들의 심장 속에 한차례 섬광이 번득였다. 베론이었다. 잉글랜드 수비진의 횡패스를 가로채 35m짜리 장거리포를 작렬한 것이다. 잉글랜드 골키퍼 데이비드 시먼이 속절없이 허공에 떴다.

아아, 은하의 세계! 아르헨티나 관중석이 떠나갈 듯 했다. 어떻게 검색을 통과했는지 폭죽을 터뜨리는 관중도 있었다. 잉글랜드 응원석은 허탈감과 분노로 뒤덮였다. 환호하는 아르헨티나 관중을 향해 야유와 욕설을 퍼부었다. 양 팀 응원석을 갈라놓은 철제 펜스를 걷어차기도 했다. 펜스는 금방이라도 뜯겨 나갈 듯했다. 그 위로 물병이 날아다녔다. 오도리 공원에 대기 중이던 경찰 지휘부에 훌리건 진압 병력 일부를 경기장으로 이동 배치하라는 지시가 내려졌다.

그러나 어쩐 일일까. 대기심이 잔여 시간 4분을 알리면서 그라운드는 갑작스럽게 식어 내렸다. 관중석 분위기와는 정반대였다. 이미 1승씩을 거둬놓고 있는 양 팀은 더 이상의 소모전을 포기한 듯했다. 물론 경기를 끝장낼 기회가 온다면 놓치고 싶지는 않았다. 글러브를 내린 채 동작을 멈추고 상대를 응시하는 두 복서처럼, 허점만 보이면 비수를 꽂을 각오가 돼 있었다. 주심이 자주 시계를 내려다봤다.

梅雨

센터 서클 부근에서 걸음이 엇갈렸을 때, 베컴이 은근슬쩍 베론의 어깨를 감싸 안았다. 베론이 베컴의 엉덩이를 툭 쳤다. 두 사나이의 얼굴에 웃음이 번졌다. 전광판에 그들의 모습이 비치자 여성 관중이 비명을 질렀다. 하지만 그 소리는 소린의 센터링이 잉글랜드 문전으로 날아드는 순간 함성에 묻혔다. 수비에 가담했던 에밀 헤스키가 다이빙 헤딩으로 코너킥을 만들었다. 베론이 주심의 눈치를 보며 다급하게 코너로 달려갔다. 삿포로 돔 지붕을 빗줄기가 더욱 세차게 두들기고 있었다.[13]

---

13 중앙일보 2002.05.22.

지은이

허진석

시인. 한국체육대학교 교수. 서울에서 태어나 동국대학교 국어국문학과를 졸업하고 동국대학교 대학원에서 이학박사 학위를 취득했다. 주요 저서로 『농구 코트의 젊은 영웅들』(1994), 『타이프라이터의 죽음으로부터 불법적인 섹스까지』(1994), 『농구 코트의 젊은 영웅들 2』(1996), 『길거리 농구 핸드북』(1997), 『X-레이 필름 속의 어둠』(2001), 『스포츠 공화국의 탄생』(2010), 『스포츠 보도의 이론과 실제』(2011), 『그렇다, 우리는 호모 루덴스다』(2012), 『미디어를 요리하라』(2012·공저), 『아메리칸 바스켓볼』(2013), 『우리 아버지 시대의 마이클 조던, 득점기계 신동파』(2014), 『놀이인간』(2015·★2016 세종도서 교양부문 선정도서), 『휴먼 피치』(2016), 『맘보 김인건』(2017), 『기자의 독서』(2018), 『옆구리에 대한 궁금증』(2018), 『한국 태권도연구사의 검토』(2019·공저·★2020 대한민국학술원 우수학술도서), 『기자의 산책』(2019), 『아픈 곳이 모두 기억난다』(2019·★2020 동국문학상), 『금요일의 역사』(2020), 『바스켓볼 다이어리』(2021), 『여자이야기』(2022), 『스포츠 보도학 개론』(2022), 『농구인 김영기』(2023), 『문학수첩』(2024) 등이 있다.

지중해의 영감

초판 1쇄 인쇄 2025년 12월 12일
초판 1쇄 발행 2025년 12월 24일

지은이 허진석
펴낸이 최종숙

책임편집 이태곤
편집 권분옥 강윤경 임애정
디자인 안혜진 최선주 김다윤
마케팅 박태훈

펴낸곳 글누림출판사
주소 서울시 서초구 동광로46길 6-6(반포4동 577-25) 문창빌딩 2층(06589)
전화 02-3409-2055(대표), 2058(영업), 2060(편집)
팩스 02-3409-2059
전자우편 geulnurim2005@daum.net
등록번호 제303-2005-000038호(2005.10.5.)

ISBN 978-89-6327-767-7 03810

*책값은 뒤표지에 있습니다.
*파본은 구입처에서 교환해 드립니다.